Frontier of
Financial
Capital
Market

神作裕之・小野　傑・湯山智教 編著

柏木亮二・神田潤一・岡田　大
副島　豊・小林レミ・有吉尚哉
田村俊夫・藤田　勉・石井芳明 著

金融資本市場の
フロンティア

東京大学で学ぶFinTech，
金融規制，資本市場

中央経済社

は し が き

　本書は，東京大学公共政策大学院，法曹養成専攻（法科大学院）および法学政治学研究科総合法政専攻の大学院生を対象とした合併講義として，2018（平成30）年度に行われた講義「資本市場と公共政策」の内容について，速記録に基づいて整理・加筆修正し，編集したものです。この講義は，みずほ証券株式会社による寄付講座『資本市場と公共政策』の一環として，小野傑客員教授と湯山智教特任教授が担当し，将来，官公庁・行政関係機関や金融機関職員，法曹関係，研究者などを目指す大学院生が学習するのに適したテーマを選び，現実の政策課題への理解を深めてもらうことを目的に開催されています。そして，2018年度秋学期のテーマとして「金融資本市場における公共政策的・法的論点と課題」として，FinTech や M&A，コーポレートガバナンスなどの最近の金融資本市場におけるトピックを取り上げることとしました。講義に際しては，豊富な経験と知識をお持ちの専門家・実務家にゲストとしてお越しいただき，最先端の実務や理論，貴重なご経験について，多くの資料をもとに，実態に即してお話いただきました。本書は，金融に関心のあるビジネスパーソンはもとより，最新の金融業界の案内や研究のためのテキストとして，学生や新社会人の方々にも役立つものと信じています。

　金融資本市場においては，最近，FinTech に代表されるような新たなプレーヤーによる参入，キャッシュレスの進展，AI・ビッグデータの活用，仮想通貨交換業等における課題，ICO（Initial Coin Offering）と呼ばれる資金調達のあり方の検討などの大きな変革が進んでいます。会社法改正の動きなどを受けたコーポレートガバナンスのあり方，日本版スチュワードシップ・コード改訂を受けた機関投資家のあり方，フィデューシャリー・デューティーの考え方，ベンチャーファイナンス，ESG 投資などの従来から指摘されている課題や論点などの重要性はますます高まっており，公共政策的・法的論点と課題は多数に上ります。そして，この講義が行われた時期は，まさに FinTech が大きな

注目を集めた時期でもあり，暗号資産（仮想通貨）交換業規制やICO規制のあり方の本格的な検討や議論を通じて，既存の金融監督規制の問題点やそれとの整合性など，新たに浮かび上がった課題も多く，公共政策的・法的論点も多数に上ったことから，本書の元となった講義はまさに時宜を得たものであったと考えています。

　講義では，質疑応答を通じて，その論点や課題についての理解を深め，今後の公共政策や法規制のあり方について掘り下げて思索する機会を提供するとともに，本質を見据えた解決策を考える力を養うことを目指しました。第一線で活躍される講師陣，参加した学生による多くの活発な質疑，それに伴う講師と学生との真摯なやりとりなどから，その目的のための材料を提供できたのではないかと考えています。そして，多くの示唆に富んだこの講義の内容を東京大学の教室内のみにとどめておくのはあまりに惜しいと考えたため，講義録として出版し，読者の皆様と広く共有できればと意図した次第です。本書が，最近の金融資本市場をめぐる課題や論点について考えるに際し，読者の皆様にとっても参考となれば，望外の喜びです。

　なお，本書の記述のうち意見にわたる部分は執筆者個人の見解であって，その所属もしくは所属していた組織等の見解ではないことをお断りしておきます。

　2019年6月

東京大学大学院法学政治学研究科教授

神作　裕之

目　次

はしがき　i

序　章　本書の狙いと構成 ··1

第 1 章　FinTech による競争環境変化と産業政策
··7

1　FinTech という用語　8

2　日本のリテール環境の特徴と FinTech の進展　9
　家計の金融資産に占める現金・預金比率が高い/高齢者に資産が
　偏っている/決済手段としての現金利用が多い/日本でも FinTech
　普及の条件が整いつつある

3　FinTech がもたらす金融のデジタル化　13
　お金のデジタル化/情報のデジタル化/チャネルのデジタル化/人
　とのつながりのデジタル化/芝麻信用（Zhima Credit）の例/ 4 つ
　のデジタル化で何が起きるのか

4　FinTech で変化する競争環境　18

4.1　FinTech の 4 段階　18

4.2　FinTech2.0での競争の影響　20
　価格破壊/アンバンドリング/プラットフォーム化

4.3　FinTech3.0での競争の影響　22
　性能競争/情報爆発/新たなインフラ

4.4　FinTech4.0での競争の影響　24
　産業構造のレイヤー化（階層化)/リアルタイム化，カスタマイ
　ゼーション化/資本の分散化

5 FinTech と産業政策　26

バーゼル委員会の想定するシナリオ/日本の金融産業の防波堤：
規制/金融行政の方針転換がもたらす影響

●質疑応答　30

第2章　FinTech・仮想通貨に関する
わが国の取り組みと課題 ……………………… 39

1 FinTech 台頭の背景　40

マネーフォワードと FinTech/FinTech が出てきた背景

2 FinTech 推進のための政府の施策　42

FinTech のエコシステム形成/FinTech 協会設立・FIN/SUM の
実施/仮想通貨にかかる法制度整備/銀行法等を改正しオープン
API を導入

3 仮想通貨の動向　46

仮想通貨の取引動向/仮想通貨の定義/仮想通貨（主にビットコ
イ ン ）の 歴 史/各 国 の 規 制 動 向/金 融 庁 に よ る 行 政 処 分/
Currency2.0/ICO（Initial Coin Offering)/仮想通貨と VALU/自
治体発行のコイン/ブロックチェーン/ブロックチェーンの活用
可能性

4 今後の FinTech　55

モバイルバンキング・キャッシュレスの進展/FinTech がもたら
す未来/決済の透明化/3年で劇的に変化する

5 FinTech が解決すべき課題　57

●質疑応答　58

第3章　FinTech と今後の金融行政の方向性 …65

1 信用制度参事官とは　66

2 何が起きているのか　66

　FinTech の台頭/アンバンドリングとリバンドリング/日本において進んでいる分野/顧客情報に根差した共通価値の創造/誰が担い手になるのか。成功要因は何か

3 金融行政の方向性　69

3.1 金融規制はどう変わるべきか　69

　シャドー・バンキングの教訓/金融審議会　金融制度スタディ・グループ/4 つの検討事項/金融業と情報/情報のデジタル化に伴う金融業の高度化/情報を軸とした金融サービスと非金融サービスの一体化/サンドボックス

3.2 金融デジタライゼーション戦略　75

　情報をより使いやすく/官民のインフラのデジタル化/新しいビジネスへの挑戦を支援/デジタライゼーションに向けた基盤整備

●質疑応答　79

第4章　Age of FinTech，中央銀行の視点 ⋯⋯89

1 日本銀行 FinTech センター　90

2 マネーとは何か　90

　マネー誕生のセントラルドグマ/ヤップ島の石貨と信用システム/単位と価値尺度/市場での価格発見/譲渡可能な債権債務

3 Nudge me, FinTech!　95

　アンケート調査から見えてくるもの/なぜインターネットバンキングは使われないのか/クレジットカードは使い過ぎが気になる？/FinTech の可能性

4 決済サービスの補完性と FinTech の活用　101

　キャッシュレス決済手段の増加/決済の invisible 化と補完性

5 分散型台帳技術の活用　103

　日銀ネットとは/プロジェクト Stella/DLT の実用化

6 AIやビッグデータの活用　107

金融は元来テックであり続けた/日本銀行のチャレンジ

●質疑応答　110

第5章　金融機関のデジタル・イノベーションへの取り組み …………… 115

1 金融機関を取り巻く環境の変化：PEST 分析　116

1.1 政治的変化　116

銀行法改正（オープン API）/レギュラトリー・サンドボックスと実証実験ハブ

1.2 経済的変化　119

産業構造の変化/デジタル・プラットフォーマーの台頭

1.3 社会的変化　121

1.4 技術的変化　123

2 「新しい」銀行の登場　124

チャレンジャーバンク/ネオバンク

3 既存金融機関のデジタル・イノベーション　127

デジタル化の進展/メガバンクのオープン・イノベーションへの取り組み/シンガポールの DBS 銀行

4 日本の既存金融機関は今後どうするべきか　132

厳しい環境に置かれる既存金融機関/日本では，既存金融機関も新規参入者もシステムやビジネスモデルは同じ？/日本の FinTech は破壊的に変容していくか/巨大プラットフォーマーが参入しても，日本の金融機関は生き残れるのか/既存金融機関のマインドセットを変化させるにはどうすべきか

●質疑応答　137

IV

第6章 ICO と金融規制 ……………………………… 143

1 ICO（Initial Coin Offering）について **144**
トークンと ICO/発行体が存在する仮想通貨/ICO の定義は？/
株式とトークンの違い/セキュリティ・トークンとユーティリ
ティ・トークン/ICO による資金調達額

2 クラウドファンディングと ICO **149**
クラウドファンディングの類型/ICO とクラウドファンディング
の関係/クラウドファンディングとしての ICO の特質

3 ICO に関する規制の考え方 **152**
ICO の規制をめぐる経緯/ICO の類型/仮想通貨型・会員権型・
期待権型/法定通貨型/ファンド型/商品券型/その他の分類方法

4 ICO の類型ごとの規制の適用関係 **156**
仮想通貨型に対する扱い/会員権型，期待権型の扱い/法定通貨
型の扱い/ファンド型に対する扱い/商品券型に対する扱い/情報
開示規制の適用ほか

5 ICO に投資する側の視点 **160**
●質疑応答 **162**

第7章 M&A の法的・公共政策的な課題と論点
……………………………………………………… 171

1 組織再編税制の概要と問題点 **172**
株主課税と企業課税/日米の組織再編税制の違い

2 スピンオフ **175**
代表的なスピンオフの手法（米国)/スピンオフの事例/日本のス
ピンオフ税制の問題と税制改正による対応/なぜ日本でスピンオ
フが起きないか

3 三角合併 **178**

目 次 Ⅴ

アメリカの逆三角合併制度/日本の株式交換制度/なぜ日本でも三角合併制度が導入されたのか/現行の日本の三角合併は「非常に使い勝手を悪くした株式交換」/三角合併制度改革の方向性

4 キャッシュマージャー 182

取引法型と組織法型/日本の上場企業 M&A スキーム選択の不便さ/アメリカの上場企業現金買収スキーム：1 段階買収と 2 段階買収/日本の上場企業現金買収スキーム/キャッシュマージャーと株式買収の比較/キャッシュマージャー（1 段階現金買収）解禁の必要性/独占禁止法，許認可の問題/キャッシュマージャー改革の方向性

5 混合対価 191

6 日本の M&A マーケットの問題点 191

●質疑応答 193

第8章 「顧客本位の業務運営」原則（フィデューシャリー・デューティー）：公法と私法の接点 …………197

1 フィデューシャリー・デューティーとは 198

樋口範雄教授/タマール・フランケル教授/金融庁における議論/ケイレビューとフィデューシャリー・デューティー

2 顧客本位の業務運営に関する原則 203

方針の策定・公表/顧客の最善の利益の追求/利益相反の適切な管理/手数料等の明確化等/金融機関におけるフィデューシャリー・デューティーの取り組み

3 フィデューシャリー・デューティーに関する論点 208

ルールベースか，プリンシプルベースか/契約説と非契約説/米国代理法とフィデューシャリー・デューティー/プルーデント・

インベスター・ルール/証券ブローカーとフィデューシャリー・デューティー/ERISA法とフィデューシャリー/SECルール/イギリスにおけるフィデューシャリー・デューティーの議論

4 **わが国における議論** 212

会社法上の取締役の忠実義務との関係/民法への導入の適否/債権法改正時における議論/信託法の規定/金商法とフィデューシャリー・デューティー/金融機関の組織再編への影響/KPIによるモニタリング/「顧客本位の業務運営」原則とコンプライアンスとの関係

5 **おわりに** 216

●質疑応答 217

第9章 コーポレートガバナンス改革と独立取締役の役割 ……………………… 221

1 **優れたコーポレートガバナンスの定義とは** 222

優れたコーポレートガバナンスの条件/日本企業のコーポレートガバナンスは良いのか,悪いのか

2 **コーポレートガバナンスの基礎理論** 225

信託の基本概念/経営者支配論の発達/会社は「契約の束」/エージェンシー理論/エージェンシーコストの定義/会社は誰のものか?/不完備契約理論とCSR理論

3 **コーポレートガバナンス制度の国際比較** 229

独立取締役構成比の国際比較/なぜアメリカで独立取締役が増えたのか?/経営判断原則/独立取締役がいれば良いガバナンスになるのか/独立取締役の効用/イギリスの失敗から学ぶ

4 **日本のガバナンス改革** 235

取締役優位モデルのアメリカと株主優位モデルの日本/経営と監視の法制度(日本の場合)/コーポレートガバナンス・コード導

入/短期志向が心配/日本の ROE は最低水準/世界の新陳代謝は
激しい/ベンチャー企業を育成し，新陳代謝促進が必要

●質疑応答　242

第10章　ベンチャーファイナンス，イノベーション促進に関する論点と課題

....247

1　はじめに　248

2　ベンチャー・チャレンジ2020の概要　248
なぜ今，ベンチャーなのか/わが国ベンチャーをめぐる課題と今
後の対応の方向性/新事業を創出したベンチャー企業

3　スタートアップ・エコシステム育成　251
ベンチャー投資金額の現状/大規模資金調達/FinTech 企業の資
金調達/IoT/Robotics の資金調達/AI 関連の資金調達/わが国の
ベンチャー育成にかかる課題/J-Startup と日本ベンチャー大賞

4　エクイティファイナンスとは何か　257
エクイティファイナンスとは何か/ベンチャー投資の成功確率/
どのように良い投資先を見つけるのか/デットファイナンスとの
違い/官民ファンドへのインプリケーション

5　ファンドについて　262
ファンドとは何か/二重課税の問題/組合形式のファンド/投資事
業有限責任組合/ファンドの責任とキャリードインタレスト

●質疑応答　266

第11章　ESG 投資の現状と課題：パフォーマンス評価を中心に

.................271

1　ESG 投資とは何か　272

2 ESG 投資への関心が高まった背景 272

コーポレートガバナンスの重視とスチュワードシップ・コードへの明記/GPIF による ESG 指数の採用/SDGs への積極的な取り組み

3 ESG 投資における投資パフォーマンスの重要性 274

CSR や SRI との違い/CSV（Creating Share Value）という概念/フィデューシャリー・デューティーとの関係

4 ESG 投資に対する考え方の整理 277

ESG 投資の投資手法/ESG 投資の対象/ESG 投資のパフォーマンスが生じる背景/資本コストと企業価値/ダイベストメントとネガティブ・パフォーマンス/現代ポートフォリオ理論からの視点/国連 PRI が現代ポートフォリオ理論の限界を示す研究テーマ募集/「ベータの向上」という考え方

5 投資パフォーマンスの計測手法 282

CAPM・Fama-French ファクターモデルの利用/ESG 情報評価機関/ESG スコアが付与される企業の特徴

**6 ESG 投資パフォーマンスに関する
既存研究のレビュー** 286

既存研究の包括的なレビュー/わが国を対象とした研究/株価急落リスクや資本コストへの影響など

7 ESG 投資のパフォーマンス評価における課題 289

ESG 指標間の評価の違いをどうみるか/ESG 評価の質的な評価はどう行うべきか/パフォーマンスの要因追求，因果関係の特定の難しさ/本来は長期的なパフォーマンスが重要

●質疑応答 293

あとがき 297

序 章

本書の狙いと構成

　本書は，2部構成となっています。

　前半の第1部は，第1章から第6章までで，FinTech の最近の動きとその公共政策的・法的な論点と課題に関するテーマを扱った講義録です。後半の第2部は，第7章から第11章までで，上記以外の従来から指摘されている金融資本市場における論点と課題に関するテーマを扱った講義録で，具体的には，M&A，コーポレートガバナンス，フィデューシャリー・デューティー（顧客本位の業務運営），ベンチャーファイナンス，ESG 投資といったテーマをオムニバス形式で取り上げました。

　第1部・第2部の各章いずれのテーマも，その時点の金融資本市場におけるホットな話題について，政策立案や実務の現場で奮闘されるゲストスピーカーによってリアルな現状を熱心に話していただいたこともあり，学生にとって非常に刺激的な講義であったと思います。本書では，非常に活発であった質疑応答も含めて，この講義の模様を読者の皆様と少しでも共有したいと考えて取り纏めたものです。なお，この講義の構成は，2018年夏に，神作裕之教授の指導の下，担当教員である小野・湯山が相談して決めました[1]。

第1部　FinTech の進展と公共政策的・法的な課題（第1～6章）

　第1部では，FinTech の最近の動きを主に扱いましたが，この講義では，必ずしも金融や IT の専門家ではない公共政策・法科大学院生を主な対象としていたため，まず，FinTech に関する基本的な内容を理解してもらうこととしました。このため，初回に FinTech 概論として，FinTech とは何か，どういう背景のもとで進展したのか，FinTech は金融の世界にどういう現象とインパクトをもたらしているのか，金融分野のテクノロジーやイノベーションが産

1

業にどのような影響を与えるのか，といった点について，この分野に詳しい野村総合研究所の柏木亮二氏に講義いただきました。これが**第1章**になります。

　第2章では，FinTechの進展に欠かせないプレーヤーであるベンチャー企業の立場から，わが国の代表的なFinTechベンチャー企業として，家計簿アプリなどを展開する株式会社マネーフォワードの神田潤一氏から，FinTechベンチャーにおける取り組みと課題に関する講義をいただきました。神田氏は，日本銀行・金融庁を経て，FinTechベンチャーに移籍するという異色の経歴を持っており仮想通貨（暗号資産）に関する課題や展望について，金融庁時代に携わった経験もあわせて，リアルな実感を論じていただいています。

　第3章では，今度は，FinTechを政策当局として推進する立場から，FinTechをめぐる金融庁の取組み，法制度の現状をめぐる課題や論点，今後の金融行政の方向性について金融庁企画市場局の岡田大信用制度参事官に講義いただきました。FinTechと金融規制の関係については，金融庁でも「金融制度ワーキンググループ」や「仮想通貨交換業等に関する研究会」などを開催して，金融規制はどう変わるべきなのか，金融の世界におけるデジタリゼーション戦略を掲げながら，新たな金融規制の在り方を模索しているところです。その最前線で新規法制立案の実務を担っている担当者から，その動きの現状と課題等についてお話しいただきました。

　第4章では，同じく政策当局の立場として，中央銀行の視点からみたFinTechという切り口で，そもそもマネーとは何か，キャッシュレス決済の現状や課題，中央銀行デジタル通貨の発行に関する論点，新しい金融サービスの普及に向けた着眼点，そして日本銀行が分散型台帳技術やAIなどの新技術の応用にどう取り組んでいるか，等について，まさに日本銀行のFinTechセンター長として最前線で取り組んでいる副島豊氏にご紹介いただきました。

　第5章では，大手金融機関の立場から，FinTechベンチャーとどう対峙するのか，みずほ証券の小林レミ氏に講義いただきました。FinTechの世界では，ベンチャー企業のみではなく，大手の既存金融機関も対応を迫られているのはいうまでもありません。海外金融機関も含めて，大手金融機関としてのデジタル・イノベーションに対する取り組みについて紹介いただくとともに，日本の金融機関がFinTechベンチャーにどう対応すべきなのか，破壊的イノベーショ

ンの担い手との協働はあるのか，巨大プラットフォーマーへの対応はどうあるべきか，金融機関のマインドセットにかかる課題など，現状と課題について説明いただきました。

第6章では，ファイナンス・ローヤー（金融法務を担う弁護士）の立場から，ICO（イニシャル・コイン・オファリング）の現状とそれに対する金融規制の現状やあり方について有吉尚哉弁護士に講義いただきました。2017年後半以降，ICOと呼ばれる仮想通貨による資金調達が過熱しましたが，この規制のあり方については，規制関係者や金融実務家，一般投資家を含めて非常に多くの議論がなされたところです。その結果，ICOは，金融規制での対応がなされる方向となったところですが，その際の考え方について，実際にICOに関する多数の法務相談も受けていて，実務の最前線でご活躍の弁護士としての見解を紹介していただいています。特に法科大学院の学生にとっては，将来希望する仕事の一部を垣間見ることができたと思われ，非常に勉強になったことと思います。

以上が第1部としてFinTechに関する公共政策的・法的な論点と課題について考えるという観点から意図された講義を取りまとめたパートです。

第2部　金融資本市場における論点と課題（第7〜11章）

第2部では，FinTech以外の金融資本市場におけるホットなトピックを扱っています。具体的には，M&A，コーポレートガバナンス，フィデューシャリー・デューティー，ベンチャーファイナンス，ESG（環境・社会・ガバナンス）投資といったテーマについてオムニバス形式で扱いました。

第7章では，M&Aに関する公共政策的・法的な論点と課題として，みずほ証券の投資銀行部門で長くM&Aの実務の経験を有し，現在はその制度的な問題点や在り方についても研究されている，田村俊夫一橋大学大学院教授に講義いただきました。M&Aで最も重要なことの1つは税務・法律事項ですが，わが国では税務・法律的な問題から一部のM&Aはあまり行われていません。将来，法律事務所に入り，M&Aに関する法律業務に従事することを目指す法科大学院学生にとっては，M&Aの課題や難しさを感じることもでき，刺激の多い講義であったと思います。

序　章　本書の狙いと構成　3

第8章は，フィデューシャリー・デューティーについて取り上げました。金融庁が，2017年に「顧客本位の業務運営」原則を策定してこともあって，フィデューシャリー・デューティーや受託者責任といった概念が，最近の金融資本市場におけるキーワードの１つとなっていました。このテーマに弁護士および研究者の立場から関わっており，本講義の担当教員である小野より，フィデューシャリー・デューティーとは何か，そしてどういう経緯や背景のもとで注目されたのか，フィデューシャリー・デューティーに関する論点について，海外やわが国における研究や法令，判例等の動向も含めて講義しました。

　第9章では，コーポレートガバナンス改革と独立取締役の役割について取り上げました。アベノミクス以降，特にコーポレートガバナンス改革が叫ばれてきましたが，その主要な要素は独立取締役を強化するというものでした。外資系証券会社等において，長く金融市場におけるトップ・ストラテジストとしてご活躍され，コーポレートガバナンスの分野にも独自の見識を持たれる藤田勉一橋大学大学院教授に，優れたコーポレートガバナンスとは何か，ガバナンスの基礎理論，国際的な視点からみたわが国のコーポレートガバナンスの課題等について非常にアクティブにお話しいただきました。

　第10章では，ベンチャーファイナンスを取り上げました。わが国の将来を担うベンチャー企業育成は重要な政策課題であり，資本市場にも，そのためのファイナンスを提供するという重要な役割があります。わが国でも，政策的にも，官民ファンドなどを通じてリスクマネーを供給する仕組みは作られていますが，その実態はどうなのか，銀行など間接金融とのファンドの本質的な違い，わが国のベンチャー企業育成の現状と課題などについて，経済産業省や内閣府で，わが国のベンチャー政策を長く担当され，この分野で政府におけるキーマンの１人としてご活躍の石井芳明氏に講義いただきました。

　最後の第11章は，ESG 投資を取り上げました。ESG とは，環境（Environment）・社会（Society）・ガバナンス（Governance）の３つの頭文字をとったものであり，ESG 要素を考慮した投資を「ESG 投資」といいますが，ESG 投資には，投資パフォーマンスを下げないのであれば，受託者責任に矛盾しないとの認識が共通化しつつあります。では ESG 投資のパフォーマンスの現状はどう評価されているのか，という点について，その考え方や既存研究のサーベ

イなどをもとに，本講義の担当教員である湯山から現状や課題について講義しました。

　以上が第2部として金融資本市場におけるホットな個別トピックを取り上げ，その公共政策的・法的な論点と課題について考えるための講義を取りまとめたパートです。

　本書の記述は，特に記載のない限り，原則として講義時点（2018年9月〜12月）の内容となっているため，市場の変化や制度改正等によりお読みいただく時点と状況が異なる部分もあろうかと思います。また，各章は，基本的に実際の講義の流れに沿ってまとめられていますが，紙幅の関係で内容を省略したり，編集の過程で内容を再整理したり，他章との重複の整理や順序の入れ替えをしているところもあります。それでも，FinTechや金融資本市場という共通テーマの下でリレー形式による講義を行ったことから，一部は重複して感じられるような部分もあるかもしれません。しかしながら，同じ論点であっても，識者によって見方が異なることもあり，公共政策的・法的論点としてむしろ重要であることから，また理解を深めるという観点からもあえて記載しているところもあります。いずれも，リレー形式による講義録という性質を踏まえて，ご容赦いただければ幸いです。

（小野　傑，湯山智教）

●注 ─────

1　全13回の講義のうち，担当教員である小野・湯山が，第1回（2018年9月26日）を担当し，残りの回は，小野・湯山がそれぞれ1回ずつ担当したほかは，基本的に外部講師が担当しました。本書は，第2回講義以降のみを収録しています。

第**1**章
FinTech による競争環境変化と産業政策

●本講のねらい

第1回講義はFinTech概論として，FinTechに関する基本的な内容を理解してもらうことを目的に，テクノロジー，イノベーションの進展が，従来の金融業や金融システムに対して，どのような影響を与えつつあるのかを明らかにします。

●本講を通じて得られる示唆

わが国においても，近年になりFinTech普及の条件が整いつつあります。そして，FinTechのもたらす金融のデジタル化は，より便利な金融サービスを，早く，安く，アクセスしやすい形で顧客に提供し，金融業における新規参入，価格破壊，アンバンドリング（機能分離）などの大きな影響をもたらす可能性があります。

●Navigator

柏木 亮二（かしわぎ りょうじ）

野村総合研究所金融ITイノベーション事業本部上級研究員。東京大学経済学部卒業。1996年野村総合研究所入社，2008年より金融ITイノベーション事業本部において，IT事業戦略分析・技術インパクト評価などに従事。2015年経済産業省「産業・金融・IT融合に関する研究会（FinTech研究会）」メンバーも務める。

1 FinTech という用語

　まず FinTech という言葉がいつぐらいに出てきたのかという話を少しだけ
します。**図表 1 - 1** の左側の表は，「American Banker」というアメリカの金融
の専門雑誌の2016年の FinTech 企業ランキングです。例えば NTT データが
6 位に入っていて，野村総研が10位に入っていますが，2 位にある FIS，4 位
にある Fiserve は，アメリカの小規模金融機関に金融システムを提供している
IT ベンダーです。このランキングは2008年から発表されています。

　つまり，金融機関向けに IT サービスを提供している会社を昔は FinTech 企
業と呼んでいたのですが，2013年ぐらいから少し変わってきました。右側の表
は，CNBC という，いわゆるベンチャー系の分野に強いアメリカのニュース
メディアが，毎年，Disrupter50という，既存のビジネスとか慣習を破壊する
ような破壊的なビジネスを行っている会社のランキングを出しているのですが，
この中から，金融に関係するような会社をピックアップしています（2015年の
ランキングです）。ここには，11社ぐらいありますが，例えば一番上の

図表 1 - 1 Old FinTech と New FinTech の企業

"Old" FinTech の企業例

I	Tata Consultancy Services
2	FIS
3	Thomson Reuters
4	Fiserve, Inc
5	Cognizant
6	NTT DATA
7	Infosys Limited
8	NCR
9	TSYS
I0	野村総合研究所

（出所）　American Banker "TOP I00 COMPANIES IN FINTECH" 2016.

"New" FinTech の企業例
（破壊的スタートアップ50社のうち金融セグメントに該当する11社）

8	Transfer Wise	個人間海外送金
I7	Oscar	ウエアラブル × 健康保険
I8	Personal Capital	投資アドバイザリー
23	Motif Investing	テーマ別投資支援
25	SoFi	学生ローン借り換え
26	ZenPayroll	中小企業向け給与支払い支援
31	Coinbase	ビットコイン決済
34	WealthFront	投資アドバイザリー
36	Betterment	投資アドバイザリー
39	Hearsay Social	金融アドバイザーのマーケティング
40	Square	クレジットカード決済

（出所）　CNBC "CNBC Disrupter 50".

Transfer Wise というのは海外送金をする会社で，銀行に行って送金するのは結構手間がかかり，手数料がかなり高いので，それを非常に安いコストで送金できるようにした会社です。裏側でブロックチェーン技術を使っています。あと，18位の Personal Capital，34位の WealthFront などは，ロボアドバイザーといって，コンピューターが自分の資産運用のアドバイスをしてくれるサービスをする会社です。

　これまでの金融領域でも，新たな金融会社は登場していたのですが，ただ，それは今ある銀行や証券会社の機能をそのままインターネットで提供することが基本で，機能的には今までの銀行や証券会社とそんなに差がなかったものです。一方，ここに出てきた会社は今までの金融機関のサービスと少し違う異質な部分があります。例えば，先ほどの Transfer Wise は，預金のサービスを行わず，単に海外への送金だけを行っています。今までの金融機関がやってきたサービスとは全然違う形のサービスが始まっていて，これを何と呼ぶのか。金融ベンチャーと呼ぶのも何か変だしということで，誰が思いついたか，こういう人たちを FinTech ベンチャーとか，FinTech スタートアップと呼び出しました。「FinTech」という言葉が，それまでの「金融機関向けに IT サービスを提供する会社」と，「新たなテクノロジーを活用して今までにない金融サービスを提供する会社」の2つの意味を持つようになったのが2013年か2014年ぐらいでした。

　日本で FinTech という言葉が最初に大きくメディアに出たのは，日本経済新聞の2015年元旦の特集でしょう。これで「FinTech」という言葉が一気に広がった感があります。ただ，日本では「FinTech」の2つの意味が意図せず混同されて使われてきた印象があります。ただ最近では日本でも「FinTech」は，後者の「新たなテクノロジーを活用して今までにない金融サービスを提供する」という意味で使われてきたようです。

2　日本のリテール環境の特徴と FinTech の進展

　次に，日本のリテール環境の特徴から，FinTech 進展の条件について考えてみたいと思います。ここでいう「リテール」とは，「個人向けのサービス」

という意味です。日本のリテール環境には，大きく3つの特徴があり，①現金・預金の比率が高い，②高齢者に資産が偏っている，③現金利用が多い，ことがあげられます。

家計の金融資産に占める現金・預金比率が高い

　図表1-2を見ると，日本は現金・預金が半分（2017年に51.5％）で，ユーロエリアを見ると，現金・預金，株・投資信託，年金・保険が大体3分の1ずつぐらいです。極端なのがアメリカで，大体半分の47％ぐらいが株・投資信託，いわゆるリスク性資産と言われるもので構成されています。ただし，日本の1989年のバブルのときを見てみると，現金・預金は相変わらず大きいですが，株・投資信託もそれなりのシェアを占めています。日本も，バブル崩壊以降，株式市場がここまで低迷しなければ，もう少し投資の比率が上がっていたかもしれないというのが最初の特徴です。

高齢者に資産が偏っている

　次に，お年寄りに金融資産がかなり偏っていて，60代以上の方に金融資産の7割ぐらいが保有されているということです。理由は簡単で，バブル崩壊以降，われわれ若い世代は給料も全然上がりませんし，投資をしても，日経平均を見てわかるとおり，あまり儲からないということで，資産形成に非常に厳しい状況だったというのが最大の理由かと思います。世界的に見ても，お年寄りに資

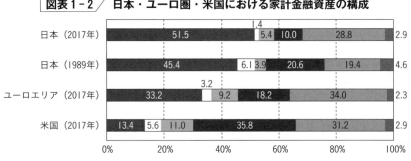

図表1-2　日本・ユーロ圏・米国における家計金融資産の構成

（出所）　日本銀行「資金循環統計」。

産は多く集まるのですが，日本は極端です。

これが，FinTechにとってどういう意味を持つかというと，FinTechのサービスは大体スマートフォンを使うのが前提ですが，お年寄りの方はあまり使わないので，この点で世界的に見ても日本は若干厳しいかもしれません。もっとも，日本のお年寄りはギャンブルが好きで，仮想通貨を買っているのは80代でも結構いると反論されたこともあります。

決済手段としての現金利用が多い

3つ目の特徴は，日本は先進国の中では珍しいくらい現金が流通している国であるということです。**図表1-3**を見ると，日本では買い物をしたときの決済の半分が現金で，一方，アメリカでは現金は16％ぐらいで，クレジットカードやデビットカードがほぼ半分を占めます。現金は，実は思っている以上にコストがかかる決済手段で，当然ながら，犯罪に使われやすい。脱税もそうですし，危ないものを買うときにクレジットカード決済する人はいません。現金は非常にデジタル化しにくい領域なので，もう少しデジタルに変わっていかないとFinTechの進展には厳しいかなというのが3つ目の特徴です。

図表1-4は，紙幣がどれぐらい流通しているかをGDP比率で見たもので，日本が19.4％で，日本のGDPが今540兆円ぐらいなので大体2割で100兆円ぐ

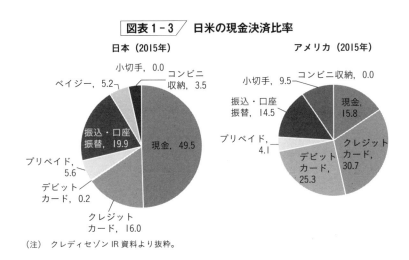

図表1-3　日米の現金決済比率

（注）クレディセゾンIR資料より抜粋。

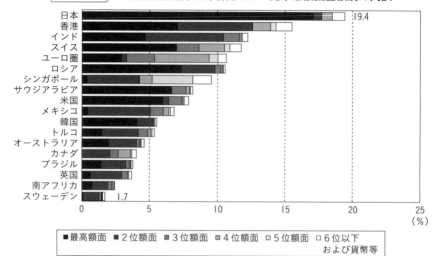

図表1-4 現金流通残高の対名目GDP比率と額面金額別の内訳

（出所）　日本銀行「BIS決済統計からみた日本のリテール・大口資金決済システムの特徴」（2017年2月）。

らいの現金が流通しています。

　一番下のスウェーデンはGDPの1.7％しか現金が流通していない。スウェーデンはなぜこんなに低いかというと，まず国民がそんなに多くない。そして，大手銀行6社が共同して，政府の後押しもあって，Swishという電子マネーを推進しました。この電子マネーの普及率が多分90％ぐらいと言われていて，例えば子どものお小遣いも電子マネーに親が振り込み，それを皆が他のところでピピッと使うという使い方をしています。

日本でもFinTech普及の条件が整いつつある

　以上の3つの特徴は，FinTechの普及にはネガティブな要因です。ですが，いま少しずつ状況も変わり始めていて，日本でもFinTech普及の条件が整いつつあります。まず，アベノミクス後の株式市場のパフォーマンス改善によって，現金・預金から，投資性商品への資金流入が起きつつあるというのが1つ目です。2つ目は，高齢者に資産が偏っていますが，これも相続という形で，お亡くなりになった方の資産が徐々に下の世代に移行しつつあります。この相続による資産の世代間移動の規模は，年間50兆円前後という推計が出ています。

ただ，相続資産の約半分は不動産なので，金融資産としてみると20兆円強ぐらいのお金がだんだん下の世代に移っていくと言われています。また，相続による資産移動は世代間の他にもう1つ，地方から大都市圏という地域間の資産移動も起きています。つまり，地元の信用金庫に入っている預金が，子供の預金先である都市部のメガバンクに入るわけです。

3つ目として，2020年に東京オリンピック・パラリンピックが予定されていますが，これを機にキャッシュレス化を進めようという政策が行われています。インバウンド，つまり外国からの訪問客は現金をそんなに使わないということで，日本政府はキャッシュレス化を政策目標として推進しています。キャッシュレスは，クレジットカードを含めてですが，利用額自体は年々伸びてはいるのですが，諸外国と比べると，まだまだ比率としては低い。今，日本は18%ぐらいで，これを40%ぐらいまで増やすような政策目標を立てています。

3 FinTech がもたらす金融のデジタル化

さて，ここまで FinTech の歴史的経緯と，日本の動向を簡単に見てきましたが，ここからは FinTech がどのように競争環境を変えるのかという本論に入りたいと思います。FinTech にはさまざまな捉え方がありますが，ここでは FinTech は金融機能のデジタル化を引き起こしている，という観点から整理したいと思います。FinTech によってもたらされている金融機能のデジタル化を4つに整理しています。

お金のデジタル化

皆さんも Suica や PASMO は多分持っていると思います。いわゆる電子マネー，デジタルなお金を使うと何が起きるかというと，お金を使った記録がデータで残るというのが最大の特徴です。お金をどこでどう使ったか，そういったデータは，実はその人の行動がよく表れるデータですが，これをきちんと分析できたかというと，現金ではあまりできていなかったのです。基本的にデジタルになってしまえば，その記録はすべてコンピュータで分析できる形で残っているので，情報の記録と分析のコストが劇的に安くなるというのがデジ

第1章　FinTech による競争環境変化と産業政策　13

タル化の意味でもあります。

情報のデジタル化

　2つ目の情報のデジタル化については，自分たちのいろいろな行動，例えば，アマゾンで何を買ったのかといった日々の活動の記録が利用可能なデジタルの形として残ります（お金のデジタル化もこの「情報のデジタル化」の1つの要素です）。そういったものがデータとして使えるようになった。これで何が起きるかというと，その人のより具体的なリスク，もしくは可能性みたいなものもデータとして分析可能になります。

　これで何が変わったかというと，例えば，この人にお金をいくらまで貸せるか（金融の世界では「与信」といいますが），というリスクの判断の精度・コストが劇的に変わります。要するに，この人は危ないことをしていないか，しっかりとした生活を送っているかというのがデータから見えてくる。今までは，どの会社に勤めて勤続何年で，年収はいくらで，家族は誰がいてという外形的なデータからしか判断できなかったのが，日々の行動データがあれば，こいつは飲み会ばかり行っていないか，アマゾンで変なものを買っていないか，といった細かい具体的な情報を見ることで与信の精度がより高まります。企業でも，クラウド会計というのがありますが，リアルタイムな財務データもしくは決済データを見ることで，その企業の与信判断のコストも安くできるようになります。

チャネルのデジタル化

　チャネルとは「お客様との接点」というくらいの意味です。既存の金融機関のチャネルには一般に，支店・ATM・インターネットバンキングやコールセンターといったものがありますが，ある意味スマートフォンでこれらすべてのチャネルが代替できるような時代が来つつあると言えます。より広く言えば，スマートデバイスと言ったほうがいいでしょう。例えばアマゾンのエコーとか，グーグルホームといったスマートスピーカーなどがスマートデバイスの一例です。すでにスマートフォンやスマートスピーカーといったスマートデバイス上で，自分の口座残高を確認したり，株の注文もできたりといったようなサービ

スが始まっています。こういったスマートデバイスがチャネルとして機能するようになる。

　これは何を意味するかというと，大がかりな設備を持たなくてもビジネスができるようになるということを意味します。今の銀行は，銀行法で最低資本金額が30億円以上と規定されていて，この程度の最低資本がないと銀行業は営めません。銀行法が想定している「銀行」ビジネスでは，例えば地銀なら県内に一定数の支店が持てる，大きいコンピュータシステムを持てるといったある程度の規模の投資を行う能力があることが前提と考えられていたためです。しかし，これからは，スマートフォン上のアプリとして金融サービスが提供できるようになってくる。今まで金融は，大きな資本，設備投資が必要な装置産業的な側面が結構強かったのですが，それが変わってくると，参入障壁が下がってくるビジネスになりつつあるというのが3つ目の変化です。

　今，スマートフォンだけでビジネスをしているのは，バンキングだとSIMPLE や Moven といった会社があり，決済では PayPal，Square などがあります。

　また，シリコンバレーから出てきている abra という会社は，個人とか，アメリカで言うと雑貨屋・肉屋みたいな小さい小売店を ATM の代わりにしてしまうサービスです。ここに行って自分の口座情報を出すことで50ドルとかを引き出せるというサービスです。これはアメリカ発のサービスですけれども，abra 自体は海外にも事業展開していて，例えばフィリピンは，ご存じのとおり大量の島がある国で，インフラがそんなに発達していないので，日本のような ATM 網をつくるには大きな投資が必要で，それこそ海底にケーブルを敷いたりしなければいけないのですが，携帯電話ネットワークさえあれば，ATM ネットワークに似たものができてしまうというのがデジタル化の1つの側面です。

人とのつながりのデジタル化
　4つ目は，人とのつながりのデジタル化です。少しわかりにくいと思うのですが，人とのつながりは，今では，フェイスブック，ツイッター，LINE などで，誰と誰がつながっているかという情報が，誰にでも見られるか見られないかは

別としてもある程度デジタル化されている。金融機関は，お客様本人のデータはかなりかっちりしたものを持っているのですが，その人の家族，もっと言えば知人のデータは基本的にほとんど持っていません。相続の際，もし金融機関が家族のデータを持っていれば，親が亡くなったとき，子供が相続人であるというのを子供から証明しなくてもいいはずなのに，基本的に証明するのは子供からです。戸籍謄本と自分の身分証明書を出して証明しなければいけない。つまり，今の金融機関というのは，その人がどういう人とつながっているかというデータを実は持っていない。ただ，これを大量に持っている会社が世界には複数あります。

「人とのつながりのデジタル化」のもう1つの側面が，デジタルでつながった人間関係だと，なぜかリアルな人間関係よりも取引がスムーズになる側面がありという点です。例えば，メルカリでの取引は今ではごく普通に行われていますが，ちょっと前までは相手を信用できるかどうかわからないから，そう簡単に見知らぬ相手と取引をするというのはかなりハードルが高い行為でした。実際，相手の顔が見えないので，結構トラブルがあるのではないかと思うのですが，そういったトラブルも「取引ログ」や「評価」という形でデジタル化されることで，その人が過去にどんな商品を出して，どんなトラブルがあったか，どう評価されているか，を参考にすることで，全く顔も知らない個人間同士の取引も可能になっている。同じことが金融の世界にもあって，例えばP2P融資という個人が個人に対してお金を貸し付けるサービスなどがあげられます。

芝麻信用（Zhima Credit）の例

人とのつながりのデジタル化の事例として，アリペイの付随サービスで芝麻信用（Zhima Credit）があります。アリペイで物を買ったり，アリペイが提供しているSNSの人間関係などで，この人がどれぐらい信用できるかというのをスコアリング，点数化するサービスです。

信用スコアは350点から950点の範囲でスコアリングされるのですが，数値化してどうするのでしょうか。当然ながら点数が高いとアリペイのサービス特典が受けられるのですが，それ以外にも実はメリットがあって，アリペイのサービスを超えて，その人の信用度が社会的に評価されるようなメリットにまで変

わってきています。

　中国は，何か物を借りたりするときは，デポジット，いわゆる預託をしなければいけないサービスが非常に多い国です。これが少し極端で，例えば公共の図書館で本を借りるのでも必要だったり，基本的に病院は前払いだったりします。ただ，芝麻信用のスコアが高いと，例えばスコアが600点以上になるとデポジットが不要になったり，極端なところで言うと，海外渡航のビザが取りやすくなるといったメリットがあるということで，今や，恐らく2億人から3億人ぐらいの方がもうすでにこのサービスに加入していると推計されています。

　実際に使っている人（日本に来ている方は結構スコアが高い方が多いのですが），に「やっていて何か気持ち悪くないの？」と聞いたら，「自分たちは高いスコアが出るとわかっているし，スコアが高ければメリットがあるのだからやったほうが得だよね」という答えが返ってきました。実際，これも金融のサービスにすでに波及していて，アリペイグループにアント・フィナンシャルサービスという金融サービスを提供するグループ会社がありますが，そこでローンを借りるときには金利が優遇されるなどのメリットがあります。まさに人とのつながりとか，データを分析することで，その人の信用度を測るような社会はもう実際あるというのが芝麻信用のケースです。

4つのデジタル化で何が起きるのか

　デジタル化によって，スピードが上がり，流通のコストが劇的に下がり，いろいろなサービスが小さく早く細かくなっていきます。これまでの金融サービス，例えば住宅ローンだったり資産運用だったり生命保険の加入だったりといったようなサービスは，人生の中で何回かしかなくて，調べたり意思決定するのが結構大変というサービスだったのが，デジタル化することによって，もっと身近に，生活の中に細かい単位で組み込まれていくようなサービスに変化していくのではないかというのがデジタル化の影響です。

　マネーフォワードによる家計簿アプリなどは典型で，家計簿をつけるのは，家に帰って財布の中からレシートを出して記録するのではなくて，日々の買い物，例えばレシートも写真を撮るだけ，電子マネーを使えば自動的に記録がたまっていくみたいな形になっていく。

第1章　FinTechによる競争環境変化と産業政策

その端的な一事例としてあげるのが，アメリカのサービスですけれども，acornsというサービスです（acornsはドングリという意味です）。これは何かというと，お釣りを資産運用に回してくれる。例えば，デビットカードでスタバの何とかラテを買い3ドル25セントでしたとなると，端数部分，4ドルからだと75セント分を引き落として，いろいろな投資商品に投資してくれる。まさに生活の中に組み込んだサービスの1つで，アメリカでも結構ウケているそうです。一般に，少額のお金を扱うのはコストがかかるので金融機関は非常に嫌がります。100円振り込むのと1万円振り込むのと1億円振り込むのは，コストで考えるとほとんど一緒なので，小口のトランザクションは，基本的に金融機関はあまりやりたくないのですが，デジタル化によってかなり安いコストできるようになってきています。これからの金融サービスはより細かく・早く・安くなっていくでしょう。

4　FinTechで変化する競争環境

4.1　FinTechの4段階

　これまでFinTechと一言で言ってきましたが，実は使っているテクノロジーも活躍しているプレーヤーも違いますので，**図表1-5**に，便宜上，時系列をイメージしてFinTechを4つの段階に分けてみました。私が勝手に分類しているだけですが。

　FinTech1.0は，例えば野村総研（NRI）が行っているような金融のITサービスをいかに高度化するかというFinTechです。既存の金融サービスを，いろいろな技術を使って効率化していくためのFinTechです。

　次はFinTech2.0で，新しい技術やスマートフォンを使って，今までの金融サービスとは違う形で金融サービスを提供する動きで，いわゆるスタートアップ，ベンチャーがキープレーヤーになります。キーワードが「アンバンドリング」で，バラバラにするという意味です。例えば，銀行は法律で預金，融資，そして為替（いわゆる決済機能）の3つの業務を行うと規定されていますが，先ほどのTransfer Wiseは，そのうちの為替（決済）だけを取り出してやって

図表1-5　FinTech の発展ロードマップ仮説

	FinTech1.0	FinTech2.0	3.0	4.0
キーコンセプト	IT による効率化	新規技術の適用	API エコシステム	リバンドリング
キープレーヤー	既存金融 IT ベンダー（NRI 含む）	FinTech スタートアップ	大手およびスタートアップ	API ビッグプレーヤー
概要	既存の金融サービスを IT で効率化 →さらなる効率化を目指す動きも	他の領域の新規技術を金融領域に適用し，アンバンドリングを目指す	アンバンドリングされた金融プロセスの標準 API 化が進み，サービス革新が起きる	アンバンドリングされた金融サービスが再統合 IoT によるリアルタイム化，オートメーション化
キーテクノロジー		クラウド ビッグデータ/ライフログ スマートデバイス	ブロックチェーン AI	IoT
競争環境	同質な金融機関同士の競争	アンバンドルを狙う単機能のスタートアップとの競争	API による多様な情報をいかにうまく活用できるかの競争	金融機能「以外」の付加価値を追求する競争

（出所）　野村総合研究所作成。

います。

　そして，アンバンドリングで細かい使い勝手のいいサービスが出てきたときに，それぞれを個別に使うのでは非常に効率も悪いので，金融のサービスのAPI 化が進むというのが次のステップになります。API は Application Programming Interface の頭文字で，一番有名な API の事例がグーグルマップです。ぐるなびでお店の地図を見ると，グーグルマップの地図が出てきますが，あれが API です。大まかにいえば，すでにあるウェブなどで出てきているサービスを部品とかパーツとして自分のところで引っ張って使えるようにするような技術です。例えば，アマゾンの決済機能の１つに銀行口座から引き落とし機能のボタンがつくかもしれないというのが API のイメージで，こういったことが進んでいくだろうというのが次のステップ，ここでは FinTech3.0 と呼んでいます。

　そして，さらにもう一段階あるのがリバンドリングです。アンバンドリングでバラバラにしたが，使い勝手が悪いので，API を使っていろいろな部品の

第 1 章　FinTech による競争環境変化と産業政策　19

組み合わせをしようとなったときに，そこに自分たちのビジネスを組み込むことで，また新しいビジネスができるというのがFinTech4.0です。

　例えば自動車には，実は金融商品として大きく2つのものがついてきます。1つが自動車ローン，もう1つが自動車保険です。例えば自動運転車，もしくはカーシェアリングが当たり前になってくると，個別に保険やローンに入るのではなくて，使う料金の中でその人のリスクに応じた料金設定がされる，そういった形が4.0と言っているイメージです。例えば，安全運転の人で燃費もいいのなら少し割り引く，高速道路に乗るときだけ別の保険がかかる，といったことが活用できるようになっていくのではないかというのが4.0の世界です。

4.2　FinTech2.0での競争の影響

　では，FinTech2.0のデジタル化の進展は，既存の金融ビジネスにどのような影響をもたらすのでしょうか。それぞれの段階で何が起きるかというのをキーワード的にまとめてみました。

価格破壊

　デジタルの世界になって，新規参入が起きると価格破壊で値段が下がります。これまでの銀行には，多額のコストがかかる支店設置が必要でしたが，今，基本的に必要ありません。システムも，ホストコンピューターが必要でしたが，今はアマゾンのクラウド上でシステムを作れます。チャネルはお客さんが持っているスマートフォンにアプリをダウンロードすればすぐ使えます。全然コスト構造が違うので，価格破壊が起きるだろうというのが1つ目です。

アンバンドリング

　2つ目がアンバンドリングです。さて一般的にベンチャーは既存の大企業に対抗するためにアンバンドリングでどういった機能を狙うでしょうか。一番儲かっているところと一番儲かっていないところ，この2つを狙います。今の金融機関は，提供しているサービス全部で儲かっているわけではありません。例えば，銀行口座は維持管理に結構コストがかかるので，100円しか残っていない口座は邪魔ですが，そういったものと別に儲かるビジネスを組み合わせるこ

とで銀行はフルラインナップのサービスを提供しています。一方で，FinTech
スタートアップは全部やる必要はないので，一番儲かるところか一番儲かって
いないところを狙えばいい。一番儲かっているところを狙う場合は，安いコス
トでコスト競争を挑めばいいし，一番儲かっていないところはそもそも金融機
関側に新たな投資をする余裕がないので，そこに画期的なサービスを投入でき
れば勝負に持ち込めます。どちらにせよ既存金融機関は，面倒くさい競争に巻
き込まれてしまう。また，今だとICO，クラウドファンディングなどの既存
の枠組みから離れた形での資金調達の道も開かれつつありますので，資本調達
の面でも既存金融機関は今までと異なる競争を強いられる可能性もあります。

プラットフォーム化

　3つ目がプラットフォーム化で，一言で言うと，強いところがますます強く
なります。例えば，アマゾンペイメントというサービスは，自社のECサイト
のサービスの最後の決済のところにアマゾンのアカウントで決済するボタンを
出してくれるサービスです。初めて使うECサイトで欲しい商品がたまたま見
つかって決済するとき，そこから勝負がスタートするわけです。まず名前・住
所を入れて，クレジットカード番号を入れて，これで終わりかと思ったら，変
なカード会社のサイトが立ち上がって，第二暗証番号を入れてください，第二
暗証番号って何だ，と探し回って，結局買うのを諦める。一般的に言うと，初
めて使うECサイトで，カートに入れて決済するというボタンを押して，実際
決済が完了する率は高くても10%，低いところだと2%ぐらいといいます。こ
れがアマゾンで1回買い物をしたことがある人なら，このアマゾンペイメント
のボタンを押すだけで，面倒な入力なしで買えるという非常に便利なサービス
です。これで実際に決済まで行くコンバージョンレートが相当高まるというの
が，実際に起きています。

　このように，アマゾンはEC上での決済という機能ではすでにプラット
フォームと呼んでいいような強い立場を確立しています。このような一人勝ち
とも呼べる状況が生まれてしまうというのがプラットフォーム化です。

4.3　FinTech3.0での競争の影響

　次に FinTech 3.0です。アンバンドリングで機能がバラバラになった後，APIによって機能が標準化されていくことで何が起きるでしょうか。

性能競争

　まず性能競争です。APIで提供するということは，ネットワークにつながっている人であれば誰でも使えることになるので，物理的な制約がなくなります。物理的な制約の代表的な現象として，銀行口座を新しく開いた人に，なぜこの銀行を選んだのですかというアンケートをすると，過去20年くらい不動の１位の理由が「近くに ATM・支店があるから」というものです。これが例えばスマートフォンのアプリだったら何が起きるかというと，家の近くにあるからというのは関係なくて，使い勝手がいいサービスか，自分のやりたいことがすぐできるか，が最大の競争力になる。さらに，この性能の中には価格も含まれるので，無料だとより使われるようになる。例えば，グーグルマップが有料ならあんなに使われません。もしこういった API が本当に出てくると，他の銀行は，それに性能面で劣るものを出しても全く意味がなくなるので，性能面で追いつくか，もしくはその API を使うかしかなくなるという選択に迫られるようになるというのが影響です。

情報爆発

　２つ目が情報爆発です。グーグルもアマゾンもなぜ API を提供しているのかというと，その人がどういう使い方をしたかというデータをとるためというのが最大の理由です。例えば，ぐるなびに出ているグーグルマップでその人は何を検索したのか，グルメサイトを見る人は何の情報を一番欲しているのか，実際どういった行動をするのか。要するに，API を使うことで，ユーザーにとってみれば便利な機能が使えるのですけれども，提供している API 側は貴重なデータが手に入るというのが特徴です。

　実は，今の金融機関はデータをたくさん持っているように見えていますが，本当の意味で役に立つデータはほとんど持っていない。アマゾンは，誰が，い

つ，どこで，どんな商品と見比べながら，何を買ったかというデータを持っています。一方で，銀行口座に記録されている公共料金やカード引き落としの総額だけでは，いつ使われて，何を買ったか，どこに行ったかは全くわからない。この銀行の持つデータとアマゾンが持っているビッグデータは全く比較にならないのですけれども，仮に銀行や証券会社が API を開放して提供しても，入ってくるデータを分析する能力がないと全く意味がなくなります。

新たなインフラ

　今までは現金（と紙の書類）を前提としたインフラを，日本の金融機関はつくっています。ATM は最たるものですが，そうではない新たなインフラが出てきます。LINE Pay や Kyash など，個人間，スマートフォン同士でお金のやりとりができるようなサービスが徐々に始まっています。飲み会の後，「割り勘ね」「ごめん，今，俺は現金がないから，あそこのコンビニに寄っておろしてくる」ということはなくなる。もっと言えば，1 円単位の割り勘ができる。三菱 UFJ の MUFG コインという独自の仮想通貨のようなサービスを実験していますが，その割り勘アプリには，傾斜配分ボタンというのがあって，部長だと大体 4 割ぐらいが自動的にチャージされていくというのがあって好評らしいです。銀行の文化はすごいなと思いましたが，そういうことが新しいインフラになっていく。

　金融産業の中で非常に重要な業務の 1 つに，KYC（Know Your Customer），日本語で言うと本人確認があります。犯罪やテロ，マネー・ロンダリングに使われていないか，もしくはその恐れがないかを確認するために厳しい本人確認がなされます。これまでは，口座開設時に，免許証を持っていって，実際に対面で本人かどうか確認されたりします。ここでも新しいインフラが生まれつつあります。スマートフォンでの本人確認の新しい手段が認められることになっています[1]。

　ただ，これも実は既存銀行にとってみると，頭が痛い問題でもあります。現在の金融機関では基本的に，対面とアナログな紙の伝票を前提に事務フローは組まれています。銀行に行ったときの複写式の申込書は，途中の複写された紙がそれぞれいろいろな事務センターの事務フローに行くわけです。あれにス

マートフォンでの本人確認を組み込むのは大変ですが，対応しなければいけないというのがFinTech 3.0のきついところです。

4.4　FinTech4.0での競争の影響

最後は4.0で，アンバンドリングでバラバラになったサービスが一緒になってリバンドリングとなったらどうなるのかという話ですが，ここまでくるとさすがに細かく予測はできないので，少し抽象的な話になります。

産業構造のレイヤー化（階層化）

今までの金融産業は縦割りで，垂直統合型です。支店網，データセンターを持って，システム開発をして，商品開発をして，自分のお客さんに提供します。ただ，今後，水平分離型に変わっていくのではないかと思います（**図表1-6**）。例えば，システムの面では，今までは個別の金融機関に個別のシステムを納入

図表1-6　金融産業の垂直統合モデルから水平分離モデルへの変化

（出所）森・濱田松本法律事務所「FinTechの法律」をもとに野村総合研究所作成。

していたのが，クラウド上でできないのかという話になる。チャネルも，今までは支店であったのが，スマートフォンで足りる。スマートフォンを提供している会社は銀行ではないので，それぞれの産業レイヤーみたいなものができて，その間をつなぐような形に金融は変わっていくかもしれません。

　水平分離が進むと，垂直型で設備を持っていた人たちにとってみれば，持っている資産が，ある意味，足かせになってしまう。これは新聞の流通などでまさに似たようなことが起きています。金融も，駅前にある支店をこれからどうするかという議論になりつつあります。

リアルタイム化，カスタマイゼーション化

　先ほどビッグデータによって与信が変わっていくという話をしましたが，もっと進めばリアルタイムで与信を行うようになっていく可能性も当然ある。例えば，自動車で高速道路に乗るときには，高速道路を運転している時間だけに適用される小さいマイクロ保険を販売するかもしれませんし，最近実用化されていますが，腕に運動を測定するデバイスをつけて，それで1日平均8,000歩以上歩いているのが半年間続くと翌年の生命保険料を割り引くといったサービスも出てきていて，これがもっと細かい範囲でできるかもしれない。今までは，若い人向け，中年向け，お年寄り向けサービスみたいに，大きく3つくらいにしか分かれていなかったものが，個別に細かいカスタマイゼーション化ができるようになるかもしれない。

　これ自体は利用者側にとってみればいいことですが，金融機関側にとってみると少し違う話になって，それまでの自分たちの強みが消滅しかねないという話になってしまう可能性があります。例えば自動車保険で言えば，これまでは損害保険会社は過去のいろいろなデータをもとにして，この車種に何歳ぐらいの人が乗っているとこれぐらいのリスクがあるからというので，過去のデータに基づいたリスクに応じて保険の料率を設定していたのですが，ドライブレコーダーがリアルタイムで自動車サービス会社とつながっていれば，損保会社よりも自動車メーカーのほうがより正確なデータを持っているかもしれないということが起き得る。

　金融というのは，基本的にリスクをどう管理するかという産業なので，ある

程度一定の数があるもの，生命保険なら100万人のデータがあるからこそ確率論で料金を決められた。これまでの金融機関は過去からのデータの蓄積を活用することで，言い換えれば「大数の法則」を活用することでリスクの管理を行ってきました。しかし IoT などで，個別に，しかもリアルタイムであらゆるデータが活用できるようになると，この人は今危ない運転をしたとわかってしまえば確率論は関係なくて，それに応じた料金を逆にピンポイントで決めることができるようになるかもしれません。となると，金融機関の競争力そのものがなくなってしまう可能性があります。

資本の分散化

　先ほど少額のお金を扱うのは割に合わないと言いましたが，なぜかというと，取引には金額の多寡にかかわらずある一定のコストがかかるからです。そして，そのコストの多くは取引に必要な信頼できる情報を得るためのコストです。だからこそ，さまざまな情報を集約する機能を持った証券会社や銀行があったわけです。これまでは資本はなるべく集約して扱ったほうが，効率がよかった。ただ，技術が発達して，相手のことを直接知らなくても信用できる情報が集まるインフラがあって，しかも現金の受け渡しのコストが小さくなってくると，小さいお金の単位でのやりとりも可能になってくる可能性がある。いわゆるクラウドファンディングなどがそのような小規模な資本調達の代表的なサービスですが，このような小規模資本を流通させる効率的なインフラができると，今までの金融機関みたいな資本を集約する機能それ自体が必要なくなるかもしれません。

5　FinTech と産業政策

バーゼル委員会の想定するシナリオ

　図表 1 - 7 は，バーゼル委員会という国際銀行規制の議論をする組織が2017年11月に，銀行の将来シナリオのパターン分けをしたレポートを出しています。彼らも，このうちのシナリオのどれが現実のものになるかわからないけれども，こんなことが考えられると言っています。

図表1-7　銀行の将来像：バーゼル委員会の想定するシナリオ

シナリオ	概要
Better Bank （よりよい銀行）	既存の銀行が金融サービスを高度化
Distributed Bank （分業する銀行）	既存の銀行とFinTech企業が，垂直方向にも水平方向にも分業・協業
Relegated Bank （土管化する銀行）	プラットフォーマーが顧客チャネルを掌握し，その配下で既存の銀行とその他FinTech企業が水平に分業・協業
New Bank （新規参入による銀行代替）	FinTechの強みを活かして新たに参入した銀行が既存の銀行を代替
Disintermediated Bank （中抜きされる金融仲介）	ブロックチェーンやP2Pによって，プラットフォームの分散化が進み，金融サービスの提供主体の概念も消滅

より破壊的

（出所）　日銀レビュー「FinTech時代の銀行のリスク管理」より抜粋（一部加筆・修正）。

　シナリオは5つに別れています（ちなみに，各シナリオの紹介の順番はレポート通りではなく一部入れ替えています）。まず上からBetter Bank，よりよい銀行という意味で，既存の銀行がFinTechサービスを取り込んで，よりよいサービスを提供する主体として存続するシナリオです。今の産業構造とあまり変わらないだろうというシナリオ。

　2つ目がDistributed Bank，これは分業する銀行と訳していますが，一部の機能は例えばFinTechベンチャー，もしかしたらアマゾンなどが担うかもしれないけれども，それ以外の部分は今の銀行が担うというシナリオ。

　3つ目がRelegated Bankで，訳すのが難しいのですけれども，無理やり訳したのが土管化する銀行。インフラ部分など目に見えないところだけ，言い換えれば付加価値の低いサービスだけを担うようになることを土管化という言い方をしますが，銀行もそうなってしまうのではないかというものです。例えば，決済・振り込みなどの地味な部分だけは銀行が担うが，資産運用・住宅ローンの相談などの付加価値の高い部分は別の人たちがやるようなシナリオです。

　4つ目はNew Bank，これは既存の銀行はなくなってしまって，新しいプレーヤーがNew Bankとしてサービスを提供しているような世界です。

　最後は極端なシナリオですが，Disintermediated Bank，中抜きされる金融仲介と訳してあります。1990年代後半，インターネットが出始めたころに，イ

ンターネットができて生産者と消費者がダイレクトにつながれば，間にある卸業者や小売店などは要らなくなるだろうというのが中抜き，Disintermediatedという言い方で，実際，一部でそれが起きました。今，映画やテレビ，音楽といったメディア産業で小売店や卸売業者や流通インフラなどが苦境に陥っていますが，まさに中抜きされているわけで，そういったことが金融でも起きるのではないか。P2P，要するに，個人対個人で，例えばお金の貸し借りができるようになれば銀行は要らなくなるのではないか，ブロックチェーンや仮想通貨があれば送金はそれを使えばいいのではないか，そういった形で金融仲介と言われている機能そのものをテクノロジーで代替することができて，銀行なんて要らなくなるかもしれないというシナリオです。

　この5つのシナリオは下に行くほど「破壊的」なシナリオになっています。さて，繰り返しになりますが，これらのシナリオを提示したバーゼル委員会も各シナリオの実現可能性には言及していません。将来予測が難しい理由の1つが，金融には各国の規制が大きな影響を与えるという点があるからです。

日本の金融産業の防波堤：規制

　実は日本にはFinTechにとってのハードルであり，もう一面では既存の金融産業の防波堤となっているものがあります。それが規制です。**図表1-8**に，グローバルな時価総額で大きいFinTech企業数100社が，どの分野のビジネスを行っているかを示しています。上の2つの決済・融資で半分ぐらいですが，実は，日本はこの分野のFinTechプレーヤーが非常に少ない。融資の部分に

図表1-8　セクター別FinTech100

2015年		2016年		2017年	
決済	25社	融資	32社	融資	32社
融資	22社	決済	18社	決済	21社
資産運用	14社	保険	12社	市場	15社
保険	7社	RegTech	9社	保険	12社
		データ分析	7社	富裕層資産管理	7社

（出所）KPMG「フィンテック100最も成功しているグローバルなフィンテックイノベーター」2015年版，2016年版，2017年版。

関しては，ほとんどないと言っていい状況です。なぜかというと，日本には，貸金業法という法律があって，これが結構厳しい法律で，例えば貸金業者になろうとすると，自己資本が5,000万円以上，法令遵守担当者が必要，しかも，その人は実務経験がないといけない，などいろいろな規制があります。このため，もし個人間のP2Pの融資をやろうとすると，厳密にはお金を貸す個人であっても上記のような条件を満たす貸金業者登録が必要ということになるわけで，これでは現実的には日本でP2P金融を行うのは難しい話です。

金融行政の方針転換がもたらす影響

ただし，金融庁も，金融産業を取り巻く環境の大きな変化に危機感を持っており，金融法制を大きく見直そうという議論をすでに始めています。大きく言えば，銀行法・貸金業法など縦割りの法律を，もう少し横の金融機能に着目して，資産運用サービスにはどういう規制が必要か，決済はどういう機能を持っていなければいけないか，など機能に注目した法体系に変えていこうという議論です。ただ，議論はまだ始まったばかりであり，現実に規制体系を変更するにはまだ時間がかかると思われます。

さて規制体系をイノベーションに合わせて進化させていく動きは歓迎すべきものですが，規制を検討する際に注意すべき点をいくつか指摘しておきたいと思います。

1つ目が，激増するであろう新規参入に対する体制の構築です。規制緩和した産業はどこでもそうですが，金融でも規制緩和が行われれば新規参入は確実に増えます。が，中には危険な人もいるかもしれません。その人たちをどう規制していくのかが課題です。また，多様な新規参入事業者が増えると，それに伴い，これまでとは異なる業態・サービスが登場してくることが予想されます。そういった新たな業態・サービスにおいて，規制の範囲が不明確になる可能性があります。伝統的に日本では監督官庁がいて，業法があり，その下に業界団体があって自主規制や自主ガイドラインをつくって，その業界の秩序を保つのですが，新規参入が増え出すと，どこまでがその規制の対象となる事業者なのかが曖昧になり，業界の定義が難しくなることが予想されます。もっと言えば業界団体自体が成立しない可能性がある。実際これは仮想通貨交換業者で起き

第1章　FinTechによる競争環境変化と産業政策　29

た問題でもあります。このような新規参入の増大に対応できる体制の構築のうまいやり方を考えておく必要があります。

2つ目が，金融がデジタル化すると，例えば金銭や契約といった金融ビジネスの根本的な機能の概念自体も変わるかもしれない点です。一般的にテクノロジーは常に規制に先行するので，テクノロジーによる変化を規制が先取りすることは大変難しいのですが，現在の霞が関を見る限りではテクノロジーがわかる官僚の絶対数は少ないと言わざるを得ません。テクノロジーの変化をうまく規制に反映させるための仕組みや人材の育成をどうするのかという点も気になります。

3つ目は，そもそも金融行政は何のためにあるのかという根本的な問いかけです。金融庁が自ら掲げる金融行政の究極的な目標は，「国民の厚生の増大」「安定的な資産形成」であるとうたっています。そうすると，金融行政はこの究極的な目標の達成に効果があるのかという点を測定しないといけなくなります。国民の厚生の増大が金融行政でどう担保されるのかというのは，何かしらの指標を決めて見ないといけないだろうと思います。最近よく聞くようになった，いわゆる根拠に基づいた政策形成（Evidence Based Policy Making：EBPM）というスキームを金融行政の中に取り込んでいかなければいけないと思います。

● 質疑応答

  FinTech2.0から3.0に移行するに当たって，図表1-5では，キープレーヤーとして大手だけが追加されているのはなぜでしょうか。

A　大手だけが追加されている理由は，APIへの対応にはそれなりの投資が必要であり，その投資余力を持つのは大手に限定されてしまうのではないかと考えているからです。言い換えれば，中小金融機関，端的に言うと地銀は危ないのではないか，APIの性能競争に耐えられないのではないかという意味も含まれています。APIの性能競争は，ある意味グローバルな競争なので，その投資・開発に耐え得るのは，大手金融機関ぐらいではないかと思います。逆に言えば，中小の金融機関は，そういう大手がつくったものを使う側に回ることになるのではないかという暗い予想をしています。

Q2 FinTech1.0から4.0までのどのぐらいのスピード感で行くということが予測されているでしょうか。

A 予測なので，当たるかどうかわからないですけれども，テクノロジーの側面で見ると，1.0から2.0のところは2015年ぐらいを境目に起きてきていて，これはスマートフォンの普及やクラウドが大きい要因でした。

2.0から3.0に移るキーテクノロジーはAPIで，日本では2019年までにAPI開放の努力義務を規定した銀行法改正がすでになされていますので，2.0から3.0への移行が目に見えて起こるのは2019年以降です。具体的にどんなAPIが提供されて，それを使ったビジネスが新しく出てくるのが向こう2年ぐらいで見えてくるのではないか思います。

3.0から4.0への移行について言うと，下のほうにIoTと書いていますけれども，いろいろな機器にセンサーが積まれて，それがネットワークでつながって，今までとれなかった細かいデータが大量にとれるようになるというのがIoTだとすると，そのネットワーク部分を担う無線規格の5G（Fifth Generation）が今議論されていて，標準化が大体なされているのですが，実際の製品になるのが恐らく2021年ぐらいではないかと勝手に予測しています。そうなると，3.0から4.0への移行は多分2021年ぐらいからではないかなと思います。

Q3 オープンAPIに伴って損害が発生する可能性があると思いますが，それに対する手当てはどういったものが議論されているのでしょうか。

A 大前提として，API開放は努力義務なので，絶対やらなければいけないわけではありません。実際，海外金融機関の日本支店には，自分たちは対応しませんと表明しているところもあります。また，無料での開放が義務付けられているわけでもなく，料金設定などを含めて個別の契約でAPIの使い方を決めるとなっていますので，何かトラブルが起きる場合に備えて，事前にお互い交渉で決めてくださいという仕組みにはなっています。

また，APIにも大きく2つあって，参照系と言われる，例えば口座の残高を見たり，自分の取引履歴を見たりするものと，更新系と言われる，実際に振

り込みや，別の金融商品を買ったりできるという大きく 2 つがあります。その
うちの後者の更新系と言われている実際お金が動く可能性がある API につい
てはかなり厳密なセキュリティーと接続の際の審査を当然金融機関側はやりま
す。

　さらに，損害が起きたときどうするか，基本的には契約で決めることではあ
るのですが，ガイドラインとしては，どちらかといえば金融機関側に厳しめの
判定をするガイドラインになっています。なぜかというと，ベンチャー企業が
多いので，同じ損害を折半で負担したらベンチャーは潰れてしまうので，少な
くともベンチャーが満たしておく要件さえ満たしていれば，責任を限定しま
しょうというガイドラインにはなっています。

> ## Q4
> 最近は銀行法改正であったり，API マーケットプレイスが誕生したり
> と，API の活用に向けた動きが出てきていますが，現時点では，API
> のポジティブな側面ばかりがフォーカスされているのかなと感じます。一方で，
> 顧客や金融機関にとって新しいリスクやデメリットみたいなものがあるのでしょ
> うか。

A 日本の API 公開の議論がなぜ起きたかというと，1 つが欧州で PSD Ⅱ
（Payment Services Direction）という EU 指令の登場が契機になってい
るといえます。PSD Ⅱを定めた EU の問題意識は，欧州圏の金融産業は，老舗・
大きい金融機関による寡占状態であるという問題意識があって，そこに何とか
競争を導入したい，競争を促進させたいという強い動機がありました。

　2005 年の最初の PSD——決済サービス指令と日本では訳されていますけれ
ども——では，まず決済ネットワークを開放せよ，という競争促進政策が打ち
出されました。それまでは金融機関や証券会社にしかアクセスできなかった決
済ネットワークを，他のノンバンクなどにもアクセスできるように開放せよと
いう指令です。今度の PSD Ⅱは何かというと，口座情報などにアクセスさせ
なさいという指令です。銀行・証券会社が持っている顧客の口座情報には，そ
の顧客の保有資産の情報などが含まれています。この情報を金融機関だけが
持っていて，消費者に不利なこと，例えば高い金融商品を売りつけているので

はないかとか，損するものを売りつけていないかといった疑問が根強く存在していました。顧客の口座情報へのアクセスを開放することで，より消費者の立場に立ったアドバイスやサービスを提供する会社が生まれること，それによってより利用者のほうを向いた競争を促進させることがEUのPSDⅡ策定の目的でした。日本の金融庁はこれを参考にしてAPI開放の議論を行った経緯があります。

そういう意味で言うと，金融機関側からすればAPI開放は競争の激化をもたらすことになるので，基本的にはデメリットしかないと思います。今まで囲っていたデータが表に出るわけだし，そのための設備投資もベンチャーが行うわけではなくて，自分たちでやらなければいけない。ただ，その先でとれるデータをうまく活用できるならば，それを強みに変えることができる可能性はあります。

銀行にとって今後ひどく不利な状況になるなという印象を受けましたが，それに対して銀行はどういう取り組みをしているのでしょうか。

まず，コスト削減は至上命題として相当程度進めています。2つ大きなコスト要因があって，1つが人件費，もう1つが支店やシステムなどの固定資産です。人件費に関しては，採用抑制やこの先バブル期の大量採用の人たちが定年を迎えることでの自然減で適正水準まで減らすのが基本スタンスで，今，業務のデジタル化をかなり急ピッチで進めています。最近有名なのがRPA（Robotic Process Automation）で，今まで人手でやっていた事務書類作業を自動化するという取り組みで，積極的に進めています。もう1つの支店についても，メガバンクなどはすでに支店数の削減方針を公表していますし，さらに言えば駅前の支店ビルを商業ビルとして活用するといった検討を行っている銀行もあります。コストだったものを収益資産にしようという取り組みです。

コスト削減が守りとすればそれと並行して，攻めとしての新たな金融サービスへの挑戦も進めています。このような動きをオープンイノベーションなどと呼んでいますが，メガバンクなどではベンチャーや他企業と一緒に新しいサービスをつくるため，実験的な組織をつくっています。ただ，資金や経験もいる

ので，地方・中小は自前ではなくて，パートナーを見つけて，直接ハンズオンではできないけれども，成果・情報は得られるようにという動きをしています。代表的な例は SBI の FinTech ファンドで，地域銀行が出資して，SBI の持つノウハウ・ネットワークを使って，いろいろな FinTech ベンチャーとの関係をつくる取り組みをしています。そういうところに入っているかどうかが多分取り組みとしては分かれ目かなと思います。

Q6 芝麻信用で点数の低い人向けのサービスを提供するかどうかは，基本的に民間であれば任意だと思うので断るところもあるかもしれません。日本には国民皆保険制度があるように，金融サービスに関しても，国が最終的に最後のセーフティネットのようなものを準備するのでしょうか。

A 実際に芝麻信用でもスコアによる社会の二極化が問題になりそうです。最初のうちは面白がって芝麻信用をやったが，低いスコアになった場合でも，履歴書に芝麻信用スコア欄があったり，Airbnb の登録をするときも芝麻信用入力欄があったりして，何点以上の人しか貸したくありませんという条件設定ができたりする。

だから，スコアが低いとわかった人は不利益があるかもしれないので逆にやめてしまう。ただ，企業からすれば，そんな客は客として要らないと割り切っているのなら，すごいサービスだと思います。このビジネスモデルの強みは，点数が高いと予測がつく人のほうが，このサービスを使うのです。つまり，お客さんの選別装置として働いている可能性もなくはない。

保険の面で言うと，保険もリスクに応じて料率を高めると，高リスクの人が入らなくなるので，例えば自動車保険は自賠責という最低限の保障がつけられるわけだし，昔は自動車保険の料率をあまり細分化しなかったのも，細分化すると高リスクの人が入らなくなるからでした。経済学で言う逆選択が起きるのです。芝麻信用のような個人の信用スコアが低スコアの顧客を排除するという段階にまで究極的に進むと規制が入ってくると思います。例えば，DNA 診断したら，あなたは膵臓がんのリスクが高いので，この保険には入れませんというのは，データの過剰な利用ではないかと思います。EU などでも最近活発に

議論が行われていますが，データの提供そのものを拒否できる権利を認めていくという方向になっていく可能性はあると思います。

　なお，芝麻信用のスコア自体は，アルゴリズムを公開していないのですが，どうしたらスコアが高くなるのかというハッキングサイトがたくさんあります。例えば，モバイルバッテリーは中国ではよく借りますが，あれをしっかりと返すとスコアが上がるらしいという噂が流れて，何度も借りては返してというようなことが流行った時期もありました。実際のアリペイの使用履歴もそれなりに効くみたいですが，交友関係にすごくスコアが高い人がいるとスコアが跳ね上がるという噂もあります。

Q7 利用者保護の視点からの規制は引き続き大事だと思いますが，例えばFinTech業者に対する取り付け騒ぎみたいな現象が起こった場合には，どういう対応が考えられますか。

A 金融商品の中でも預金は独特な商品で，短期で資金を調達し（預金），それを中長期で運用（融資）するので，本質的に銀行側にリスクが偏っていると言われています。そのため，銀行には預金保険などの仕組みを設けることで，取り付け騒ぎなどのリスクを抑えるような工夫がなされています。ですので，そのような仕組みを持たないFinTechベンチャーが預金を扱うのは，多分認められない。預金を扱いたいなら銀行免許を取り，預金保険機構に入ってくださいという話になると思います。

　もっとも，例えば決済で，企業間の何億円，何十億円単位の振り込みは銀行を使ってくださいとなりますが，個人間のやりとりで，数百円，数千円の飲み会の割り勘ぐらいなら多少遅れてもいいだろうから，FinTechベンチャーでも取り扱えるといったように，要するにリスクに応じてライセンスの軽重を変えるという議論が現在金融庁を中心に行われています。

第1章　FinTechによる競争環境変化と産業政策　35

Q8

中国の FinTech の背景には，人のマインド的にデータ管理されても
あまり抵抗がないというのがあって，それは FinTech の進展にとっ
て重要だと思います。日本人はマイナンバーの導入でも結構嫌がっていたのに，
FinTech 導入は果たして可能なのでしょうか。

A

データについては，日本ではやはり相当心理的なハードルが高い人がい
るのは事実です。特に日本には個人情報保護法があり，データの利活用
については制約が多い。また，キャッシュレスのサービスに関して言うと，若
い世代の20代でも5割ぐらいは「使いたくない」と答える人がいるみたいで，
その理由としてはいくら使ったかわからなくなるという理由がかなり強めに出
ています。あと，データを他人に分析させるということの抵抗はかなり強いか
もしれないと思っていますが，メリット次第かと思います。

Q9

日本人は現金が好きなのはそうだと思いますが，株式などデジタル化
されているものもあります。現金についても，このような他のデジタ
ル化過程を参考にすることは考えられているのでしょうか。

A

個人的に1つ参考になるかもしれないと思っているのは，高速道路の料
金支払システムのETCです。実際導入したときには，当初，ETCのリー
ダーが高かったので普及が進まなかったのですが，補助金をつけてリーダーを
安くする，ETC利用での高速料金を安くするなどの施策をいろいろとった。
また，ETCのゲートを増やすことで，現金の利便性を損ねるような施策をあ
えてとったりもしました。料金所での渋滞による経済的損失を解消するという
政策目標が明確にあったので，ETC普及に対する投資も正当化されたといえ
ます。キャッシュレスにもさまざまなメリットがありますが，それらのメリッ
トを明確に政策目標として打ち出すことで，デジタル化促進の施策を推進すべ
きだと思います。

　ただ，日本特有の問題として，100%デジタル化は絶対やってはいけない。
なぜかというと，この間の台風でも地震でもそうですが，100%キャッシュレ
スは停電が起きたら使えなくなるインフラになりかねないので，災害の多い国

としては，現金を使える余地は必ず残して置かなければいけません。日本の
キャッシュレスの方針は，高額な買い物では現金を使えなくするといったよう
な線に落ち着くのではないでしょうか。

Q10 投資の際のロボアドバイザーは，必ずしも適切に働くかどうかわから
ないと思います。例えば，ロボアドバイザーによって投資を失敗した
という場合に，金融 ADR のような，今後，そのトラブルの受け皿となるような
機関や制度について整備が進んでいるのでしょうか。

A ロボアドバイザーに関しては，金融商品取引法上の登録を受けた業者な
ので，既存業者と同じ枠組みが適用されます。損失が出た場合でも，一
応顧客の了承をとっているという前提があるので，利用規約を見ても，単純な
損失の責任追及は難しいのではないかなと個人的には思っています。

(2018年10月 3 日講義)

◉注 ───────
1　2018年11月30日からオンラインでの本人確認が可能となりました。

第 1 章　FinTech による競争環境変化と産業政策 37

第2章
FinTech・仮想通貨に関する
わが国の取り組みと課題

●本講のねらい

FinTechの世界ではベンチャー企業の果たす役割が大きい。わが国における代表的なFinTechベンチャーとして，家計簿アプリなどを展開する株式会社マネーフォワードにおける新たな取り組みを例に，わが国におけるFinTechベンチャーの取り組みの現状と課題を明らかにします。

●本講を通じて得られる示唆

金融庁の積極的な政策後押しもあって，わが国ではFinTechや仮想通貨に関する法制度整備は世界でもいち早く進展しましたが，足もとでは，仮想通貨ベンチャー企業における仮想通貨流出事件などもあって，イノベーション促進と利用者保護のバランスが問われています。しかしながら，ブロックチェーンなどの新技術が，お金の未来のあり方を変革するポテンシャルは大きいといえます。今後ともFinTechベンチャーの取り組みに大いに期待しよう。

●Navigator

神田 潤一（かんだ　じゅんいち）

株式会社マネーフォワード執行役員。東京大学経済学部卒業。米イェール大学大学院修士課程修了。1994年日本銀行入行，金融機構局で金融機関のモニタリング・考査担当等を経て2015年金融庁出向（総務企画局信用制度参事官室企画官）。2017年9月マネーフォワードに移籍し，2017年12月より現職。

1 FinTech 台頭の背景

マネーフォワードとFinTech

　私は大学卒業後，日本銀行に就職したのですが，最後の2年で金融庁に出向して，FinTech の法制度の企画・業界調整などを担当しました。それで，Fin-Tech がおもしろい，金融は FinTech で大きく変わると思い，金融庁への出向終了後に日銀も退職して，マネーフォワードという FinTech 企業に入りました。マネーフォワードは，2012年5月に立ち上げられた会社で，2017年9月に東証マザーズに上場し，FinTech の会社では株式上場第1号になりました。

　ビジネスラインとしては主に2つありまして，1つが個人向け自動家計簿・資産管理アプリ「マネーフォワード ME」で，ユーザーは650万人を突破（筆者注：講義時点。2019年4月末では750万人を突破）しているシェアナンバーワンの家計簿アプリになります。もう1つが企業向けの「マネーフォワードクラウドシリーズ」というサービスで，機能としては，銀行口座，法人クレジットカードなどの金融サービスのデータをインターネット上で自動取得してきて，それをもとに記帳・入力・仕訳などの会計機能を人工知能が自動でやってくれるというものです。

　当社を紹介したのは，マネーフォワードが FinTech の代表格であるということと，もう1つ，マネーフォワードのサービスを理解していくことで Fin-Tech の政策がどのように展開してきたのか理解しやすくなるためです。

FinTech が出てきた背景

　2008年のリーマンショックの後，欧米金融機関は，多額の損失を被ってリストラを迫られ，大幅な人員削減を行いました。そして，辞めた金融機関職員が，金融の経験を生かしつつ，IT 企業と結びつき，金融サービスを提供していこうという流れになってきました。これが FinTech の台頭につながっており，欧米で FinTech が出てきたのはリーマンショックが原因とも言われています。日本でも，低金利・マイナス金利の時代になって金融機関の収益力が低下するなか，2015年に金融庁は森長官が就任，同年に私も金融庁に出向し，日本でも

FinTechを発展させていこうというチームに配属になりました。Googleの検索ワードをみても，日本では2015年の春ぐらいから，アメリカをみても，2013～2014年ぐらいからやっと立ち上がってきており，FinTechというビジネスが注目され出したのはそんなに前ではありません（**図表2-1**）。

　FinTechが一気に広がった背景の1つは，やはりスマホにあると思います。日本でiPhoneが発売されたのは2010年ぐらいです。2013～2014年のころには6割，現在は7～8割の人がスマホを使っています。多分，スマホを電話機能のみで使っている人はほとんどいなくて，検索・地図・SNSなどパソコンが手のひらに乗っているというつもりで使われていると思います。

　スマホでできることはとても広がっています。例えば，気になった本があればその場で検索をして，購入してダウンロードすれば読めます。そして，スマホでは，検索や操作履歴のデータがインターネットを通じてクラウドに上がり，クラウドには人工知能が載っているので，例えば，神田潤一はこういう履歴を持って，こういう嗜好を持っている人なので，こういうデータの加工をして返してあげようという操作を人工知能が行い，インターネットを通じて皆さんのスマホに返してきます。ですから，スマホからインターネット，クラウド，人工知能まですべてのインフラがそろって，しかも，それが安く使えるように

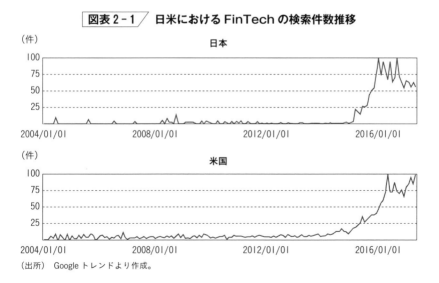

図表2-1　日米におけるFinTechの検索件数推移

（出所）Googleトレンドより作成。

なったことで，金融サービスがスマホで提供できるようになり，新しい動きにつながっている。これは決して一過性の動きではなくて，不可逆的な動きになっていると思います。

2 FinTech 推進のための政府の施策

FinTech のエコシステム形成

　金融庁が2015年ぐらいから FinTech をどのように推進してきたのかを少しおさらいします。まず，安倍政権の2016年の日本再興戦略，つまり成長戦略ですが，この中に「FinTech」という項目が設けられ，ここに「オープンイノベーションを活用したエコシステム形成」という言葉が入りました。モデルにしたのが西海岸シリコンバレーのエコシステムです（**図表 2 - 2**）。例えばスタンフォード大学をはじめとする大学や研究機関，そこの卒業生だったりする技術者・起業家の予備群，それに助言を与えていく弁護士・会計士，そしてベンチャーキャピタルやエンジェルがお金を出して実際にビジネスを立ち上げていく。だんだん大きくなっていくと，大企業や金融機関がそこに結びつき，最後

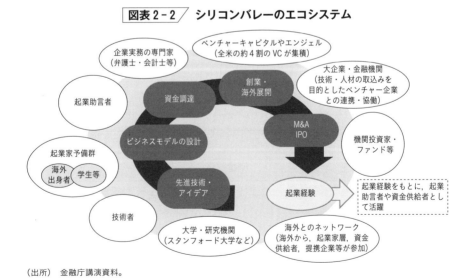

図表 2 - 2　シリコンバレーのエコシステム

（出所）　金融庁講演資料。

は機関投資家やファンドなどがお金を出して，M&AとかIPOでエグジットしていく。起業家たちはここで得た多額のお金を次の起業家たちに投資していく。このサイクルがぐるぐる回っていくのがエコシステム，生態系という考え方です。日本でも，このような動きがつくれないかということが，まさに当時の金融庁で議論されていました。

FinTech協会設立・FIN/SUMの実施

　エコシステムづくりのために何をしたかというと，まずFinTech協会が設立されました。設立総会をやるので，金融庁から挨拶に来てくれませんかと打診があって，出向したばかりの私が行って挨拶することになりました。登壇したところ，金融庁は味方なのか敵なのか戦々恐々とした雰囲気が流れたので，普通の挨拶をしたら金融庁の本気度が伝わらないなと思い，「椿姫」の「乾杯の歌」を歌いました(実際に歌唱)。歌い終わって「おめでとうございまーす！」と言ったら，すごい拍手をいただいて，以後，すごくフランクなつき合いができるようになりました。

　また，FinTech Summit（FIN/SUM）も日本経済新聞社と一緒に開催しています。先ほどのエコシステム，いろいろな人たちが一堂に集まるような場をつくらなければならないし，海外でもこういうものをしていますと1枚の簡単な資料を作りました。日本経済新聞社に行ったらぜひやりましょうとなり，2016年9月に第1回目が開催されて，2018年9月には第3回が開催されました。各国当局やFinTech企業の創業者・メンバーが集まり，新しいビジネスのアイデアや世界のトレンドの情報交換ができるということで，良いイベントになったと思っています。

仮想通貨にかかる法制度整備

　もう1つエポックメイキングだったのは，仮想通貨にかかる法制度が資金決済法改正で手当てされ，2017年4月から施行されました。4年前にマウントゴックスという当時世界最大の仮想通貨取引所が日本の渋谷にあったのですが，そこがハッキングされて倒産した事件がありました。一方で，海外でも仮想通貨がテロ資金の原資，マネー・ローンダリングの温床だという話があり，規制

を各国で整備していかなければならないという議論が2015年6月になされました。そして，翌2016年の伊勢志摩サミットまでに日本が率先して取り組んでいこうと安倍政権が決めたのが資金決済法改正でした（**図表2-3**）。

　資金決済法では，仮想通貨と法定通貨の交換業者を金融庁への登録制とし，利用者保護のために分別管理を徹底し，マネー・ローンダリングやテロ資金の対策として口座開設時の本人確認を義務づけるという，当時，世界で最も先進的な法制度を整備しました。同時に，国税庁が仮想通貨の取引にかかっていた消費税を撤廃しました。その後，日本では仮想通貨の取引がすごく盛り上がったという話は，後で詳しくしていくことにします。

図表2-3／仮想通貨にかかる法制度整備

1．MTGOXの事案について

○平成26年，ビットコインの交換所であるMTGOX社が破産手続開始（破産手続開始時，約48億円の債務超過）

○同社代表者は，平成27年，業務上横領（ビットコイン売買のため顧客が預けた資金の着服等）等の容疑で逮捕

2．国際的な議論の状況

○FATF（金融活動作業部会）ガイダンス（H27年6月）

「各国は，仮想通貨と法定通貨を交換する交換所に対し，登録・免許制を課すとともに，顧客の本人確認義務等のマネロン・テロ資金供与規制を課すべきである。」

3．日本における法制度の整備状況

法制度の概要

○仮想通貨と法定通貨の交換業者について，登録制を導入（平成29年4月1日施行）

○利用者の信頼確保のため，利用者が預託した金銭・仮想通貨の分別管理等のルールを整備

- 利用者が預託した金銭・仮想通貨の分別管理
- 最低資本金・純資金に係るルール
- 当局による報告徴求・検査・業務改善命令，自主規制等
- 利用者に対する情報提供
- 分別管理及び財務諸表についての外部監査
- システムの安全管理

○マネロン・テロ資金供与対策として，口座開設時における本人確認等を義務付け

- 口座開設時における本人確認
- 疑わしい取引に係る当局への届出
- 本人確認記録，取引記録の作成・保存
- 社内体制の整備

消費税の課税関係に関する整理

○これまで，「仮想通貨」は，消費税法上，非課税対象取引と規定されていなかった（消費課税の対象）。

○消費税法施行令において，資金決済に関する法律に規定する仮想通貨の譲渡について，消費税を非課税とする改正を実施（平成29年7月1日施行）

（出所）金融庁講演資料。

銀行法等を改正しオープン API を導入

翌2017年の成長戦略では、FinTech が 5 つの柱のうちの 1 つまで格上げされ、その小テーマの 1 つにオープン API という言葉が出てきます（**図表 2 - 4**）。オープン API が導入される前は、FinTech 企業は、皆さんからインターネットバンキングのパスワードを預かって、そのパスワードを使って金融機関にアクセスをしてデータを取得していました。そうすると、FinTech 企業にパスワードを預けても大丈夫なのか、ユーザーは一旦、躊躇します。金融機関側も、ユーザーのパスワードを使ってアクセスしてデータをとっているけれども、明らかに頻度も高いし、同じ IP アドレスからたくさんのユーザーのデータにアクセスがあり、気持ち悪い。FinTech 企業も、皆さんのパスワードを預かって管理するというのは管理負担がすごく重い。

このため、まず FinTech 企業を電子決済等代行業者として金融庁の登録制にします。お客さんがこの会社のソフト、アプリを使いたいとなったら、金融機関はその FinTech 企業と契約を締結した上で、この会社にオープン API と

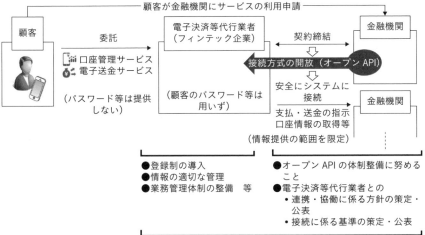

図表 2 - 4　オープン API の概要

（注）　API（Application Programming Interface）：他のシステムの機能やデータを安全に利用するための接続方式。
（出所）　金融庁講演資料。

第 2 章　FinTech・仮想通貨に関するわが国の取り組みと課題

いう接続方式を開放するのです。APIというのはApplication Programming Interfaceの略で，システム同士が安全にデータをやりとりするための接続の決まり事です。これを公開するので，オープンAPIと言っています。実は2018年9月末に2社，もうすでに電子決済等代行業者として登録をされていて，マネーフォワードは3社目ということで，2018年10月に登録されました。

3　仮想通貨の動向

仮想通貨の取引動向

　仮想通貨は，去年2017年に大きなブームになりました。1つおもしろいのは，2016年まではほとんどの取引が中国元で，95％以上を占めていて，発掘（マイニング）も売買も，中国が圧倒的でした（図表2－5）。ただ，中国では，富裕層が資産を仮想通貨に換えて，国外に持ち出すという資産流出の現状があったので，中国当局は仮想通貨の取引所を2016年末に全部閉じるよう命令しました。その後，日本円と米ドルでの取引が増えてきた。国ベースで言うと，日本が，仮想通貨，特にビットコインの売買のトップで，4割ぐらいを占めていたと言われています。

　また，ビットコインだけではなくて，他の通貨の取引も広がっていきました。

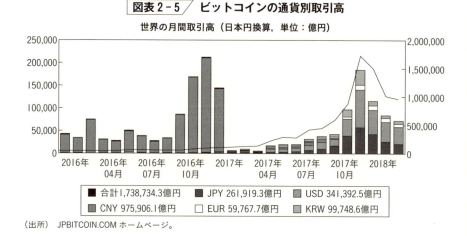

図表2－5　ビットコインの通貨別取引高

（出所）　JPBITCOIN.COMホームページ。

例えば、イーサリアムは、スマートコントラクトのベースになっている通貨でもあって、ビットコインと並んで仮想通貨の中では基軸となっています。

仮想通貨の定義

　仮想通貨の資金決済法上の定義としては、①物品購入・サービス提供を受ける場合に、これらの代価の弁済のために不特定多数の者を相手方として購入したり売却したりできるもの、つまり、特定の人たちだけではなくてオープンに決済に使われるもの。②電子的に記録された財産的価値で、電子情報処理組織（つまりインターネット等）を用いて移転することができるもの、③法定通貨建てで表示されるものに該当しないもの、となります（**図表2-6**）。ですから、電子マネーやポイントの類は、仮想通貨ではありません。

　仮想通貨は、経済学上の通貨の定義には必ずしも合致しないと言われていますが、実際に決済に使われうるため、「通貨的な機能を持つ財産的価値」という整理をされることが多くなっていると思います。

仮想通貨（主にビットコイン）の歴史

　ビットコインは、2008年10月に発表されたサトシ・ナカモトという人の論文がもとになっています。その後、2009年に初めて取引され、その後は、例えば

図表2-6　仮想通貨の定義

＜資金決済法上の定義＞

1. 物品購入・サービス提供を受ける場合に、これらの代価の弁済のために不特性多数の者を相手方として購入及び売却ができるもの（これと相互に交換を行うことができるものも含む）。
2. **電子的に記録された財産的価値**で、**電子情報処理組織**を用いて移転することができるもの。
3. **法定通貨建て**で表示され、または法定通貨をもって債務の履行等が行われる通貨建て資産には**該当しないもの。→　電子マネーやポイントとの違い**

＜参考：経済学上の通貨とは＞

交換価値、価値尺度、価値保蔵の機能を有するもの。
どこでも、誰でも、何にでも、支払・決済の手段として利用できる
＝「強制通用力を有する」。

すなわち仮想通貨とは、
　（強制通用力を有さないものの）**通貨的な機能を持つ財産的価値。**
（出所）　筆者作成。

第2章　FinTech・仮想通貨に関するわが国の取り組みと課題　**47**

| 図表 2 - 7 | 仮想通貨（主にビットコイン）の歴史 |

2009年 1 月 3 日	：Bitcoin の最初のブロックが誕生
2009年10月	：Bitcoin と法定通貨の最初の交換（1BTC＝0.09円）
2010年 5 月	：ピザ 2 枚が10,000BTC と交換される（0.2円）
2011年 4 月	：TIME 誌が Bitcoin を特集
2011年 6 月	：初めての Bitcoin バブル（31ドル）
2013年 3 月	：キプロス危機が発生，Bitcoin 価格が上昇（266ドル）
2013年12月	：NHK で bitcoin 特集，その後最高値（12.8万円）
2013年12月	：中国政府が金融機関の Bitcoin 取引を禁止（11万円）
2014年 2 月	：Mt.Gox から仮想通貨が流出，営業停止（1.8万円）
2015年 6 月	：米 NY 州が新たな規制 BitLicense を発表（2.8万円）
2015年10月	：欧州司法裁判所が VAT の課税対象外と判断（3.3万円）
2016年 2 月	：Bitcoin のフォーク版 Bitcoin Classic リリース（4.5万円）
2017年 1 月	：中国が仮想通貨取引規制を強化（11万円）
2017年 4 月	：日本で改正資金決済法が施行（12万円）
2017年 8 月	：Bitcoin が分裂し，Bitcoin Cash リリース（47万円）
2017年12月	：先物を導入（211万円）

（出所）　マネーフォワード作成。

マスコミで取り上げられたり，あるいはギリシャなどで経済危機が発生して，その国の通貨価値が下がると，ドル・金と同様に，ビットコインに逃避するという動きもあって，価格が上がったりしています。

　2017年は仮想通貨の分裂（ハードフォーク）といって，ビットコインを持っている人には，ある日を境にビットコインキャッシュという別の仮想通貨もあげますということが何回か起こりました。ビットコインを持っていたら新しい通貨がもらえるのなら，ビットコインを持っておくという人が増えて，ハードフォークの直前になると仮想通貨の価格が上がるということが何回かあり，17年末には211万円まで上がりました。現在，仮想通貨は，1,500種類以上と言われていますが，2,000とか3,000，数え方によってはもっと多いという人もいます（図表 2 - 7 ）。

各国の規制動向

　仮想通貨に関する各国規制（**図表 2 - 8** ）は，国により区々で，日本は規制があるがサポーティブと書いていますが，今はいろいろな事件もあり大分厳格になっています。本来は規制と市場環境の整備，イノベーションの両方を目指

図表 2 - 8　各国の規制動向

国・地域	規制環境	主な対応
日本	規制あるがサポーティブ	取引所は金融庁の登録制 規制と市場環境整備の両立を目指す
米国	規制あるが比較的サポーティブ	SEC は ICO 等に否定的 国全体としてはサポーティブ
中国	禁止	取引所を閉鎖，国外取引も禁止 ICO による資金調達も禁止
韓国	規制あり，厳格化の方向	厳格化の方向で法規制を検討
ロシア	サポーティブな規制を検討	取引を容認する方向で規制を検討
カナダ	ICO に対しては規制の方向	要件を満たさない ICO は規制の方向で検討
欧州	国によってまちまち	英国はサポーティブ，他国はやや懐疑的

（出所）　報道等よりマネーフォワード作成。

して法制度を整備しました。他国は結構まちまちで，中国は全面的禁止，アメリカは州によって違い，規制はあるけれども，比較的サポーティブな制度を今導入しようとしています。韓国は少し厳格化の方向，ロシアはかなりサポーティブで，仮想通貨の取引所を誘致したりしています。カナダは，ICO に対しては規制の方向ですが，それ以外は比較的サポーティブで，欧州は国によって区々という感じです。

金融庁による行政処分

　2018年1月にはコインチェック事件があり，金融庁が検査・行政処分を発表し，4月にマネックス・グループがコインチェックを買収するということで，一旦落ちついたという流れになります。ただ，コインチェックの流出事件を受けて一斉に金融庁検査が入り，やはり体制整備ができていないということで行政処分がたくさん発表されています（**図表2 - 9**）。

　「みなし業者」という登録事業者一歩手前の業者には，業務停止命令になったところもたくさんありますし，業務改善命令もたくさん出ました。

　16社の「登録事業者」も，そのうち7社が業務改善命令を受けました。実際に検査に入ってみると体制整備が不十分だったということで，経営管理態勢，マネー・ローンダリングやテロ資金の対策，反社会的勢力対策，システムリス

第2章　FinTech・仮想通貨に関するわが国の取り組みと課題　49

| 図表 2 - 9 | 金融庁による行政処分（みなし業者，登録事業者） |

交換業者			主な処分内容
コインチェック	みなし	業務改善	不正流出，顧客対応，再発防止
		業務改善	リスク評価（テロ資金対策），内部管理態勢
FSHO，ビットステーション，エターナルリンク，BMEX，ブルードリームジャパン	みなし	業務停止	取引時本人確認，疑わしい取引の報告，顧客保護，仮想通貨の私的流用，経営管理・委託先管理・システム管理態勢の不備
バイクリメンツ，ミスターエクスチェンジ，LastRoots みんなのビットコイン	みなし	業務改善	内部監査未実施，利用者財産の分別管理，マネロン・テロ資金対策
bitFlyer	登録	業務改善	経営管理態勢の抜本的見直し，マネロン・テロ資金・反社対策，システムリスク管理態勢，利用者の苦情等への対応
テックビューロ	登録	業務改善	システム障害や不正出金・不正取引が発生，原因分析・再発防止が不十分
BTC ボックス	登録	業務改善	経営管理態勢の構築，マネロン・テロ資金・反社対策，システムリスク管理
ビットバンク	登録	業務改善	経営管理態勢の構築，分別管理，マネロン・テロ資金対策，ホワイトラベル戦略
GMO コイン	登録	業務改善	システム障害が頻発，原因分析や再発防止策が不十分
ビットポイントジャパン	登録	業務改善	経営管理態勢の抜本的見直し，マネロン・テロ資金対策，分別管理
Quoine	登録	業務改善	グループ子会社の経営管理態勢の構築

（出所）　金融庁公表資料等よりマネーフォワード作成。

ク管理など，いろいろな指摘を受けて業務改善命令が今でも続いています。

　図表 2 - 9 が，2018年 6 月末ぐらいまでに出た行政処分ですが，一旦そこで行政処分は打ち止めで，新しい事業者の登録も認めていきましょうという雰囲気になってきたところで，2018年 9 月末にテックビューロの Zaif という仮想通貨取引所が仮想通貨の流出事故を起こして，金融庁が一段と厳格化の方向に戻っているというのが今の状況です。

　ただ，ヤフー・LINE・楽天などの新たな IT 企業が仮想通貨の業界に参入していこうという動きになっていて，こういう IT 企業がきちんとした体制で参入してくるのは悪いことではないという流れになればよいなと思っています。

Currency2.0

　実は，私は，先日，仮想通貨の特徴をまとめて，Currency2.0という３つの
コンセプトを発表しました。まず，①仮想通貨は場所・時間・手段からの自由
があります。インターネット上で取引されるので，銀行のように何時までで取
引は終わりとか，あるいは銀行のATMに行かないと取引できませんというこ
とはなく，いろいろな手段，スマホからでもパソコンからでも取引できます。

　次に，②国境とかイデオロギーからの自由があります。例えば，日本の会社
が中国に物を売ったときに，中国元で払いますと言われて，両替が面倒だな，
と思う人が多いのではないでしょうか。中国元でもらっても日本では使うとこ
ろがない。仮想通貨はどの国にひもづく，イデオロギーを反映しているという
ことがないので，仮想通貨なら受け入れてもいいよと世界中の人が思える可能
性がある。

　最後に，③固定された価値からの自由があります。価格が変わるのも仮想通
貨のおもしろいところで，私が聞いた話では，東北地方にある民宿で，１泊２
食つきで１万円の宿泊料金を，ビットコインで払う人は5,000円分のビットコ
インでいいですよとした。つまり，ビットコインなら半額キャンペーンをした
ところ，その民宿が満室になったということです。

　一方で，宿のご主人は，仮想通貨は，来年，再来年になったらきっと２倍，
３倍，５倍に上がるだろう，だったら今半額で仮想通貨を受け取って，それを
持っていたら絶対メリットがあると思ったそうです。そういう仮想通貨の新し
い価値の交換がもたらす可能性もおもしろいと思います。

ICO（Initial Coin Offering）

　仮想通貨の特徴を生かした資金調達のスキームが，ICO（Initial Coin Offer-
ing）です。IPO（Initial Public Offering）という，株式の新規公開に当たる英
語にひっかけてこう呼んでいます。企業などがトークンという名前の仮想通貨
を発行し，世界中の人たちがそれをビットコインなど仮想通貨で買うことで資
金調達ができる。企業やプロジェクトが提供するサービスを，このトークンで
使えるようになり，取引所でトークンを売買をすることもできる。

　株式発行で資金調達をするには，厳格なルールに基づいて審査を受けて，取

引所が OK しないと株式が発行できません。でも，ICO は，このプロジェクトはおもしろいと思った人がいれば，ビットコインを払い込んでくれるので，すごく良いアイデアがあって，まだ生煮えでも，その企画に共感した世界中の人がお金を払ってくれる。このベースになるのが，イーサリアムという仮想通貨のブロックチェーンを使ったスキームで，去年イーサリアムの価格が100倍以上になった背景にもなっています。

仮想通貨と VALU

ICO のスキームを使うと，個人としても通貨が発行できる時代になっています。VALU（バリュー）という日本の会社が，個人が独自のコインを発行し，資金調達するスキームを提供しています。正確には，これは公式には仮想通貨とはいっていません。もっとも，実体はかなり仮想通貨に近く，個人が仮想通貨を発行するようなスキームになっています。

自治体発行のコイン

自治体が仮想通貨を発行する構想も出ています。岡山県西粟倉村という人口1,500人の小さい村がベンチャーを集めて，そのベンチャーを支援するための支援資金を新しい通貨「西粟倉コイン」を発行することで調達しようというプロジェクトが発表されています。これは地域活性化の起爆剤になり得るとして注目されています。こうやって調達した資金で例えば村や町のインフラを整備して，外から来る観光客の宿泊施設を整備して，村や町の魅力が高まるとコインを買ってくれた人が値上がり益を受ける。ですから，価格が変動する通貨を発行するということは，村の魅力を継続的に高めていく取り組みに強いコミットメントを発表していると見ることもできるのかなと思います。

ブロックチェーン

仮想通貨を支える技術であるブロックチェーンは，**図表 2 -10**にあるように，取引の記録をブロックの中に固めてしまい，そのブロックをつなげて管理をして，改ざんしようと思うと，全部つながっているので，全部改ざんしなければならないので改ざんがされにくいというデータの管理の仕方になります。

図表 2-10 ブロックチェーン技術

- ビットコインを実現させるために生まれた技術であり，いくつかの暗号技術がベース
- P2P ネットワークを利用してブロックチェーンデータを共有し，中央管理者を必要とせずにシステムを維持することを実現

- トランザクション情報の集合等を含んだブロックがチェーン状に連なっているもの
- ネットワーク上の複数ノードが，新しいブロックを相互に承認し，チェーンに足していく

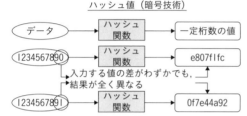

トランザクション情報

例えば，ビットコインでは，アドレスAからアドレスBへ5BTC移動等の取引情報のことをいう。

（出所）経済産業省作成。

　これまでのシステムは，中央に大規模なデータベースを置いて，データを集めて，書き換えをすることで管理しています。逆に言うと，この中央のシステムが止まったら，このネットワークは全部止まります。でも，このブロックチェーンは，今あるインターネットとパソコンのサーバーに同じデータを共有するという仕組みを使っていて，しかも，データは改ざんできない仕組みをつくっているので，このブロックチェーン上でネットワークを構築する費用はすごく安く抑えられる。また，ある人のパソコンがダウンしても，全体のネットワークは止まらないし，データのやりとりも全く影響を受けない。止まらない，改ざんされない，コストが安いシステムなわけです。

ブロックチェーンの活用可能性

　ブロックチェーンは，いろいろな分野で使えると言われています（**図表 2 -**

図表2-11 ブロックチェーンの活用可能性

(出所) 経済産業省作成。

11)。金融の決済はもちろん，送金・証券取引，ビットコイン，仮想通貨の取引，ポイント交換，資金調達などです。この他に，資産管理，土地の登記など，関係者が多い複雑な情報の管理，認証に適していると言われています。それから，公共的なデータの管理，投票，あるいは戸籍もブロックチェーンで管理している国もあります，例えばエストニアがそうです。こういうブロックチェーンは，さまざまな分野でいろいろな経済的な効果があるともいわれています。

4 今後のFinTech

モバイルバンキング・キャッシュレスの進展

次に，今後のFinTechについて，私の構想や妄想も交えてお話ししたいと思います。まず，確実に進むのはモバイルバンキングやキャッシュレスです。東京オリンピック・パラリンピックもあるので，確実にそういう方向に進展するだろうと言われています。日本はモバイルバンキングの比率が20％に満たなくて，先進国で最も低いですが，中国では6割超，特に上海，深圳など都市部に行くと95％以上がモバイルバンキングとなっており，現金を使えるお店がほとんどないと言われています。

では，少額決済を何でやっているのかというと，海外はクレジットカードとデビットカードです（図表2-12）。日本は特殊で，Suica，Edy，Ponta，nanakoなどの電子マネーが，かなりを占めていて，あとは少しクレジットカードです。これをどう見るかですが，これからクレジットカードやデビットカード

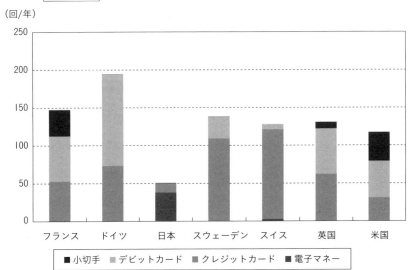

図表2-12 少額決済市場の状況（人口1人当たりの決済回数）

(出所) 国際決済銀行統計より作成。

が日本でも拡大していくという見方と，もう1つは，海外とは異なり電子マネーが日本の特徴で伸びていくだろうというものです。どちらにしても，キャッシュレスやモバイルバンキングが広がっていくと言われています。

FinTech がもたらす未来

　海外の事例ですけれども，例えばスタバで410円のラテを頼むときに，電子マネーで410円分ピッと決済するわけですが，500円払ってお釣りが90円あったというつもりで，このお釣り分に当たる90円を投資信託に回すというアプリがアメリカでは出てきています（**図表 2 -13**の Acorns）。あと，Facebook や Amazon の利用の状況を見ながら，35秒であなたの信用スコアを判定してお金を貸してくれるサービスも出てきています（同図表の Kreditech）。それから，銀行口座の動きをつぶさに見て，あなたであれば毎月2万円ぐらいは貯金できますよと判定をして，給料が入ったらすぐ2万円を貯蓄用の口座に勝手に移して，知らないうちに2万円分貯蓄口座に貯まっているようなサービスを提供する銀行も出てきている。

図表 2 -13　FinTech がもたらしている未来

Acorns の貯蓄管理アプリ
スタバで410円のラテを頼むと，おつりの90円で投資信託を自動購入

Apple Pay でなんでも安心決済
様々な店舗や EC サイトが利用できるのみでなく，不正利用にも圧倒的に強い

**Kreditech の
ビッグデータスコアリング**
審査は35秒で完了，
審査対象は Facebook
や Amazon アカウント

Fundbox による請求書割引
翌月末払いの請求書を，請求書発行代行会社が割り引いて買い取り

Lending Club による融資マッチング
累計1兆円を融資。
自動で再融資，借り手にも DM でオファー

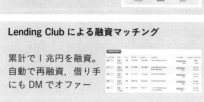

Simple Bank
銀行が「貯金枠」を
設定し，目標に向けて
自動積立

（出所）　マネーフォワード作成。

決済の透明化

決済も進んでいきます。例えば，Uber では，地図アプリでタクシーを呼ぶと，周りにいるタクシーが近づいてきて，目の前にタクシーが停まる。自分のアカウントがスマホのアプリと紐づいていて，乗った途端に目的地を地図で入れると，ここまで行くのに3,000円ですとクレジットカードから引き落とされて，降りるときには決済がいらない。タクシーを呼ぶところから決済までの一連の動きがスマホ・アプリの中で全部できてしまうことになります。

また，Amazon Go では，スーパーやコンビニに入るときにスマホをかざして個人の認証をします。あとは棚から自分の欲しいものを自分のかばんに入れていくと，この人は何をどのぐらい買ったのかを見て，それを集計して，出るときにはレジを通らずに，そのまま出ていく。アメリカの西海岸で何店舗か展開されています。

それから，Amazon Dash Button です。例えば天然水とかアルコールフリーのドリンクのボタンを冷蔵庫の横に張っておいて，天然水がなくなったぞと言って，このボタンをポチっと押すと，次の日に Amazon から天然水が箱で届く。クレジットカードと紐づいているので，ボタン1つで物を買って決済するところまで終わっているというボタンです。

3年で劇的に変化する

これらの話は，日本ではまだ先の話だろうと思っているかもしれませんが，実は中国も，2013年あたりはモバイル決済額は大したことなかったのです。そこからアリペイや WeChat Pay ができて，2016年あたりは世界で一番のキャッシュレス大国になっている。ですから，3年あれば状況は大きく変わります。それぐらい早い時代の変化の状況になっています。

5 FinTech が解決すべき課題

では，FinTech は，これからどういう方向に向かっていくべきなのでしょうか。皆さんいろいろな不安があると思いますが，「老後の生活設計について」「今後の収入や資産の見通しについて」「現在の収入や資産について」など，お

金についての不安が各年代でかなり上位になっています。それから，あなたはどうして結婚しないのですかというアンケートをとると，男性も女性も結婚資金がハードルになっているとの回答が多い。さらに子どもは何人欲しいですかというアンケートでは理想は2人だけれど1人かな，という人に理由を聞くと，子育てや教育にお金がかかり過ぎるからとなります。

また，生産年齢人口は，特に地方に行くとどんどん下がっているので，地方は，お金の問題のほかに少子高齢化という課題もあります。ですから，今後のFinTechは，こういうお金の不安とか，あるいは地方の課題，少子高齢化とか中小企業の活力の向上とか，そういう課題に対してソリューションを提供していかなければならないというのがわれわれの考え方です。

では，今後，お金はどうなるのか。10年後のお金ということで考えてみたときに，財布も携帯も要らなくなるかもしれません。目や指紋，静脈，顔認証などで決済する。それから支払い手段も，FinTechが，最適な通貨を選択して支払い手段を選択する。ポイント，割引，交換レートなどで判断して，アプリをかざすと自動的に支払い手段を選んで，それで支払ってくれる世界にきっとなっていくのではないかと思っています。

今は働いた分だけお金がもらえます。未来は，1人1人のスキルによって支払う金額が変わってくる時代になって，さらに進んでいくと，自由にお互いのスキルや時間を交換して，それをクラウドの上でマッチングさせていって，あなた自身の価値がお金になっていく。きっとそういう時代になっていくと思っています。私の講演はこれで終了いたします。

● 質疑応答

 仮想通貨の種類がたくさんあるとのことですが，名の知れていないような仮想通貨を悪用して財産を隠したり，犯罪に使われたりということは起きないのでしょうか。

A 簡単に起きます。ですので，日本では口座を開くときに身分証明書を提示して本人確認をすることになっています。世界各国で同様の規制を導入しようというのが今の流れです。

もっとも，わざと緩い規制にして，業者を集めて，税金は安いのだけれども，そこから上がってくる税収で国の資金を潤わせようという国もないわけではありません。完全に撲滅することはできないですが，それは現金も一緒です。ビットコインはブロックチェーン上に取引履歴が残るのですが，現金でやりとりすると証跡が残らないので，現金のほうが地下経済で使われやすい。ですから，インドは裏経済の取引を撲滅するために2016年に高額紙幣を廃止しました。政府が強制的に行い，かなり不評だったのですが，おかげでこの２年間で電子マネーが世界でも最も進んだ国の１つになっています。

Q2 なぜICOで何十億という巨額な資金調達が可能なのでしょうか。発行されるコインの客観的な価値はよくわからなくて，実際のところ詐欺まがいのICOも多いのに，なぜ投資家はお金を出せるのでしょうか。

A 2017年，仮想通貨が高騰し，「億り人」という人たちがたくさん出ました。その億り人たちは，その上がった仮想通貨を使うところがない。だから，新しい通貨に投資しよう，うまくいけばもっと増えるし，下手をしてもどうせ使い道がないあぶく銭なので，まあいいかという人が結構いたのかと思います。10万円ずつ100のプロジェクトに投資したとして，99のプロジェクトは失敗して無価値になっても，たった１つのプロジェクトが1,000倍になれば，1,000万円投資してリターンが１億円です。だから，いろいろなプロジェクトに少しずつ投資をして，そのうち１個か２個が大化けしたら，もっと増えるだろうと思って投資した人がたくさんいたのだと思います。
　ただ，今は仮想通貨の価格が下落している上に，プロジェクトを見きわめて投資しようという動きが投資家の中でも出てきていると思います。

Q3 ICOで，仮想通貨を発行して企業の資金調達をする場合，株式を発行することに比べて企業にとってのメリットは何なのでしょうか。

A 発行手続がそんなに重くなくて，コストが安く発行できるということがメリットです。コストが安く発行できるので，例えば，1,500人の村で

第2章　FinTech・仮想通貨に関するわが国の取り組みと課題　59

も独自の通貨が持てるし，地元のスポーツチームでも，J2ぐらいのサッカーチームでも独自の通貨が持てる。通貨を発行するハードルが下がって，小さいコミュニティでも，そのコミュニティをサポートしたいという人が発行された通貨を持ってサポートする，通貨をそのコミュニティを強めるために使うことができるようになるのがICOの魅力だと思います。あと，企業としては，株式発行だと株式保有比率が低くなるだけ創業者の経営権が弱まりますが，仮想通貨だとそういうこともありません。

Q4 ご紹介のあったICO，VALU・地域コインはすでにあまり使われていない印象があります。ICOは規制が強くなり，VALUは一時期はやったけれども使い勝手が悪くて沈みぎみ，地域コインも既存の政策以上に爆発的な効果があった印象はあまりない。QRコードや他のFinTech的な決済手段もある中で，現状ほかの新しい技術に比べて仮想通貨のほうがうまくいっているところはあるのでしょうか。

A 実は私は，仮想通貨は少し先の技術かなと思っています。われわれスタートアップがビジネスをしていくときに意識するのは，半歩先の技術，半歩先のプロダクトで，仮想通貨は一歩か二歩先かなと思います。もっと地に足の着いたQRコード決済やスマホ決済のほうが使いやすさとしては実感できると思います。

ただ，仮想通貨やブロックチェーンが技術的な主流になっていったら，金融サービスが大きく変わるので，乗り遅れるとユーザー基盤をあっという間に失うという怖さもあるわけです。

メリットとしては，先ほどのCurrency2.0であげた良さは確実にあるので，法定通貨が仮想通貨に置き換わるとは思いませんが，それぞれの良さを使い分ける時代がきっと来ると思います。

Q5 仮想通貨について，どういう環境があったらそれが半歩先ぐらいまで近づいてくるのでしょうか。現状では，何が足りないのでしょうか。

現在一番足りないのは，セキュリティです。仮想通貨の流出事故が連続
　　して起きるようでは，安心して使ってもらえません。あとは，仮想通貨
を使うと，値上がり，値下がりに対して損益計算や税金の支払いがすごく面倒
です。さらに，例えばICOのルールもまだ整備されていないので，いろいろ
な詐欺的なICOが出ています。法律や制度も技術の進歩に合わせてブラッシュ
アップされていかなければならない部分もあり，あるいは事業者側の経営努力
だったり，セキュリティに対する進歩だったり，イノベーションだったり，そ
ういった条件がそろってくると，実際に活用できるサービスも増えてくるので
はないかと思っています。

Q6
ビットコインは，新規発行が採掘，マイニングに限定されていて，か
つ発行額も2140年までに2,100万ビットコインと総量が決められてい
ますが，このことに伴う，メリットやデメリットはあるのでしょうか。

　　発行量がコントロールできないことは，日本銀行のように，たくさんマ
　　ネーを供給することで経済をよくしたり，通貨発行量を抑えることで経
済のスピードをスローダウンさせたりという金融政策ができないというデメ
リットがあります。他方，メリットとしては，恣意的に発行量が決まらない。
経済が発展していくと本当は必要な通貨の量は増えていくはずだけれども，発
行量は変わらないので，仮想通貨の価値が上がっていく。すごく上手にデザイ
ンされていると思います。
　一方で，今1ビットコイン80万円ですが，8万円のものをやりとりするとき
に0.1ビットコインだったり，800円のものは0.001ビットコインだったり，小数
点の単位でやらなければならないというのが発行量が決まっているビットコイ
ンの面倒なところだとも言われています。

Q7
各国の規制動向の話で，海外取引・海外送金で使用するのを前提にす
ると，仮想通貨の規制統一は不可欠だと思いますが，現実問題として
統一が可能なのでしょうか。統一を阻む要素があるのなら何なのでしょうか。

第2章　FinTech・仮想通貨に関するわが国の取り組みと課題　61

いろいろな国の事情もあり，規制が強いほうがいいと思っている国もあれば，規制が緩くてビジネスがどんどん集まってくれたほうがいいと思っている国もあります。これまでの経緯も違うので，国際的に1つの規制に決めるのはなかなか難しい。ただ，その間にどんどんサービスが広がっていくと，やっぱり最低限の規制は必要だというコンセンサスはこれから出てくるだろうと思います。

Q8 株価が企業価値と結びついて上下するのはわかりますが，コインの時価というのは何によって上下することになるのでしょうか。

例えば日本円の価値はどうやって決まるのかというと，1円円高になった，あるいは2円円安になったとしても，日本の国力がそんなに毎日1％も2％も変わるのかというと，多分そうではなくて，やっぱり需給で動いているのだと思います。

コインの時価も，ベースとしてはそのコインの背景にあるプロジェクト，あるいはその地域の取り組み，そのコインを発行した人たちの思いがベースにあるべきですが，それがみんなの共感を呼んで，このコインは先々きっと上がるぞと思うと価格が上がっていくし，その取り組みはいまいちだよな，失敗するよなと思ったら下がっていく。やはり需給，あるいは思惑で上がったり下がったりするという意味では，各国の通貨とプロジェクトのコインは，基本的には構造は同じだと思っています。

Q9 今はオープンAPIでFinTech企業と金融機関がつながったりして役割分担がされていると思いますが，これから競合する可能性はあるのでしょうか。既存金融機関はかなりFinTech企業を意識していると思いますが，FinTech企業としてはどのように考えているのでしょうか。

海外では，最初，リーマンショック後にリストラされた人がIT企業に行ってFinTechサービスを始めたという経緯もあって，実はFinTech企業は金融機関のビジネスをどんどん奪っていく方向で広がりました。日本で

も，そうなったら金融機関は大変なことになるぞ，システムもレガシーだし，ひとたまりもない。そこで，日本では，金融機関は海外ほど傷んでいないし，信頼も厚いので，FinTech企業と日本の金融機関が一緒にビジネスをしていく方向にしてはどうか，それが日本らしいやり方ではないかということで，オープンAPIも両者の契約をベースにしました。日本では，金融機関とFinTech企業は一緒にコラボしてやっていってくださいという方向性をとって，比較的成功しています。

　先行きですが，5年，10年のところでは多分同じような感じなのかなと思います。ただ，15年，20年先になってくると，FinTech企業がもっとサービスを広げていく。例えば，楽天・ヤフー・LINEなどがもっと金融事業を行うようになっていくかもしれない。ただ，FinTech企業としても，地方に行くといまだ金融機関が強いので，マネーフォワードというIT企業はよくわからないけれども，この銀行と一緒にやるのだったら使ってもいいと感じてもらうというメリットがあります。

Q10 現在のATMを大量に設置している金融機関のサービスがほかの金融機関のサービスに劣るというのは考えがたく，結局のところ，現在とあまり変わらないように思うのですがいかがでしょうか。

A オープンAPIになると差別化が進むと思います。なぜなら，APIを公開するのにコストがかかるのですが，コストをかけてもAPIを公開して何かのサービスを提供していくというのは各金融機関が選びます。

　例えば，1つの県でA銀行がマネーフォワードを使うとなると，そのライバルのB銀行は，マネーフォワードではなくて他社の家計簿アプリを導入する。だから，どの会社のアプリを選ぶのかは，その金融機関の選択だし，その選択によってユーザーが動く。しかも，その選択のためにはコストもかかるので，金融機関は，どのアプリを導入するのか，どのアプリと提携するのか悩んで決断をしていると思います。3年，5年すると，この選択の結果で差がついてくるだろうと思います。

(2018年10月10日講義)

第2章　FinTech・仮想通貨に関するわが国の取り組みと課題　63

第3章
FinTechと
今後の金融行政の方向性

●本講のねらい

FinTechに関する，わが国における政策はどのように進められ，今度はどういう展開をしていくのでしょうか。政策の企画立案等を担当する政策担当者が，FinTechをめぐる金融庁の取り組み，法制度の現状をめぐる課題や論点，今後のFinTechをめぐる政策の方向性について明らかにします。

●本講を通じて得られる示唆

ITの進展等により，金融サービスのアンバンドリングやリバンドリングの動きが拡大するなどの変化が生じてきています。技術革新の動向や，情報の利活用を含む新たな金融サービスのトレンドの方向性も視野に入れつつ，金融法制のあり方を見直していく必要があります。また，FinTechを政策面で進める金融行政もデジタライゼーションを進めていくべく取り組んでいます。

●Navigator

岡田　大（おかだ　ひろし）

金融庁企画市場局信用制度参事官。東京大学法学部卒業。1993年大蔵省入省，主税局，在ドイツ大使館，主計局，金融庁政策課総括企画官，同広報室長，在アメリカ大使館参事官，監督局保険課長等を経て2018年より現職。

1 信用制度参事官とは

　信用制度参事官とは，銀行・保険などの信用制度全般の企画立案の担当課長とご理解いただければよろしいかと思います。銀行法・保険業法・資金決済法・貸金業法や，それらの政令・省令を所管し，必要に応じて制度の見直しを行うというのが主な仕事です。また，金融サービスの向上を促進していく観点から，FinTech の振興やイノベーションの促進も金融庁として重視していて，そのための仕事もしています。

2 何が起きているのか

FinTech の台頭

　FinTech といっても，金融分野で IT を使うのは最近始まったことではなくて，昭和の時代からコンピューターで管理していたと思います。ただ，テクノロジーの進展で，最近，単に金融が IT で便利になった，オンラインで済むようになったというだけでは済まないような現象がたくさん起きています。例えば，伝統的な金融機関として，典型的には銀行，証券会社，保険会社といった金融機関がありますが，ここ 5 ～ 10 年の動きである「FinTech の台頭」として，さまざまなプレーヤーが金融サービスを提供するようになってきています。何が起きているかというと，例えば，今まで銀行は，預金・融資・決済をセットで行っていましたが，FinTech 企業は，既存の金融機関の仕事のうち，自分が一番得意な分野に入り，ごく一部だけを行っています。

アンバンドリングとリバンドリング

　一例をあげると，ドングル決済というものがあります。ドングルというのは，スマホやタブレットなどにつける小さい機械で，それをつけるとスマホでカード決済ができます。米国へ行くと，本当に小さい喫茶店でもスマホにつけてクレジットカード決済ができています。スマホでの QR コード決済も同じです。銀行ならば，預金・融資・決済をセットで行っているのですが，新たなプレー

ヤーは，決済の中の本当にごく一部，自分が得意なところだけに入って商売をしているわけです。このように虫食い状にどんどん入ってきて，最近のはやり言葉で言うと金融機能のアンバンドリング，つまり分解が進んでいます。

また，アンバンドリングを行った上で，自分の都合のいいもの，得意なものと組み合わせる動きがあります。例えば，電子商取引（EC モール）とレンディング（貸出）や決済サービスを組み合わせる例があります。EC モールの参加企業がどれぐらい取引して，どれぐらい売上があるというのを決済情報として知り，その情報を使って融資を行っています。複数のサービスを組み合わせているという意味で，リバンドリングと言っています。

このようなアンバンドリング・リバンドリングの結果として，既存の金融機関の伝統的なサービスと比べて，より安く，より便利なサービスが出てくるので，競争が促進されています。つまり，FinTech の台頭により，冒頭申し上げたような伝統的な銀行サービスなどが，IT を用いて便利な形で提供され，新たな競争関係が出てきていると言えると思います。

日本において進んでいる分野

他方，日本の銀行が，比較的すぐれているものに，高機能の ATM があります。私自身，アメリカとドイツに住んでいたことがありますが，お札は引き出せても，振り込みなどの便利なサービスはないし，場合によっては預金通帳の書き込みも特定の支店に行かなければできませんでした。日本の場合，ATM で税金も振り込めるし，かなりいろいろなことができます。日本は，中国など諸外国に比べてスマホ決済が遅れているという指摘がありますが，今までの銀行のサービスが ATM をはじめ相当程度行き届いていたということは逆の事情としてあるのかもしれません。

また，ネット系銀行の口座数・預金残高は日本ではそれなりの普及率ですし，交通系 IC カードなどのプリペイドカードでも，かなり広い範囲で便利に買い物ができます。

このように，日本も実は相当進んでいると言える分野もあるのかもしれません。ただ，全体として非常にダイナミックなイノベーションは，伝統的な金融サービスが劣る国のほうが進みやすいという事情はあるので，物事は割と複雑

かと思います。

顧客情報に根差した共通価値の創造

　現状，金融機関は，顧客情報として，住所・年齢・職業などは聞くにしても，日々何歩歩いているか，どこに行ってお酒を飲むのが好きか，などといったことは基本的に聞きません。限られた顧客情報，基本的には収入・資産あるいは職業などの情報をもとに，融資を行っています。細かい顧客情報は入手しておらず，金融サービス・金融商品は基本的にマス定型商品というか既製品なのです。従来，富裕層や大企業向け以外でテーラーメイドの商品を提供しようとするとコストに合わないといった事情がありました。

　ところが，今後はどうなるかというと，スマホその他で買い物をして，この人は買い物が好きだな，趣味はこれだな，毎日よく歩いて健康的な人だな，などといったことがわかるライフログが蓄積されていき，蓄積された情報を分析する能力も高まってきているので，より深度ある顧客情報を踏まえたサービスが提供できるようになるのではないかと考えられます。つまり，今までの供給側の論理によるマス定型商品の提供ということから，顧客情報に根ざした共通価値の創造がより重要になってきているわけです。

誰が担い手になるのか。成功要因は何か

　こうした中で，誰が金融サービスの担い手，勝者になるのか。従来の金融機関は，基本的には同じ形の商品をつくって，それを大量に供給することで固定費を下げて商売していました。つまり，店舗網やシステムなどの資本集約型の生産要素があり，フルラインで，利潤が薄いものも含め，いろいろな金融サービスを幅広く提供するというビジネスモデルでした。

　それがインターネットやスマホなどの普及により，伝統的な銀行・証券会社・保険会社が提供してきたサービスの一部の領域，特に利潤が得られる部分にFinTech企業が参入してきて，アンバンドリングということで価格破壊が起きてきています。すると，かつては伝統的な金融機関の競争力の源泉だった店舗網・システムといったものが，レガシーアセット化していくことも考えられます。

顧客情報の蓄積という点では，EC モールを運営する企業では，顧客の購入履歴等から，顧客の生活の詳細に関する情報を集められますが，銀行は 1 カ月分合計の引き落とし額しかわからないといったことがあります。顧客との接点という点では，FinTech ベンチャーのほうが，スマホアプリなどを通じて毎日お客さんが何をしているかなどといった情報を集めやすいということもあるかと思います。

そうした中で，もう 1 つ重要なのは，顧客の信頼というところだと思います。確かにすごい技術を持っている FinTech 企業がいても，何となく信頼感がないと使われないし，なかなか普及しないといったことがあるかもしれません。伝統的な金融機関には，ここに任せていると安心だというのが最後に残っていると，それを強みとしながら，いろいろなテクノロジーを取り入れて新しいサービスを改革していけば，まだまだチャンスはあるのかもしれません。

3 金融行政の方向性

3.1 金融規制はどう変わるべきか

アンバンドリング・リバンドリングの動きが進み，金融の機能の提供の在り方や提供主体に変化が生じてくると，金融規制を点検することも必要になってきます（**図表 3-1**）。

例えば，海外では，EC モールを運営しつつ，金融では，MMF という資産運用商品の提供や，オンラインでの融資，電子マネーとしての顧客資金の受け入れと決済を行っている例があります。これを日本の現行の金融規制に当てはめて考えると，銀行免許はとらずに，複数の登録を受けることで，事実上，銀行と同じような機能を果たすことができるとも言えます。

シャドー・バンキングの教訓

事実上，銀行と同じような機能を果たしているにもかかわらず，十分な規制がかかっていない状況というのは，10年前のリーマンショックが起きた要素の1つであったシャドー・バンクのようなものにつながるのではないかというこ

第 3 章　FinTech と今後の金融行政の方向性　**69**

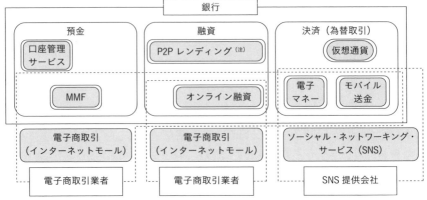

図表3-1　金融サービスのアンバンドリング・リバンドリング

(注)　P2Pレンディング：資産運用したい個人・法人と融資を受けたい法人をマッチングさせるサービス。
(出所)　金融庁。

とを問題意識として持っています。

　では，行政としてどう進んでいくのがいいのか。簡単に言うと，顧客とともに新たな価値を創造し，顧客の信頼を得ることのできる担い手の成長を促していきたいと思います。また，利用者保護上の新たな課題の克服ということで，規制が業態別になっていることなどによる規制の隙間などについては穴を埋めていかなければいけない場合もあると考えられます。それから，フォワードルッキングな経営判断に基づく負の遺産の処理ということで，非常に変化が大きい世界なので，個々の金融機関の経営者は先を見据えていろいろな判断をしなければいけないので，そういったことも後押ししなければいけないだろうというのが当局としての姿勢だと思っています。

金融審議会　金融制度スタディ・グループ

　こうしたことを踏まえ，今後の金融規制体系について，2017年11月から金融審議会の金融制度スタディ・グループで議論を始めています。問題意識は，ITの進展等に伴い，さまざまな主体による金融サービスのアンバンドリング・リバンドリングの動きがある一方で，現状基本的に業態ごと，銀行なら銀行法，保険会社なら保険業法が存在している中で，各プレーヤーのサービスが同一の

機能・リスクを有していても，必ずしも同じ規制が適用されるわけではなくて，当該プレーヤーの属する業態ごとに規制の内容が異なり得るということです。イノベーションの促進の観点からも，業態をまたいだビジネス展開などをするにあたっては，業態に着目するというよりも，同じ機能・同じリスクには同じルールを適用できるような形にしていかなければいけないのではないかということです。

4つの検討事項

この問題にしっかりと対応するためには，日本のいろいろな金融関連の法律を書きかえていくこととなり，大変な作業ですから，順を追って対応していく必要があるということで，当面の検討事項としては，次の4つになります（**図表3-2**）。

図表3-2　金融審議会・金融制度スタディ・グループでの当面の検討事項

○機能別・横断的な金融規制体系を具体化していくに当たり，当面，以下のようなテーマについて，事業者ヒアリングを行いつつ，検討していくこととしてはどうか。

⑴　**情報の適切な利活用**
- 既存の金融機関を含め，**多様なプレーヤーが適切に情報を利活用し，利用者目線に立って競争**することを後押しすることに向けて議論

⑵　**決済の横断法制**
- 機能別・横断法制の検討については，まずは，情報の蓄積に有用なこともあり，近年，新たなサービスが提供されている，決済分野を中心に議論を開始することとしてはどうか
- **決済の現行制度は業態ごとに分かれている中**，利用者ニーズに対応した柔軟なビジネス選択に配慮しつつ，規模・相互関連性や取引の態様などによるリスクに応じたルールを確保していくために，**決済分野の機能別・横断法制をどのように設計していくか**について議論

⑶　**プラットフォーマーへの対応**
- プラットフォーマーは，決済等のサービスで情報を蓄積しつつ多様なサービスを提供すると考えられるところ，以下を含めて広く検討してはどうか
- **IT を用いて情報を利活用し**，個々の利用者ニーズに即した利便性の高いワンストップサービスを目指す業者などが，決済に加え，資金供与等の多様な商品・サービスを提供していく動きに対して，**機能別・横断法制としてどのように考えるべきか**，また，**膨大な情報を蓄積しつつ多様なサービスを提供する場合をどうとらえるべきか**について議論

⑷　**銀行・銀行グループに対する規制の見直し**
- 情報の利活用をはじめ外部環境が大きく変化する中，決済・資金供与・預金受入れの一体的な提供を前提とする銀行規制について，**環境変化にそぐわなくなってきている部分の見直しに向けて議論**

（出所）　金融審議会 金融制度スタディ・グループ事務局説明資料（2018年9月）。

まず，①情報の利活用が大事になってきているので，既存の金融機関を含め，多様なプレーヤーに情報の適切な利活用をどう行ってもらうのかということです。

　次に，②決済の横断法制です。支払いのところの情報が一番使えるということかと思うのですが，新しいサービスがどんどん出てきている決済分野を中心に，制度設計をどうするのかということです。

　それから，③プラットフォーマーへの対応ということで，プラットフォーマーという言葉は非常に多義的ですが，ここで言っているのは，主に，利用者と金融機関との間に介在して，いろいろなサービスをワンストップで提供することを目指すプレーヤーが出てきている中，制度設計をどうするかということです。

　最後に，④銀行・銀行グループに対する規制の見直しということで，銀行は環境変化の中で新たなプレーヤーとも競争していかなければいけない中で，伝統的に銀行は非常に規制が厳しくて，銀行業以外のことを行うのは非常に制限的にしか認められていないので，そのあたりの規制を少しは見直す必要があるのではないかという議論です。

　こういったことについて議論を始めているところです。

金融業と情報

　図表 3-3 にあるとおり，金融業は，もともと決済や資金供与等を通じて情報を収集・生産してきたのだと思います。具体的には，銀行は，取引先企業と日常的・継続的な関係を通じて財務情報を得て，それで決済や資金供与を行っています。銀行は，昔から取引先の企業について，世の中の人が一般には知らない情報を含めて入手し，融資の可否を決定しています。そういう意味で，もともと情報産業なのだと思います。

　資産運用も，株の上昇・下落を予測することも含めて，データ勝負の世界というのは昔から変わらないところだと思います。

　リスク移転というのは主に保険の話ですが，保険にしても車の事故は年間どれぐらい起きて，確率的にどれぐらい保険料を取っておけば収支が合うかをはじいて行っています。150年以上前から基本的には正しく保険業を行おうとす

図表 3-3　金融業と情報

「決済」「資金供与」

○銀行は，取引先企業との日常的・継続的な関係を通じ，その**財務状況・担保余力**のほか，**経営目標・課題**を把握・分析し，「決済」「資金供与」等のサービスを提供

多数の資金の出し手（預金者）から委任された監視者として**情報生産**を行っているとも言える

○貸金業者は，個人・中小企業等の信用力を**年収等**の情報のほか，**定性的な情報**も把握・分析し，「資金供与」サービスを提供

「資産運用」

○財務データや株価等の**構造化データ**を処理するとともに，投資先との対話等を行い，中長期的な**企業価値**を分析し，運用

「リスク移転」

○自動車保険の**契約データ・事故データ**を用いて損害率の分析や自動車事故分析に活用しつつ，事故発生時に保障を提供

（出所）　金融審議会　金融制度スタディ・グループ事務局説明資料（2018年9月）。

ると同じだということで，金融と情報は切り離せないということがありました。

情報のデジタル化に伴う金融業の高度化

　こうした中で，近年，情報技術が発達して，いろいろな情報を集めたり，分析したりということがすごく簡単になってきているので，金融業自体もどんどん高度化しています。一番わかりやすいのは**図表3-4**の右下の「リスク移転」のところです。保険は，確かに交通事故のデータは以前から集めていたのですが，それは事故が起きた後，事後的に統計で集めて計算していたということです。ただ，最近では，自動車に乗るときにスマホを置いておくと，急発進したり急ブレーキをかけたりする人なのか，そうではない人なのかといったことや，たくさん車に乗る人なのか，週末に少し乗るだけの人なのかというような実際の運転の様子を全部スマホが検知して，保険会社に送って，保険会社は実際の運転のデータの見合いで保険料を高くしたり安くしたりするようになってきています。一言で言うと，危ない運転をして，たくさん乗っていると保険料が上

図表3-4　情報のデジタル化に伴う金融業の高度化

「決済」「資金供与」
- 財務諸表に現れるような情報だけでなく，**取引・決済・在庫等の受発注データ**等を審査に活用

- 人手による審査は付加価値の高い分野に集中しつつ，人工知能（AI）等を用いたモデル処理により，コストを抑制しつつリテール向けの「資金供与」を行う例も

- AIを活用したリテール向けの「資金供与」では，所有するパソコンの種類やよく行くカフェ，旅行の経験，ショッピングの利用状況，交友関係等を審査に活用する例も

「資産運用」
- 文章・画像・音声等の**非構造化データ**を含む様々な情報をも運用に活用

- ロボアドバイザーによる利用者の**リスク選好**の分析と資産運用アドバイス・運用も

「リスク移転」
- 情報通信端末から自動車の**運転データ**を収集し，走行距離・安全運転度合いに応じて保険料に反映（テレマティクス保険）

- ウェアラブル端末を用いて計測された**健康データ**（歩数・心拍数等）に応じて保険料に反映

(出所)　金融審議会　金融制度スタディ・グループ事務局説明資料（2018年9月）。

がり，安全な運転で，かつ距離数が少なければ安くなるといったことが行われています。従前の保険からすると，ものすごく発展して，こんなことも技術的に可能になってきています。

情報を軸とした金融サービスと非金融サービスの一体化

　さらに，その延長で，情報を軸として，金融サービスと非金融サービスが一体化しつつあるのが今日的な現象だと思います。具体的には，金融でも情報を得ますし，非金融事業でも情報を得るのですが，その得た情報を相互に活用します。一番わかりやすい例が，スマホ決済の事業者，つまり金融業者が，この人は何にお金を使っているかという情報を集めて，その情報に基づいて金融のアドバイスをするのではなく，金融と全然関係ない品物の宣伝に使ったり，非金融の事業に生かしたりしていくことがあるわけです。この場合，場合によっては金融業のほうは手数料を安くし，タダにしても十分行っていけるかもしれません。

　こうしたことを受けて，先ほど紹介した，金融審議会で当面の検討事項とさ

れている4つのテーマが，金融庁でFinTechの台頭を受けて法制面でどう対応していくかということのコアの検討事項になります。

サンドボックス

上記以外にも，個別の規制についてそれがあるために新しいビジネスを行いにくいという声があります。FinTechビジネスにおいて1つ問題なのは，いろいろな新しいビジネスモデルを試して，どれぐらいリスクがあるかを調べた上でビジネスを始めたいのだが，今の法規制では試すことができないので，データが集められないという悩みです。このため，政府全体で最近新しい制度ができました。砂場で子どもが遊ぶというところからきている表現だと思うのですが，プロジェクト型サンドボックス制度ができて，まだ正式に案件は出てきていないのですが，今後出てくるのではないかと思うので，ご紹介します。

まず，FinTech企業がビジネスを行いたいのに，ある規制があってどうしてもできないが試してみたいという場合に，内閣官房に計画を出します。提出された計画について，内閣官房と，金融分野であれば金融庁とが相談し，中身を点検して，確かに実験して試してみる価値がある話だということになったら，その案件に限って，一部ルールを緩和したり，あるいは変えたり，場合によってはその実験でどこかを緩和する代わりに部分的に厳しくするようなこともあり得ます。基本的には政省令以下の話ですが，既存の法令ではできない実証実験を行って，その結果を検証して今後の規制づくりに生かすといった仕組みが導入されました。金融に限った話ではないのですが，今後，おそらく金融分野でもいろいろなものが出てくるのではないかと思います。

3.2 金融デジタライゼーション戦略

2018年9月に，「変革期における金融サービスの向上にむけて～金融行政のこれまでの実践と今後の方針（平成30事務年度）～」を金融庁が公表したのですが，その中で「デジタライゼーションの加速的な進展への対応」ということで，金融デジタライゼーション戦略を発表しました。

生活面ではあらゆるモノ・コトがデジタル情報化し，ビジネス面では金融だけでなく生産・流通・販売に至るまで，さらに行政においても隅々までデジタ

ルが適用されるデジタライゼーションが加速しています。こうした中で，金融分野で言うと，ITを活かし，決済等の金融サービスを切り出し（アンバンドリング），eコマース等の業務と部分的に組み合わせる（リバンドリング）など，新しいプレーヤーが金融分野に進出してきており，情報の分析・蓄積が質・量ともに飛躍的に発展し，情報の利活用がビジネスを革新的に変えていく可能性があります。こうした状況の下では，金融行政としては，新しいプレーヤーによるイノベーションが進みやすい環境を整備していくことが必要です。

　同時に，銀行，証券会社，保険会社のような既存の金融機関も，新しいプレーヤーと協働・連携したり，競争したりして，ビジネスモデルを変えて利用者の利便を向上させていくことが必要になっているというのが問題意識です。

　これらを踏まえ，11の施策をまとめました（**図表3-5**）。

情報をより使いやすく

　大きな括りとして4つありますが，1つ目は「情報をより使いやすく」として，まず「情報の蓄積と利活用」です。これまでも説明したとおり，制度面での検討で言うと，既存の金融機関を含め，情報を扱いやすくする環境整備・制度面の検討を行っていくということです。

　2番目は「顧客のプライバシー，匿名性や顧客情報の信頼性その他の顧客保護」ということで，情報の利活用は大いに推進するのですが，プライバシーは保護しなければいけませんし，情報が本当に本人のものかどうかを確認しなければいけないのですが，新しい技術を活用してこうした取り組みを推進していくということです。

　3番目は「デジタライゼーションに対応する情報・金融リテラシー」です。例えば，いろいろなIT企業のサービスを使っていると，ポップアップ画面が出てきて，あなたの情報を使っていいですかと言って，イエスかノーかで，イエスを選ばないとサービス利用につながらないといったことがあります。金融に限らないのですが，例えばソーシャル・ネットワーキング・サービス（SNS）を使っている場合に，プライバシーポリシーで，どこまで知り合いでない人に公開するか，あるいは友達にしか公開しないか，といったことをどうコントロールするのがよいのか。個人の判断ですが，情報を使っていいですとクリッ

図表 3-5　金融デジタライゼーション戦略

情報をより使いやすく

1. 情報の蓄積と利活用
利用者や**金融機関等の多様なプレイヤーが情報を利活用しやすくなるよう**，①情報連携のための環境整備（決済高度化・オープン API の推進），②制度面での検討（機能別・横断的法制において検討）を行うとともに，③金融機関と IT の戦略的活用・IT ガバナンスについて対話を実施

2. 顧客のプライバシー，匿名性や顧客情報の信頼性その他の顧客保護
本人確認のデジタル化の推進のほか，情報の利活用の際の匿名性の確保，顧客情報の信頼性確保を含む個人情報の保護や，ブロックチェーン等，新しい技術を活用した顧客保護に向けた取組みを推進

3. デジタライゼーションに対応する情報・金融リテラシー
どのような金融サービスが利用できるか，また，自らの個人情報等が金融を含む商品・サービスの勧誘にどのように利活用されるかといった**情報・金融リテラシーの向上**を推進

官民のインフラのデジタル化

4. 金融・非金融の情報の伝達を可能とする金融インフラのデジタル化
利用者の利便性向上や企業の生産性向上，キャッシュレス化に向けたインフラ整備として①**企業の財務・決済プロセスの高度化**や，②**証券分野におけるブロックチェーン技術の活用**等の推進

5. 金融行政のデジタル化
①金融機関のシステム対応コストを低減しつつ，当局によるリアルタイムな実態把握を可能にする**官民双方にメリットのある RegTech エコシステムを将来的に構築**するための検討，②EDINET のオープン API 化による開示情報の提供等を実施

新しいビジネスへの挑戦を支援

6. 様々なサンドボックス等によるイノベーションに向けたチャレンジの促進
①「FinTech Innovation Hub」を立ち上げ「100 社ヒアリング」を実施することにより情報を収集するとともに，②FinTech **実証実験ハブ**や③FinTech **サポートデスク**等の様々なサンドボックスの活用を促進

7. オープン・アーキテクチャによるイノベーションの推進
オープン API の推進等により，金融機関とフィンテック企業の連携を推進

デジタライゼーション基盤の整備に向けた

8. 国際的なネットワーク
①海外当局との**フィンテック推進協力枠組みの構築**，②**フィンテック・サミットの開催**に取り組むとともに，③仮想通貨（暗号資産）の国際的なルール形成に貢献

9. デジタライゼーションの基盤となるブロックチェーン，AI，ビッグデータ技術等の推進
①ブロックチェーン技術の活用可能性や課題等にかかる**国際的な共同研究の実施**，②「FinTech Innovation Hub」における要素技術等に係る**ヒアリングの実施**

10. サイバーセキュリティその他金融システム上の課題等への対応
新たな実効性あるサイバーリスクへの対応策を金融機関に促し，サイバーセキュリティの国際**連携を推進**するとともに，デジタライゼーションに伴って生じる金融システムの新たなリスクに対応

11. これらの課題を実現するための機能別・横断的法制
フィンテック等の技術革新の動向や金融サービスのトレンドの方向性も視野に入れつつ，**金融規制体系をより機能別・横断的なものにしていくことについて検討**

(出所)　「変革期における金融サービスの向上にむけて～金融行政のこれまでの実践と今後の方針（平成30事務年度）～」(2018年9月)。

クすること，情報を広範囲にさらしておくことがどういう意味合いをもたらすかについて，基本的な知識がないといけません。いろいろな場でそういう情

報・金融リテラシーの向上に努めていかなければいけないということです。

官民のインフラのデジタル化

それから，「官民のインフラのデジタル化」ということで，FinTech やデジタライゼーションが進めば便利になるのですが，データが電子情報にならないと使えないわけです。したがって，デジタル化していない情報をデジタル化していかないと情報は日本社会で発展していきません。

4 番目は「金融・非金融の情報の伝達を可能とする金融インフラのデジタル化」で，その典型がキャッシュレス化ですが，現金決済だと誰がどこで買ったかがデジタル情報として全く残らないので，情報の分析に使えません。逆に，オンラインで支払いをすると，データとして使えるので，キャッシュレスを推進していくのも大事なインフラ整備だと思います。

5 番目は「金融行政のデジタル化」で，これはやや反省を込めて言っているのですが，金融庁は情報を紙で提出してもらっている場面が結構多いので，われわれのシステムを変えて，金融機関からの情報もオンラインで提出できるように進めないといけません。

新しいビジネスへの挑戦を支援

さらに，いろいろなことを変えていかなければいけないので，ベンチャー的な取り組みも支援しなければいけません。6 番目は「様々なサンドボックス等によるイノベーションに向けたチャレンジの促進」で，先ほど政府全体の取り組みとしてのサンドボックスを紹介しましたが，これ以外に，金融庁でも，FinTech サポートデスクや FinTech 実証実験ハブといった取り組みを行っているほか，最近，FinTech Innovation Hub というチームを立ち上げました。直接の担当にとらわれずに，FinTech や技術について考えて，新しいことをやろうとしている人にどんどん会いに行き，最新のトレンドや状況を把握して今後の金融行政に役立てていく特別チームが発足しました。

7 番目は「オープン・アーキテクチャによるイノベーションの推進」ということで，オープン・アーキテクチャというのは全部一人でやろうとしないということです。例えば，銀行は，家計簿アプリなどを提供できるような FinTech

企業などと連携すると，銀行だけで全部やるよりも便利にいろいろな新しいサービスを提供できるということです。

デジタライゼーションに向けた基盤整備

　最後に「デジタライゼーションに向けた基盤の整備」ということで4つありまして，8番目は「国際的なネットワーク」ということで，海外当局とFinTech推進のための枠組みをつくっているほか，毎年9月にFinTechサミット（FIN/SUM）といって，内外の民間，それから政府当局の外国人も大勢来るようなイベントを開催しています。

　9番目は「デジタライゼーションの基盤となるブロックチェーン，AI，ビッグデータ技術等の推進」です。ブロックチェーンの課題についても国際的な共同研究も行っていますし，先ほどご紹介したFinTech Innovation Hubのチームで要素技術についてのヒアリングなどを行っています。

　10番目は，「サイバーセキュリティその他金融システム上の課題等への対応」として，サイバーセキュリティについての取り組みもしっかり行っていくということにしています。

　最後に，「これらの課題を実現するための機能別・横断的法制」ということで，イノベーションの促進や利用者利便の向上と，利用者保護・公正な競争条件の確保に向けては，銀行なら銀行法，保険会社なら保険業法といった従来の縦割りの法制ではなくて，機能やリスクに着目した法制を横断的につくっていかなければいけないということです。

　この金融デジタライゼーション戦略で，金融庁として，FinTechの時代において，できるだけ金融サービスが利用者の保護に欠けず，イノベーションが進む形となるよう行政を進めていくべく取り組んでいます。

●質疑応答

機能別・横断的法制の検討については，既存の法制度・法的枠組みの改正に主眼に置かれているのか，それとも，今の法制度・法的枠組みを前提として解決を図っていくのが主眼なのでしょうか。また，サンドボックスやFinTech実証実験ハブの取り組みはどう関与していくのでしょうか。

A かなりの程度，既存の法制を見直さざるを得ず，法改正なしで進めるのは難しいと思います。

　機能別・横断的法制の考え方は，金融制度スタディ・グループで検討した中間整理の中では，金融の機能を，さしあたり，「決済」，「資金供与」，「資産運用」，「リスク移転」の大きく4つに分類しています（**図表3-6**）。そして，「決済」，「資金供与」，「資産運用」，「リスク移転」についてそれぞれ必要なルールがあり，リスクに応じてルールを考えていけば機能別・横断的法制に近づくのではないかということで，この発想は非常に演繹的です。理念として，例えば「決済」はどういうもので，その中にも，金額が小さいものもあれば，大きいものもあるといった形で，演繹的アプローチをとっています。

　他方，サンドボックスは，業者に個別の行いたい事業があります。例えば，保険は基本的に保険会社が保険契約を結ぶのですが，スマホがあれば，友達を

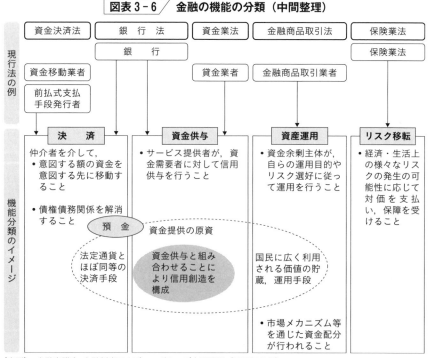

（出所）　金融審議会 金融制度スタディ・グループ中間整理（2018年6月）。

集めて，この中で誰かのスマホが壊れたら，みんなが払ったお金の中から保険金を出そうという P2P 保険，要は仲間内だけの保険のようなものができないかという試みがあったとして，現行法上はできない場合があり得ます。それでも，ぜひ行いたいという人が出てきた場合には，現行法の中で実験的にここは緩めてみよう，ここは緩める代わりに，ここは厳しくしよう，といったことを考えていく。非常に帰納的で，個別具体的なビジネスプランで規制改革していこうというのがサンドボックスです。

　結論的には，どちらも大事ですが，サンドボックスには，今まで行政としては気づかなかったが，この規制を緩めて，別のところを少し厳しくすれば，そんなに危なくなく実現できますといった発見があり得ます。ただ，サンドボックスだけで進むかというと，一度そういう個別の取り組みを誰かが勇気を出して行って，穴があいたところは行いやすくなりますが，他のエリアは全部個別に相談しないと進みません。これに対して，機能別・横断的法制では，4 つの機能なら 4 つの機能に合わせて演繹的に必要なルールを整理して，もし再整備が進めば，今まで不便だった部分が解消する可能性がかなりあります。したがって，演繹アプローチと帰納アプローチの両方とも，イノベーションを推進しながら利用者保護を確保するという金融行政の目的からすると有用なアプローチだと思います。

Q₂ 銀行の強みとして顧客の信頼があるという話がありましたが，顧客がその銀行を選ぶ理由は ATM の便利さが 1 位だという話もあるので，一概には言えないとも思います。銀行は，今後どういう取り組みをしていけば FinTech ベンチャーとうまく連携していけるとお考えでしょうか。

A すべての銀行がすべてのお客さんの信頼を勝ち得ているかというのは確かに一概に言えないと思います。ただ，初めて聞くスタートアップ企業は素晴らしい技術やアイデアを持っているかもしれないけれども，銀行と比べた場合に，信頼と言うかは別としても，銀行の方が認知されているので，全く同じサービスを持ってこられた場合には，銀行を選ぶ人も相当程度いるのではないかと思います。

FinTech ないしスタートアップの企業も，自分の名前で頑張る方法もあるし，場合によっては銀行と連携することで，お客さんに対して，信頼とまでは言えなくても，新たなサービスを提供するときに不安を少し減らすことができるかもしれません。

新しいサービスは，どうしても新しい企業から出てくることが多いですが，銀行はお客さんの認知度を提供し，ベンチャー側は斬新なアイデアや技術を提供して，その組み合わせでもって新しい試みも普及しやすくなるのではないかと思っています。API を通じた銀行と FinTech 企業の連携の仕組みも，狙っているところは，1 つはそういうところにあります。

Q_3 EC 事業者は，サービスの提供を通して得た情報で，銀行より短期での融資審査ができると言われますが，銀行の方は，今の銀行法のもとでは EC 事業に参入できません。この法規制は，銀行が FinTech を導入・発展させていく上で支障になるのではないでしょうか。

A 金融審議会でも問題意識を持っているテーマです。必ずしも e コマースに限った話ではないのですが，銀行が EC 事業者に比べて日々の取引を知ることができないという意味で，情報的に劣後する面があります。

他方で，銀行に今までそういうものを認めてこなかった理由がいくつかあって，代表的なのは，他業によるリスクが銀行業に波及することを阻止するためです。e コマースを行っていて失敗して赤字になることもあり得ます。銀行の場合，預金保険制度という仕組みがあり，国民負担も発生する可能性があります。なぜそういう制度があるかというと，銀行が潰れると金融危機につながる可能性があるからで，本業に影響を及ぼすリスクのある事業を気軽に行ってもらっては困るというのがあります。

別の観点ですが，伝統的に銀行は融資するかどうかを自分で決められるので，経済的に見ると非常に強い存在だと言われていて，優越的な地位を濫用しないかという観点もあります。e コマースで事業を行っていて，取引先がいろいろある中で，自分と非常にうまくいっている A 企業と，敵対して言うことを聞かない嫌な B 企業があった場合に，A 企業には安くどんどん融資して，B に

は貸さないということをすると，本業の銀行業のほうで非常に不公正な行動となるおそれもあり得ます。

ただ，銀行本体で行う場合と銀行の子会社や兄弟会社で行う場合では銀行本体の経営の健全性に及ぼす影響は異なっており，個別認可の下で銀行業高度化等会社としてECモールを子会社・兄弟会社とすることは可能となっています。

非常にホットな議論で，今後，議論が続いていくと思います。先ほど申し上げたように，情報を軸として金融と非金融がだんだん融合しつつあるという時代背景を考えると，少なくとも制度の点検が必要な分野だと思います[1]。

Q4 FinTech は技術革新や変化が早い分野だと思いますが，官僚は何年間かでポストを回っていくイメージがあり，専門的な知見の蓄積は個人・組織レベルでどう行われているのでしょうか。

A 確かに，中央省庁の公務員は，1年か2年で次のポストに異動するのが伝統的に多いです。ただ，最近，金融庁では，特に金融という専門性の高い分野なので，それだと短過ぎるだろうということで，だんだん2年や3年，中には4年続ける人もいます。また，仮に異動しても，周りの同僚・上司・部下が同時に異動しなければ，補完関係にあります。1人で全部決定することはあまりないので，代わったとしてもレポーティングラインの中で補完ができるというのは多少あります。

逆に，ある担当でずっとその仕事を続けるのがいいかというと，専門性が高まって，その分野で現象的に起きていることについては知らないことはなくなると思うのですが，他方で，他の分野と関わったことも結構役に立ちます。例えば，私は，現在 FinTech 関係者の方とお会いして話を聞く機会が多いのですが，この夏まで2年間は保険会社の監督をしていました。保険会社は，銀行と同じで，規模が大きくないとできないので，スタートアップの FinTech ととても対照的な存在です。しかし，保険監督の経験は全く役に立たないのかというと，必ずしもそうでもなくて，例えば，スタートアップと銀行・保険会社の連携がうまくいかないという話が生じたときに，銀行・保険会社側で何が起きているかということは，いちいち聞かなくても感覚的にわかります。

第3章　FinTech と今後の金融行政の方向性　83

さらに，私は，直近，法律を作る仕事ではなくて，監督の仕事をしていました。大分ノウハウは違うのですが，法律をつくっていく上では検査や監督を担当した経験は役に立ちますし，逆に監督を行う立場では，法令をつくって法令について隅々まで勉強した経験は結構役に立ちます。

　金融というのは，対象とする業者も小さな FinTech 企業から巨大な生保・銀行みたいなプレーヤーまでいろいろいますし，仕事も法律をつくる，検査・監督する，などいろいろなことを行っています。1つのことだけ極めていっても一面的な物の見方しかできなくなり，必ずしもイノベーティブな行政ができないのではないかと思います。

　最後に，行政官の仕事は，日々の仕事が回っているときは正直あまり必要ありません。例えば，生命保険会社で言うと，保険の営業員が保険を売りに行って，きちんと正しく説明して保険を買ってもらって，顧客が亡くなったら保険金をしっかりと払うという日々の仕事が回っているときは，金融庁の保険課はあまり要りません。

　むしろ行政の役割があるとすると，社会がこれだけ変わって，ビジネスモデルも今までは巨大金融機関のほうが有利だったのですが，果たして今後どうだろうか，大きく変わっていく場面です。そういった変革の場面こそおそらく行政の役割が出てきて，むしろいろいろな業態でいろいろな経験をしているほうがいろいろなヒントを得やすい。極端なことを言うと，金融の監督の仕事以外の仕事もいろいろしたことがあるほうが，いい仕事をする上で役に立つような場面があるのではないかと思います。

Q5 FinTech 推進のためには，金融庁は，民間でできた新しい技術や，ビジネスの需要などを吸い上げることが大事だと思うのですが，どういうふうに民間との連携を図っているのでしょうか。

A オフィシャルな仕組みから個人的な関係での情報のインプットまで，いろいろなものがあります。オフィシャルなものから言えば，銀行・保険会社・証券会社などの業界団体との意見交換会が定期的にあります。また，規制についての意見という意味では，先ほどのサンドボックスや，伝統的には規

制緩和要望がよく来ます。文書できちんと出すので，かなりオフィシャルな手続です。個別の銀行・保険会社や，今だと FinTech 関係の会社などとの，電話やメール，ミーティングは本当に無数にあります。

　ただ，少し気になるのは，悩んでいても金融庁にルートがない，あるいは会っても余計なことを言うとやぶ蛇かなと思って言わない，拾い上げられていない声はまだあるかと思います。先ほど紹介した FinTech Innovation Hub は，むしろわれわれから会いに行きましょうというもので，待ちの姿勢では聞こえてこなかった要望や，新しいビジネスの可能性が聞ければというので今年始めた活動で，年間で最低100社は行こうと言っています。

　ただ，それでも役所は若干怖い，できれば近寄りたくないというイメージもあると思うので，各職員とも，オフィシャルなもの以外に，学生時代の友達，先輩，後輩，あるいは趣味でたまたま知り合った金融界の知人などもできるだけ大事にするようしていると思います。でも，どこまで行っても十分ということはないかもしれません。

Q6 今，中国やアメリカでは巨大な FinTech 企業があって，今後，国際的なルールを形成していく上で，中国やアメリカの発言権は強くなり，日本は発言権が弱まるおそれがあると思うのですが，日本は，今後，ルール形成の中でどのような振る舞いや取り組みが必要だとお考えでしょうか。

A 中国とアメリカは，金融に限らず全般的にイノベーションが進んでいます。ある先生がおっしゃっていたのですが，日本もある程度いいかげんにならないといけないということで，規制がいいかげんだと案外産業は育って，逆にヨーロッパや日本などの規制がしっかりしているところでは，案外育っていないのではないかという話で，個人的にはなるほどと思いました。

　ただ，国際的なルールについては，案外ヨーロッパの声が大きいです。必ずしも多数決で決めないにしても，数が多いためです。したがって，われわれ日本人にも何となく肌合いが合う，きちんとしたシステマティックな規制が要るのではないかという議論に比較的なりやすい面はあります。

　ただ問題は，できたルールについて，アメリカとか中国は，都合が悪いと守

らないというか，アメリカは伝統的にウィルソンが国際連盟を提唱していながら参加しなかったところから孤立主義の傾向がある国で，今それがすごく極まっているのだと思います。中国は，逆にアメリカがそういうふうになって以降は，金融だけでなくて貿易も，国際的なルールを尊重すべきという側になっているのですが，ただ，注意して見ないといけない。

　私も，保険監督の仕事をしていたときはよく国際会議に出ていましたが，非常に感じたのはヨーロッパ勢の影響力の強さです。もちろん，アメリカが何か言うとかなり効くのですが，そうした中で日本も国内の産業が育てば，それだけ発言権は一定程度伸びるのかもしれないのですが，ひょっとすると個々の担当官の英語力その他の交渉力も大きな要素であるような気もします。

Q7 FinTech に関して，法規制を行う部分と，あえてあまり規制しないでおく部分の兼ね合いについてはどう考えるべきでしょうか。

A 結局，規制ないし金融行政は何を守ろうとしているかというところに行き着くと思っていて，典型的なのは，利用者保護と金融システムの安定を守るということだと思います。したがって，利用者保護上リスクが高い行為，それから金融システムの安定性を揺るがす可能性がある分野ないしビジネスについては，基本的に規制が必要，ないしより強い規制が必要で，そういうリスクが低いところは，一律に規制するというより規制を緩くするとか要らなくすることが考えられます。

　例えば，決済について考えた場合に，数十億，数百億単位で，企業の資金繰りを支えているような大口決済と，飲み会の精算などの少額決済とでは，リスクが違う部分があると思います。

Q8 アンバンドリングにより競争が高まる中で，合理的な企業ならば，利潤がとれない部分は切り離すという動きになると思います。他方，既存の金融機関が提供してきた金融サービスの中で，儲からなくて切り離されてしまう部分にも，誰かが担っていないと困る部分があると思います。こういったサービスを，代わりに例えば国が担うことがあり得るのでしょうか。

A 全くご指摘のとおりだと思います。例えばキャッシュレスがどんどん進展していくと，ATMを日本全国に設置・運営し続けるコストに銀行は耐えられなくなるかもしれません。そうした場合に，小学生から100歳のおじいさん，おばあさんまで皆が，キャッシュレスで対応できればいいですが，現金でなければ無理な人，あるいは無理な決済が残ると思うので，ATMはコスト高でもうからないから撤退しますとなった場合に，それを誰が支えるのかというのは非常に深淵な議論なのだと思います。

　では，政府が担えばいいかというと，政府がやると往々にして非効率になるので，設計が難しいところです。一例として，郵便局には，ユニバーサルサービスの義務が残っていて，離島などに手紙を届けるのは非常にコストがかかる仕事なので儲からないのですが，撤退すると困るので，一定の制度があるのだと思います。ある特定のサービスが儲からないから撤退することになって，大きな弊害が出るようなら，何らかの形で義務づけ，あるいは国が関与する組織に行ってもらう可能性はあるかもしれません。

Q9 サンドボックスの制度で，何か問題が発生したときの責任の所在は決まっているのでしょうか。

A サンドボックスの制度で，ビジネスの過程で，利用者を害したり，事故が起きたらどう責任をとるのかということですが，金融分野で金融庁が関わったサンドボックスであれば，政府内では金融庁が責任を負うべき立場に立つのだと思います。逆に言うと，そういうことが起きないように，何でもかんでも規制を緩めればいいというものでもないということかと思います。

Q10 横断的法制で，最終的にリスクに応じてルールをつくっていく場合，今は例えば銀行は免許制ですが，リスクごとにルールをつくるとなると，これは銀行という業種でもって免許制とするのは難しくなると思います。他方，新規参入しやすくなりますが，行政庁の監視・監督が難しくなると思います。どちらを重視して進んでいくのでしょうか。

A 機能別・横断的法制の姿については結論が出ていないので，私の個人的な意見にすぎないのですが，例えば，銀行という業態でなくても，銀行と同様の行為を行って銀行と同様のリスクがある場合は，同様のルールを適用するなどして規制の回避を防ぐ必要があると思います。そういう意味で，同一のリスクには同一のルールということです。

　現行法制でも多少似たような部分があって，保険の例でいくと，お客さんが1,000人以下の場合は保険免許が要らないというルールがあります。1,000人以下だったら，みんな知り合いで，騙したりしないだろうという一種の割り切りです。今でもリスクに応じた規制の仕組みはあるので，それをよりシステマティックに整備していくということかと思います。

Q11 仮想通貨流出事件などがあり，ベンチャー企業は，まだまだ大手企業や金融機関に比べて信用・技術レベルが足りないと思います。これに対して金融庁はどう改善しようとしているのでしょうか。

A 仮想通貨流出事件の例は典型ですが，問題がある，あるいは問題を起こすリスクを検知したところは，検査に入り，その結果，不足があれば指摘をして，指摘を満たせなければ，極端な話だと登録取り消し，あるいは業務停止などの処分も行っています。利用者保護上必要であれば，相手がベンチャーでも大企業であっても，監督権限を行使することで利用者保護に努めています。また，仮想通貨流出事件は，非常に遺憾なことで，反省も含めて，仮想通貨交換業者に関する規制のルール自体も見直しに向けた議論をしています[2]。

(2018年10月17日講義)

●注

1　2019年1月16日に，金融審議会金融制度スタディ・グループ「金融機関による情報の利活用に係る制度整備についての報告」が公表され，情報の利活用の社会的な進展を踏まえて，銀行等の業務範囲を情報の利活用に関して拡大する制度整備が提言されました。この提言を踏まえて，2019年5月31日に，「情報通信技術の進展に伴う金融取引の多様化に対応するための資金決済に関する法律等の一部を改正する法律」が成立しました。

2　2018年12月21日に，「仮想通貨交換業等に関する研究会」報告書が公表されました。この報告書を踏まえて，2019年5月31日に，「情報通信技術の進展に伴う金融取引の多様化に対応するための資金決済に関する法律等の一部を改正する法律」が成立しました。

第4章
Age of FinTech, 中央銀行の視点

●本講のねらい

中央銀行の政策担当者の視点からみた FinTech という切り口で，キャッシュレス決済やポイントサービスの見方，新しい金融サービスの普及に向けた着眼点などを明らかにします。そして，中央銀行が分散型台帳技術や AI などの新技術の応用にどう取り組んでいるかを紹介します。

●本講を通じて得られる示唆

FinTech 時代の特徴として，市場での価格付けに生産・流通業者から消費者へのパワーシフトが起きています。価値決定においても，サービスの保有価値から消費価値，つまりどう活用できるかという視点が大きくなっています。マネーとは何かを改めて考えさせられる金融サービスも登場しています。こうした FinTech 時代では，Nudge（軽く突いて気づかせる）によって，新しい金融サービスが一気に普及するかもしれません。そこでは，Tech の応用だけでなく人の心にエモーショナルに刺さる何かを探し当てることが鍵になりそうです。FinTech とは人を知る旅といえるのかもしれません。

●Navigator

副島　豊（そえじま　ゆたか）

日本銀行決済機構局審議役 FinTech センター長。京都大学卒業。1990年日本銀行入行後，金融研究所，金融市場局，金融機構局，決済機構局，調査統計局などで主にリサーチ業務に従事後，函館・仙台支店長を経て2018年より現職。

1 日本銀行 FinTech センター

日本銀行は，2年前の2016年に FinTech センターを立ち上げました。外に開かれた拠点として，金融実務と先端技術，調査研究，経済社会のニーズなどを結びつけ，FinTech を一段と活性化する「触媒」としての役割を果たす。そういう組織目標を掲げていますが，その背景には，FinTech は金融サービスを向上させ，経済の持続的成長に貢献するものだという考えがあります。

センターでは，FinTech に関わるさまざまな人や組織が意見交換する場としてオープン参加型のフォーラムを開催しています。最近ですと，金融機関におけるチャットボットの活用やキャッシュレス決済の動向を取り上げています。また，今日のような講義や FinTech イベントへの登壇，金融制度やインフラ整備に関する各種検討部会への参加などを行っています。センターが所属する決済機構局という部署では，キャッシュレス決済手段の普及状況やユーザーの意識に関するアンケート調査を行ってレポートを出したり，分散型台帳技術を決済インフラに応用する実証実験なども行っています。

こうした活動を進めるには，FinTech がもたらしつつある新しい金融サービスについて深く理解する必要があります。今日の講義では，そうした過程で私が個人的に感じたことを語ってみようと思います。個人といっても，もちろんそこには中央銀行の視点が入っています。まずは，マネー論からみた FinTech という切り口でお話を始めましょう。

2 マネーとは何か

マネー誕生のセントラルドグマ

昔々，マネーというものがなかったころの経済活動は，物々交換によって成り立っていました。しかし，交換したいものの総数が数個しかない極端に単純な経済ならいいのですが，100個，1,000個になるとどうでしょう。交換したい商品を互いに持ち合わせている相手を見つけるのは大変で，とても効率が悪い。だから，あるものを選んで，それを媒介にして交換を行おう。これがマネー誕

生のコアストーリーというかセントラルドグマです。

　こうして生まれた交換のための媒体は，交換したい財やサービスの価値を測るものでもあるため，価値尺度の基準にもなりました。そして，将来の消費に向けて価値をとっておくための価値貯蔵手段にもなりました。はい，これでめでたくマネーの三大機能である決済手段，価値尺度，価値貯蔵がそろいました。

　大変わかりやすい説得力のあるお話ですが，このマネー誕生のセントラルドグマは本当か，歴史的には違うのではないかという学説が昔からあるそうです。そして，実証的証拠を重視する学者の中では，物々交換からマネーが生まれたという従来の考え方は間違っているというコンセンサスが近年出来上がっているそうです[1]。

ヤップ島の石貨と信用システム

　では，マネーはどうやって誕生したのか，あるいは，そもそもマネーとはいったい何であるのか。上述（注1）の文献ではヤップ島の事例を使ってわかりやすく説明しています。ヤップ島には直径数mにもなるような石の大きいお金があって，皆さんも写真などで見たことがあると思います（**図表4-1**）。コインやお札と違って運べるわけではないし，どうやって使っていたのでしょう。

図表4-1　ヤップ島の石貨

（出所）　Wikipedia, photo by Eric Guinther, Licenced under the Creative Commons.

第4章　Age of FinTech，中央銀行の視点

西洋文明がこの島に接した19世紀末から20世紀初頭にかけて，当時の島民が取引の決済をどのように行っていたか記録が残っています。ヤップ島では一定の供給量があって交換の対象になるような財は数種類に限られていたそうです。にもかかわらず物々交換が行われていたわけではないし，重い石貨を運んで決済していたわけでもない。取引に伴う債務は，相手方との他の債権債務と相殺されていたそうです。相殺後に残った分は繰り越されて，つまり与信残高として管理され，将来の売買に使うことができる。そうした高度なマネーシステムが存在していたそうなのです。マネーは物理的なお金としてではなく，清算機能を有している債権債務の管理システム，一種の信用システムとして機能していたのだと指摘しています。

　この話がヤップ島以外でどれぐらいの一般性を持っているのかはわかりませんが，ヤップ島のマネーシステムはFinTechの時代において現代的な解釈ができそうです。マネーとは，債権債務に関する情報であり，それを記録し清算するシステムであり，こうした仕組みが将来も機能して債権債務の価値が保たれ続けると皆が信頼するに足る信用システムであるといえそうです。こう考えてみると，電子マネーや企業が発行するポイントサービスがヤップ島の債権債務の管理システムに見えてこないでしょうか。

単位と価値尺度

　次に，マネーの価値尺度機能の話をします。最近，「ギガが足りない」という言いまわしをよく耳にします。でもちょっと待ってください，ギガって単位ですよね。メートルが足りないとかキログラムが足りないとかおかしいですよね。なぜ，スマホの通信パケット量がなくなりかけているのだと問題なく通じるのでしょうか。

　何かの分量や長さを測る単位は，日常生活にすごく結びつきやすいということが指摘されています。現代では，農地はヘクタール，平方キロメートル，エーカーなど，長さ×長さで定義された面積単位で計ります。しかし，昔は，この農地を耕すのに何日かかるか，あるいは収穫量がどれぐらいあるかで広さを定義していた時代があるそうです。農家や荘園領主にとっては直感的でわかりやすいですよね。当然，地域によってその1単位が示す物理的な広さは違ってき

ます。同じ一畳でも京間と江戸間で広さが違うようなものですね。

　しかし，経済活動が広範化したり，時の治世者による統治領域が広域化すると（今でいうところのグローバル化でしょうか），単位が示す内容が同じでないと不都合が生じるため，度量衡の統一という近代化が推進されました[2]。

　マネーはどうでしょうか。円やドルという単位は存在します。しかし，マネーの価値尺度機能は，それだけでは機能しません。ある財やサービスにいくらの価値があるのかを決める場がないと計測できません。もちろん，個々人が感じる価値は異なって構いませんが，需要と供給が均衡するところで決定される市場価値が存在しないと経済活動には不便です。では，価格はどう決まるのか，誰が決定するのか。ここで，市場はどうやってできているのかという議論が出てくるわけですが，これが FinTech の時代になって変わってきています。

市場での価格発見

　昔はメーカーが標準小売価格をつけて，それを参考に販売店が価格設定を行うという価格設定がよく見受けられました。ところが，大手流通業が価格支配力を持つようになり，価格決定に関するパワーシフトが生じました。そして，インターネットの時代になって，価格比較が瞬時に，かつコストレスにできるようになり，値決めのパワーはさらに消費者寄りにシフトしました。

　もう1つ重要な変化は，ネット上に市場を立てる，あるいはその市場に参加することが簡単にできるようになったことです。ネット上のモールに出店する，あるいは自らショッピングサイトを立てる。中古品の売買プラットフォームで消費者が直接売り買いする。そうしたことが普通に行えるようになりました。

　その結果，財やサービスの価値計測の視点が，保有価値から消費価値に移るという現象が広がり始めています。ネット上での転売市場の登場により，中古品としていくらぐらいで売れそうかということを考えながら，購入価格を高い安いと判断することができるようになりました。昔から新車市場においてはリセールバリューが意識されていましたが，車以外の多様な財についても効率的なセカンダリー市場ができることによって，保有価値から消費価値という価値転換が，より広範な財に拡大しているように思われます。消費のトレンドがモノからコトへ変化しているとよく言われますが，根っこは同じなのかもしれま

せん。これがインターネット時代の，あるいは FinTech 時代の価格付けの特徴の1つなのだと思います。

譲渡可能な債権債務

　もう1つの FinTech 時代の特徴は，債権債務の譲渡がより簡単に効率的にできるようになったことです。皆さんが銀行に預けている預金というのは，皆さんにとっての債権であり，銀行にとっては債務です。この債権を通信キャリアやクレジットカード会社に譲渡することによって，毎月のスマホ通信代やカード利用代金，つまり皆さんが抱えている債務を決済しているわけです。預金は債権であり譲渡可能なことによって決済手段となるのです[3, 4]。

　こうした行為は，従来，自動引き落としや ATM 操作，銀行窓口での手続によって行われていました。しかし，今は PC やスマホから決済指示を出すことができます。また，店頭での購入においてもキャッシュレス決済手段が普及しつつあります。事前チャージ型のスマホ決済アプリでは，IC チップやサーバー上にある皆さんの債権の価値記録を使って支払を行っているわけです。

　ポイントサービスはどうでしょう。顧客囲い込み手段として登場したポイントサービスですが，次回無料とか3割引といった自社サービスの提供や，ブックレットに示された商品との交換など，使える用途が限定されていました。しかし，他のポイントに交換するサービスが登場したり，業種を超えた多数の企業によって発行される共通ポイントが登場してきたことで，用途が大きく拡大しました。利用する場面やタイミングにおいても，ネット上の店舗でポイントを使ったり，スマホアプリに乗ることによって店頭でも利用できるようになっています。こうした現象は，ポイントが用途を限定されない現金に徐々に近づいている，つまりマネーネス（マネーらしさ）が高まっていると解釈できそうです。

　ちなみに，ポイントを直接現金に換えるサービスはあまり見かけません。用途が完全フリーの現金にして払い出すと顧客の囲い込みにならないからだそうです。ポイントは発行者である企業の債務です。せっかく自腹を切って（債務を負って）ポイントを提供したのだから，自社やポイント発行グループの財・サービスの購入に帰ってきてほしいわけです。

ところで，日本銀行は「生活意識に関するアンケート調査」というのを行っていて，その中の特別調査パート（不定期）で，「ポイントはどれぐらいお金と同じですか」という質問をしてみたことがあります。もちろん，回答者が思い描くポイントサービスの種類によりますが，「現金と同じ価値がある」という回答を選択した人が4分の1ぐらいいました。「かなり現金に近い価値がある」まで合わせると，6割以上の人がポイントはお金とほぼ同じとみなしています。このアンケート調査では，お金や決済にまつわるさまざまなおもしろい質問をしているので，いくつか取り上げて紹介したいと思います。

3　Nudge me, FinTech!

　FinTech に関する講演の機会をしばしばいただきます。その中で，"Nudge me, FinTech!" というタイトルでお話をさせてもらったことがあります。たくさんのスタートアップ企業や既存企業が FinTech を活用した新しいサービスを開発し，その使用体験をユーザーに届けて普及させようとさまざまな工夫をされています。こうした事例を伺っていると，経済学が想定する合理的な人間という仮定では扱いにくいような人間の心のアヤとかエモーショナルな部分，あるいは習慣や考え方といったものをうまく活用したケースが数多くあることに気づきました。

　Nudge とは，軽く肘で突いて気づかせる，あるいは誘導・説得するといった意味があるそうです。行動経済学の分野で活躍し，後にノーベル経済学賞を受賞したリチャード・セイラー教授という方がいらっしゃいます。セイラー教授は，選択肢の提示方法や問題設定のフレーミングなどが人間の行動に大きな影響を及ぼしうる点に注目し，Nudge を活用した社会制度設計の重要性を訴えています。「Nudge」は，セイラー教授が共同執筆した行動経済学の啓蒙書のタイトルにもなっており，邦訳されているので読まれた方もいらっしゃるのではないでしょうか。

　その Nudge ですが，先に紹介した日本銀行のアンケート調査では，決済に関する人間の癖というか習慣や，その背後にある考えや気持ちを尋ねたものがあります。FinTech を活用した新しいサービス普及のヒントになるかもしれ

第4章　Age of FinTech，中央銀行の視点

ないと思い，講演で紹介させてもらっています。

アンケート調査から見えてくるもの

　まず，現金以外の決済手段として何を使っているかを尋ねてみました。ちなみに，この調査は地域などの偏りが出ないようサンプリングに配慮した郵送によるアンケート調査なので，ネット調査などと比べてバイアスが入りにくく，平均的な日本人の姿を捉えやすいという長所があります。サンプル数 4 千人で，安定して50％を若干上回る有効回答率を維持しています。

　現金以外の決済手段を複数回答可で聞いた質問では，クレジットカードが一番多く，これを挙げた人の割合は 7 割でした（**図表 4 - 2**）。次いで，金融機関口座からの自動引き落とし，窓口や ATM からの振込となっています。意外な

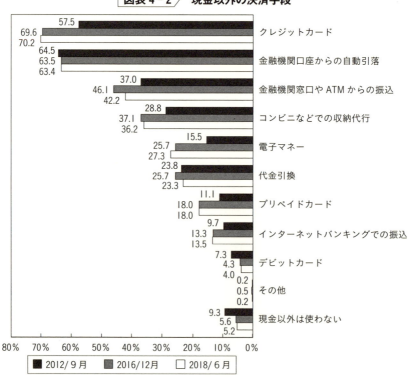

図表 4 - 2　現金以外の決済手段

（出所）　日本銀行「生活意識に関するアンケート調査」2018年 7 月 6 日公表。図表23より。

のはコンビニの収納代行が電子マネーよりも多く，かつ最近になって増えている点です。収納用紙を発行送付して，それをコンビニに持ち込んで現金を払い込んでもらう方法なので，IT 技術的にはむしろ後退しているようにみえます。

　1つの仮説としては，ネットショッピングの際にクレジットカード決済でなく，期日指定が可能な後払い決済を利用する人が増えていることが考えられます（現に，そうしたサービスを提供する企業の取扱高が増えています）。クレジットカードを使うと，その決済日と自分の給料日のタイミングが合わず，少し支払いを先延ばししてくれると助かるという消費者需要があって，これをうまく掘り起こしたのかもしれません。何が言いたいかというと，テクノロジーが新しければいいというものではなくて，消費者が抱えている潜在需要をどうやって発見するのか，そこに新しい金融サービスを伸ばす手掛かりがあるように思えたのです。

　そして，ひょっとすると，そうした潜在的なニーズは消費者に聞いても返ってこないかもしれません。存在しないサービスは欲することも困難です。10年前にスマホが欲しいと思った人がいなかったように。企業側から提示して初めて，そんなサービスがあったんだ，便利そうなので使ってみようかという気になるわけです。ネットショッピングの決済画面の選択肢にさり気なく用意されている。そんな提示の場の工夫も Nudge となったのかもしれません。

　さて，次に出てくる電子マネーは選択率が4分の1ぐらいです。代金引換とほぼ同じ。首都圏に住んでいる皆さんは意外と低いなという印象を持ったのではないでしょうか。交通系電子マネーの普及には地域差がかなりあると思われ，そうした面が影響しているのかもしれません。

なぜインターネットバンキングは使われないのか

　インターネットバンキングの選択率はさらに低くて，やっと1割を超えてきた程度です。FinTech という言葉が登場してくるだいぶ前から，金融機関はこの新しいサービスを展開してきましたが，未だに利用率は低そうです。

　そこで，「なぜインターネットバンキングを使わないのですか」と聞いてみました（**図表4-3**）。個人的には「登録が面倒である」が理由の1番だろうなと予想していたのですが，結果は「ATM の利用で足りる」が最上位でした。

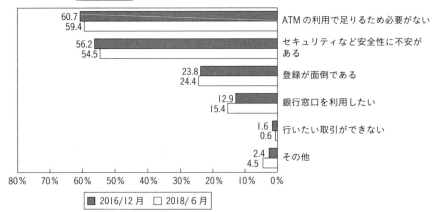

図表4-3 インターネットバンキングを使わない理由

(出所) 日本銀行「生活意識に関するアンケート調査」2018年7月6日公表。図表27より。

　確かに金融機関店舗だけでなくコンビニにもATMが普及し，一定規模の町であればATMへのアクセスは大変容易となっています。振込ができるだけでなく，もちろん現金の入出金もできます。金融機関が大変なコストをかけてATM網を整備・維持しているという顧客サービスの充実が，逆に新しいサービスの普及促進の制約になっている現象のように思われます。

　次いで，「セキュリティなど安全性に不安がある」という理由があげられています。これは，クレジットカードやスマホ決済を使わない理由を聞いた質問でも上位にあげられています。なるほどと思いつつも，本当にそうかなと少し引っかかることがありました。私は本のネットショッピングを普及初期のかなり早い段階から使っていたのですが，クレジットカードの情報をネットの画面に打ち込んでいるというと，「えっ，それ危なくない？　自分は代引きや振込を使います」と言われたことがあります。

　しかし，今ではネットショッピングでクレジットカードを使うことへの抵抗はだいぶ薄れてきているのではないでしょうか。個人消費の伸びに比べてクレジットカードの決済額の伸びははるかに大きく（2015-17年にかけて毎年8％前後の増加率），その背景にはネットショッピングの増加とクレジットカードの利用増があると推測されます。クレジットカード情報には暗号化などのセキュリティ対策が施されており，ネットショッピングで使っても悪用されたと

いう話をあまり聞かない。そして，自分の周りの人も安全に使えているようである。そうした周辺情報がセキュリティに対する不安感を徐々に打ち消していっているのかもしれません。

それでも，アンケート調査ではセキュリティに関する不安を上げる人の割合は依然として高く，決済額が増加し続けていることとの整合性をどう考えればよいか，よくわかりません。人間がどのように情報を得て，それをどう消化し，意識的あるいは無意識に自分の行動に反映させているか。あるいは，アンケートへの回答と実際の行動は果たして整合的なのか。難しい疑問が湧いてきます。

クレジットカードは使い過ぎが気になる？

次に，クレジットカードを使いたくない理由を聞いた結果を紹介します。先に紹介したアンケート結果では7割の人がクレジットカードを使っていました。逆に言うと，3割の人は使っていないわけです。使いたくない理由の1番は，「（お金の）使い過ぎが気にかかる」というものでした。確かに，利用記録をつけたり家計簿アプリなどを使用する，あるいはクレジットカード会社の Web サービスにアクセスしない限り，今月いくら使ったか，来月いくら請求が来るかを常時把握しておくことは難しいです。皆さんも，送付されてきた明細書をみて，しまった使いすぎたと慌てた経験があるのではないでしょうか。

この使い過ぎについて，あるクレジットカード業界誌が興味深いアンケート結果を示しています。1年のうち思った以上にお金を使い過ぎたという月は何カ月ぐらいありますかという質問です。その回答を，最も利用している決済手段がクレジットカードであるという人と，それ以外の人（クレジットカードを利用していない現金派の人を含む）いう2グループに分けて集計しています。驚くことに結果は2グループ間でほとんど差がありませんでした。使いすぎたと思う月はないという回答は，どちらのグループでも24％でした。1〜6カ月と回答したのが63％対61％でこれもほぼ同じ。7カ月以上あるという回答が13％対15％でした。

つまり，現金派であろうがクレジットカード派であろうが，しっかりした計画的な人は（あるいはそうでない人は）一定割合いて，使い過ぎの度合いは決済手段によって左右されない可能性を示唆しています。もちろん，しっかりし

第4章　Age of FinTech，中央銀行の視点

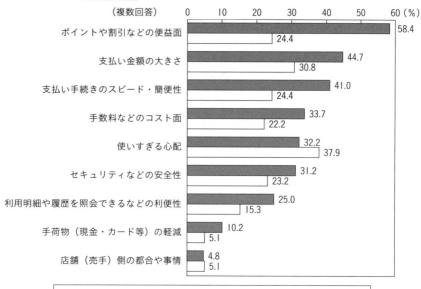

図表4-4 決済手段を選ぶときに重視するのは？

(出所)「キャッシュレス決済の現状」，日本銀行決済機構局，2018年9月。図表18より。

た人ほどクレジットカードを使う可能性があるので，サンプルバイアスがあり，両グループを単純には比べられないという留意点があります。

　しかし，日本銀行が「キャッシュレス決済の現状」という最近出したレポート内で紹介しているアンケート調査でも似たような現象が観察されています（**図表4-4**）。決済手段を選ぶときに重視する項目を問うたものですが，一番多かったのは「ポイントや割引などの便益面」でした。その上位の回答の中に「使いすぎる心配」というのも入っています。この回答を選んだ方について，キャッシュレス決済を利用する人・利用しない人に分けてみたところ，さほど大きな差はなかった。むしろ，キャッシュレス決済を利用する人のほうが「使いすぎる心配」をあげた割合が幾分低かったという面白い回答結果が得られています。もちろん，こちらにも同じようなサンプルバイアスがあると思われるため，これらの結果をもって判断を下すことはできません。

FinTech の可能性

　この話は，２つのことを示唆しているように思われます。１つは，常識や思い込みにとらわれず虚心坦懐に調べてみるのは大事という一般論で，もう１つは，現金派の人も含めて使い過ぎが心配という人は世の中に一定数存在している，つまり，使い過ぎをコントロールしてくれるサービスに対する潜在需要が相当にあるというものです。

　それにうまく対応しているのが家計簿アプリのサービスではないでしょうか。私もユーザーなのですが，キャッシュレス決済手段と両方使うことによって，支出把握が大きく改善しました。複数のクレジットカードについて月初からの使用金額を累計して示してくれたり，月ごと週ごとに支出分野別に集計して，前年との比較でアドバイスを行ったり，引き落とし前に口座残高が不足していることを教えてくれたり。

　でも，私は家計簿アプリにもっとやってほしいことがあります。先ほどのアンケートではありませんが，たまに使い過ぎてしまう月があるので，そんな私を何とかコントロールしてほしい。Nudge を巧みに使ってダメな私を誘導してほしい。支出計画や管理のサポートをしてくれるのだったら，それに対するサービス手数料を払う価値はあると個人的に考えています。

　そして，その先にはもっとタイムスパンが長いライフプラン支援サービスがあります。そこでは各種の保険や住宅ローン，教育費積み立て，車の買い替えサイクル，金融資産形成など，もっと高額な，つまり優れたサービスを提供してくれれば高い手数料を払ってもよいと消費者が考える，あるいは考えるようになる（気づかせてくれる）分野がたくさんあるのだと思います。

4　決済サービスの補完性と FinTech の活用

キャッシュレス決済手段の増加

　最近，さまざまなキャッシュレス決済サービスが登場しており，IC チップを埋め込んだカードやスマホでコンタクトレス決済をしたり，QR コードを使ってスマホで決済するサービスが増えています。ちなみに QR コード決済を使っている方，どれぐらいいらっしゃいますか？（あまり手が挙がらず）。

第 4 章　Age of FinTech，中央銀行の視点　**101**

今，こうしたキャッシュレス決済を普及させようとしている企業は，入金残高へのキャッシュバックなどさまざまなキャンペーンを行っています。クレジットカードもそうですが，リテール決済サービスでは，2つのマーケット，つまり消費者と加盟店の両方の市場を開拓しなければならず，いずれも困難な仕事です。消費者にユーザーになってもらうためには，使える店舗（加盟店）を増やしていく必要があります。この加盟店を開拓し，その後のオペレーションを管理支援する仕事をアクワイアリングといいますが，大変な仕事です。お店を1軒ずつ訪問していって，契約してもらい，決済用の端末を置いたりレジと連動させたり，導入後は売上金の処理や立替入金サービスなどを行います。新しいキャッシュレス決済手段の普及においては，加盟店手数料を低い水準に設定したり，場合によっては一定期間ゼロに据え置いたりするキャンペーンが行われています[5]。

　消費者に対しても利用を促すキャンペーンが行われています。例えば，決済利用金額の一定割合や一定額をキャッシュバックしたり，無料クーポンや割引クーポンをスマホ上の決済アプリで配信したり，自社ポイントを提供したりさまざまです。キャッシュバックも前述したポイントサービスと同様，現金で返すのではなく，プリペイド口座の残高を増やすことで，再度，自社の決済サービスを使ってもらう方法が採られています。

決済の invisible 化と補完性

　新しいキャッシュレス決済サービスを提供している企業の方にお話を伺うと，QR コードなど現在のインターフェイスがずっと続くとは思っていないとおっしゃる方がいます。もっとドラスティックな意見もあって，消費者は財やサービスの消費がしたいのであり，決済はそれに付随する手間がかかる行為，こうした面倒な行為は消えてなくなるのではとおっしゃる方もいます。もちろん売り買いをしているので決済は必ず生じているのですが，消費者が決済行為を意識して行う必要がなくなるという意味です。実際，レジなし店舗でカメラの画像認識技術などを活用することで，決済行為をなくしてしまう試みが国内外でなされています。こうした動きを私は決済の invisible 化と呼んでいます。

　それでも，お金をいくら使ったのかという支出管理ニーズは別途残されてい

ます。このニーズに対しては，財布にいくらお金が残っているか確認したりレシートを足し上げたりするのではなく，例えばアプリサービスがそのニーズに応えていくことができそうです。

　キャッシュレス決済の浸透を阻む要因として，興味深い指摘を聞いたことがあります。現金決済が提供しているサービスが支出管理や残高管理を含めてフルセットで提供されていないからキャッシュレス決済が浸透しないのだ，決済行為だけに注目しているから使いたいと消費者に思ってもらえないのだ，機械音痴でスマホが自在に扱えなくとも問題なく利用できるほどユーザーインターフェイスやユーザーエクスペリエンスが磨き上げられていないから使われないのだという厳しい指摘です。なるほど，決済は決済行為に閉じることなく，支出管理など他のニーズと連結している面があるのでしょう。決済の補完性（他のサービスと相互に補い合うことで，より高い効用が得られる性質）に注目した鋭い指摘だと思いました。

　支出管理のみを取り上げても，そのやり方は人それぞれです。アンケート調査をつくった際に気付いたのですが，月に1回現金を下ろして，あとは財布や家の封筒で管理するという人もいれば，必要になった都度ATMに行って，支出は別の方法で管理するという人もいます。また，決済にライフログ的な意味合いを持たせる人もいます。「高い服はあえて財布から万札を出して現金で買う，そのほうが買った感が出て記憶に残るじゃないですか」という指摘を聞いたときは，人間っていろいろだなと思いました。こうした決済行為をカラフルに色付けする機能も含めて，決済と連結しやすいサービスは多いのだなと改めて思います。そこにもFinTechの活用余地があるのかもしれません。

5　分散型台帳技術の活用

　さて，残りの時間では，FinTechやこれを支える技術の発展に対して，日本銀行がどのような試みを行っているかを紹介したいと思います。最初に分散型台帳技術（Distributed Ledger Technology，DLT）を使って日銀ネットの機能を実現することにチャレンジしたプロジェクトの話をします。前半と違って急に技術的な話になりますが，FinTechは文字通りテックなので，ギアシ

フトをよろしくお願いします。

日銀ネットとは

　皆さんが大学の授業料を納付するとき，自分の預金口座から指定された金融機関の口座に振り込みを行うと思います。それが同じ金融機関であれば，金融機関の中で資金が移動するだけですが，別の金融機関であったらどうでしょう。金融機関の間で資金決済を行う必要が生じます。日銀ネットには銀行や信用金庫を中心に500を超える金融機関等が参加し，日本銀行に開設した当座預金間で資金決済を行っています。日本銀行は「銀行の銀行」であるといわれますが，皆さんが民間銀行に口座を作って預金し，これを決済に用いるように，民間銀行は日本銀行に当座預金を持ち，これを銀行間決済に用いているわけです。

　このほか，日銀ネットは短期金融市場や派生商品など多様な金融市場取引の資金決済を行ったり，株式や社債などを対象とした証券決済システムと連動して機能しており，日本の決済インフラを底支えする極めて重要な役割を話しています。詳細を知りたい方は，日本銀行の Web サイトで「決済システムレポート」と検索されてみてください。日本の主要な決済インフラの鳥瞰図を示した図表があります。民間の決済システムを含めて，さまざまな市場・決済インフラが連携して日本の金融市場や金融インフラを支えていることが俯瞰できます。

　さて，この日銀ネットでは，大口の資金決済を 1 件ずつ行う RTGS（Real Time Gross Settlement：即時グロス決済）が採用されています。昔は，金融機関の間の為替取引は全銀システムという民間の決済システムですべて相殺して，その差金を定時に時点ネット決済していました（今でも 1 億円未満の小口決済は全銀システムで相殺した上で日銀ネットで時点ネット決済しています）。なぜ，決済の資金効率性が悪い RTGS に変更したかというと，時点ネット決済だと金融機関が破綻した際に，関係ない他の決済を含めてすべての決済が停止してしまうリスクに晒されるためです。RTGS であれば破綻金融機関との決済に限定されるため，デフォルトの連鎖が広がる範囲を抑制することができるわけです[6]。一方で，RTGS では時点ネット決済に比べ多くの決済資金が必要となります。そこで，支払指図に待ち行列機能などを組み込むことで，複数の決済を同時に行って必要な決済資金を抑制する「流動性節約機能」を導入して

います[7]。

　また，日銀ネットは証券決済システムと連動して資金決済を担う機能を有しています。証券が売買されると，証券口座間で所有者を振り替える証券決済と売買代金を資金決済するという2つの決済がなされます。その資金決済は日銀ネットで行われます。昔は，これらの決済は独立して行われていました。しかし，金融機関が破綻すると，証券は渡したが資金は受け取っていない，あるいはその逆のことが生じるリスクがあります。そこで，証券決済と資金決済を条件付けて行うことで，証券や資金の取りはぐれを防ぐDvP（Delivery versus Payment）決済という仕組みが導入されました。日銀ネット（当預系）には，自ら運営する国債の証券決済システム（日銀ネット（国債系））や，証券保管振替機構が運営する株式や社債などの証券決済システムとの間で，DvP決済を行うシステムが組み込まれているわけです。

　2008年のリーマン・ブラザーズ証券の破綻は，こうした決済リスク管理策の実効性を検証する1つの試金石になりました。詳細は「決済システムレポート2009」に示されていますが，一言で結論を述べると，決済リスク管理策として有効に機能したと評価しています。

プロジェクト Stella

　こうした日銀ネットの代表的な機能を，DLTを用いた環境の下で再現できないか実証実験を行っています。この実験は，ECB（欧州中央銀行）と共同で「プロジェクト Stella」として進められています。両中央銀行ともに金融市場インフラやサービスの提供主体であり，DLTの応用可能性を実証実験を通じて調査するという目的のもと，共同プロジェクトを立ち上げました。

　その第1フェーズでは，RTGSシステムをDLTで構築し，流動性節約機能をスマートコントラクトの活用によって実装しました。その上で，実際の取引明細に基づく仮想データをテストデータとして与え，決済システムのパフォーマンスを計測，検証しました。

　詳細はレポートとして公表されているので，関心がある方はそちらを見ていただくとして，主な結果だけ紹介します[8]。まず，DLTで構築した決済システムは，実際のRTGSシステムの処理速度とほぼ同等なスピードで取引指図

を処理できることがわかりました。また，流動性節約機能もワークしていることを確認しました。このほか，DLT システムを構成するネットワークの規模とパフォーマンスの間のトレードオフを，ノード数やノード間の物理的な距離を変えて定量的に検証したり，取引検証作業に携わるノードで障害を発生させることで，決済システム全体としての耐障害性や信頼性の検証を行っています。

　実証実験の第 2 フェーズでは，資金と証券の受け渡しのような 2 つの紐付けられた決済について，DLT を使ってどう実現していくかを検証しています。先に説明した DvP の実装ですね。DLT 基盤にはさまざまなものがあり，DvP を具体的にどう実装していくか検討を深めるため，3 つの異なる DLT 基盤でテストを行っています（具体的には，Corda, Elements, Hyperledger Fabric です）。

　こちらも結果だけ伝えると，まず，DvP 決済は，資金と証券を単一の台帳で扱う方式と，それぞれ異なる台帳で扱うクロスレッジャー方式のいずれでも実装できることが確認できました。しかし，DvP の具体的なデザインについては DLT 基盤ごとの特徴の影響を受けることもわかりました。また，クロスレッジャー方式では，異なる DLT システムを接続しなくともクロスチェーン・アトミック・スワップという技術を使えば DvP が実現できることが確認できました。ちなみに，この技術は 2 つのブロックチェーン上にある異なる仮想通貨を第三者に頼ることなく受け渡しする目的で開発されたものであり，それを資金・証券決済に応用しています。また，クロスレッジャー方式にはいくつかの解決すべき課題が残されていることも判りました。

DLT の実用化

　皆さんご存じのとおり，DLT は仮想通貨（暗号資産）を支える技術として登場しました。しかし，いま紹介したような決済インフラへの応用が世界各地でテストされているほか，貿易金融や食のトレーサビリティなどにおいてはすでに実用化がなされています。

　貿易金融では，海外の売り手や買い手，海運会社などの物流企業，銀行，保険会社，通関などで大量の証書類が交わされます。これを電子化して DLT を活用したシステムで運用できないかという試みが世界各地で行われています。

最近，香港のFinTech Weekという大規模なイベントに参加してきました。そのメイン会場では，香港通貨監督庁（HKMA）と民間金融機関のコンソーシアムによって立ち上げられた貿易金融プラットフォームの運用開始セレモニーが行われていました。また，中国のあるFinTech企業は，製造業のサプライチェーン情報をDLTシステムで管理し，取引情報に基づく融資といった各種の金融サービスを提供するプラットフォームを立ち上げています。

こうした大規模なインフラにDLTを適用する際には，情報の秘匿性を確保したうえで，自律分散型システムとして動いている複数のシステムをどう相互に関連付けて運用するかという課題に直面します。これは，システム間のInteroperability（インターオペラビリティ）といわれている問題で，DLTのコンファランスなどではスケーラビリティと並んで集中的に取り上げられており，現在のホットイシューの1つです。

6 AIやビッグデータの活用

金融は元来テックであり続けた

最後に日本銀行がAIやビッグデータをどう活用しているか，あるいは研究しているかという事例を，公表された論文やレポートなどからいくつか紹介します。もともと金融業は技術ドリブンな面があり，FinTechという言葉が登場してくるずっと前から，金融はテックであり続けました。これは日本銀行においても同様です。

例えば，人工知能の応用は，現在の第3世代の波が押し寄せる前の第2世代のニューラルネットワークから取り組んでいましたし，暗号技術の研究も90年代から熱心に行っていました。市場取引に伴う金融機関の間の取引ネットワークを日銀ネットの決済データから抽出し，資金決済デフォルトのショックが複雑なネットワークをどう伝播していくかといったネットワーク解析も行われています[9]。取引所の注文板に流れ込むオーダーフローを1本ずつ解析した上で，これを参考に人工証券市場を創り，そこでオーダーマッチングルールの比較を行うという分析も2000年初に行っています[10]。日本の不良債権問題，金融システム危機の経験を踏まえて，金融システムと実体経済の相互依存関係を突き詰

めていく詳細な大規模モデルも構築しています。もちろん，派生商品のプライ
シングやさまざまなリスク管理技術，高頻度データ解析，アルゴリズム取引，
セキュリティ技術なども昔から日本銀行が取り組んできた金融テックの分野で
す。

日本銀行のチャレンジ

　しかし，今日はFinTechというお題での講義なので，今っぽい技術を用い
た最近の分析を取り上げてみたいと思います。

　まず，AIで盛り上がっている分野の1つに自然言語解析があります。金融
や経済の分野でも市場価格や経済統計でなく，ニュースやアンケート調査，
SNSなどを対象にテキスト解析を行い，市場のセンチメントや景気・物価動
向を掴むという試みが行われています。日本銀行でも，例えば景気ウォッ
チャー調査のテキスト解析を機械学習によって行い，景気変動要因を可視化し
てみるといった試みがなされています。こうした分析のうち，大量のテキスト
からナイーブ・ベイズ分類機を用いて抽出した情報によって物価センチメント
指数を作成した調査では，この指数が実際のインフレ率の先行指標となってい
たという驚くべき発見がなされています[11]。

　それから，企業のインフレ予想形成を機会学習の手法で分析した調査もあり
ます[12]。景況感など主観的な判断項目（一種の質的データ）を含む短観の個票
データに対して，ランダム・フォレストやベイジアン・ネットワークと呼ばれ
る分析手法を適用し，物価全般や自社商品販売価格に関する企業のインフレ予
想形成がどのような要因で形成されているのかを検証しています。その結果，
実体経済に関する変数の重要度が低いことや，物価全般と自社販売価格の予想
形成メカニズムが異なることを指摘しています。金融政策は一般物価をター
ゲットにしていますが，企業の価格設定は自社販売価格の予想により強く影響
されると推測されるので，重要な発見だと思われます。

　価格比較サイトの「価格.com」にある電気機器・情報通信機器のビッグデー
タを使って，物価指数作成におけるモデルチェンジの問題を解決しようと試み
た調査もあります[13]。物価指数では同じ品質の財を計測し続けることが望まし
いのですが，家電などのライフサイクルは短く，代表的なモデルがどんどん変

化するだけではなく，性能も変わっていくという問題があります。そこで，製品情報に関するビッグデータから，まず後継機種を特定化し，次に新旧製品間の品質調整を行うことで，モデルチェンジに伴う価格変化のうち，どれだけが品質向上に見合った価格上昇で，どれだけが純粋な価格変動なのか算出することを試みています。ものすごくマニアックな調査ですが，より適切な物価指数によって物価動向を捕捉することは金融政策の大前提になるので，大変重要な仕事だと思います。

　ちょっと違うタイプの技術を活用したものとして，地理空間経済情報を GIS（Geographic Information System）に取り込んで，金融機関の店舗立地戦略を検証したものがあります[14]。X 市 Y 町 Z 丁目という非常に狭い範囲で人口構成や事業所などの社会経済情報が入手できるようになりました。金融機関店舗の立地基盤の経済力と店舗間の競合度インデックス（一定距離圏内に他の店舗がいくつ立地しているか）が綺麗なトレードオフ関係にあることを指摘し，好立地だが高競合にある環境とその逆のパターンの間では，どちらが店舗収益力が高いかという問題提起をしています。

　GIS は大変おもしろい技術で，空間経済情報や地理デジタル情報は政府が提供する e-STAT のサイトや国土交通省のサイトで容易に入手できるので，興味を持った方はぜひ GIS を動かしてみてください。QGIS というデファクト・スタンダードのソフトウェアがフリーで入手できます。

　オープンイノベーションが盛んな現在，さまざまな技術を個人で自由に試すことができます。プログラミングのハードルもどんどん下がってきています。おもしろそうだなあと思う技術があったら，まず hands-on で手を動かしてやってみましょう。公開データも増えましたし，オープン API を使って簡単にビッグデータを取ってくることもできるようになりました。ネット上の情報を集めてくるクローリング・スクレイピングの技術もどんどん簡単になっています。皆さんの中から明日の FinTech をリードしてくれる方々がたくさん登場してくることを期待しています。

●質疑応答

Q1 中央銀行でのブロックチェーンや FinTech の活用といっても，既存の日銀ネットの機能などをブロックチェーン技術に代替ないし改善するということにとどまっている気がしますが，何か新しい分野で行えることはあるのでしょうか。

A すごくいい質問だと思います。同じような質問は FinTech 全般についてもよく出てきます。つまり，「FinTech が〜」と騒いでいるけれども，結局は既存のサービスを新技術で置き換えただけではないのかと。まず，たとえそれだけであったとしても，コスト面や効率性の面などで大きな前進がある場合が多いです。特に，労働力不足がより心配されるようになる今後のことを考えると，無視できない貢献だと思います。しかし，FinTech に期待されているのはそれだけではありません。既存のサービスを代替・改善するだけでなく，これまで存在しなかったような新しい金融サービスを創造し，経済成長やより豊かで便利な生活をもたらしてくれるような社会貢献の可能性が期待されているのだと思います。

　前半でキャッシュレス決済の話をしましたが，単に現金決済を効率化しただけではなく，個人や企業の行動について情報を収集し，データ解析に基づく新たなサービスを提供する基盤を作り上げる。そうしたビジネスモデルを多くの事業者が目指しています。製造業のサプライチェーンの話では，下請け孫請け企業の受注情報の発注元がわかる，経済学の言葉でいうと情報の非対称性が緩和される。このため，金融機関が安心して融資しやすくなり，経済成長にもプラスとなる効果が期待できるかもしれません。そんな風に，新たな付加価値を生んでくれるような何か新しいサービスが登場することが FinTech に期待されているからこその「FinTech が〜」なのだと思います。

　じゃあ，指摘のあったプロジェクト Stella はどうなんだというと，手を動かして新しい技術にチャレンジしてみて初めてわかることがたくさんありました。そして，それを詳細なレポートで公表し，プレゼンテーションや面談などで外部のプロフェッショナルと議論し，フィードバックをもらい，あるいは刺激を与え，さらに高みを目指していく。そういう蓄積の上に，先ほど言ったような

単なる代替や改善を超えた新しい何かが生まれてくるのだと思います。クロスレッジャーで DvP を実装した事例は，２つのシステム間の Interoperability をアトミック・スワップを使って実現したケースなのですが，その話を DLT エンジニアの方にすると，「あっ，そんな使い方があったのですね」，「なるほど，そんな課題や限界があるのですね」となる。そして，さらなる応用事例が考案されたり，課題を改善する技術が生まれてくる。そんな好循環がイノベーションとその社会貢献を進めていくのだと考えています。

Q₂ 現金はコストがかかるとよく言われますが，コストが実際に価格に転嫁されている例はかなり少ないと思います。例えば電車代の場合，電子マネーを使うと少し安くなるケースがありますが，コンビニだと電子決済も現金も普通に同じ値段です。今後，現金のコストを実際に価格に転嫁していこうという動きは広まっていくと思いますか。

A 銀行がなかなか実現できないことの１つに，口座維持手数料の徴収があります。銀行に口座を開くのは無料でできます。でも，預金通帳を発行するだけでも通帳代や印紙税などコストがかかります。また，裏で動いているコンピューターシステムにも莫大なコストがかかっています。もちろん，預金口座に無料で入金・出金できる ATM の運営にもコストがかかっています。銀行だけではありません。小売店やサービス業も，現金を受け取ってレジで管理したり，営業終了後にレジを締めて集計して，夜間金庫に入れたり，あるいはおつりを準備したり。現金という決済手段や，預金という価値保蔵手段，兼決済手段を提供するには，消費者からは見えにくいコストが生じています。そして，それらのコストは銀行や小売店などが負担しているわけです。もちろん，価格や手数料などにオンされてはいますが，きれいに切り分けられて，その分がチャージされているわけではないと思います。

　こうしたコストを明示的に徴収しようとすると消費者からの反発は大きそうです。なにぶん，そのコストは消費者からは見えにくいので。例えば，クレジットカード決済の裏で，どんなシステムが動いて，それにどれだけのコストがかかっているのか普通の人はイメージしにくいでしょう。それどころが，お店は

加盟店手数料の分だけ売上金を少なくしか受け取れないこともあまり知られてなさそうです。

　指摘があった交通機関での電子マネーと現金のプライシングのように価格差別が可能な場合もありますが，店頭での対面決済のように同じ商品を違う値段で売ることが難しい場合もあります。そうした場合，価格でなく決済手段の選択に制約を課す，例えば，「クレジットカード受け付けません」とか，逆に，「現金受け付けません」という対応が生じえます（現に，北欧や中国，韓国などでは「現金受け付けません」が社会問題化しています）。

　ただし，電子マネーやクレジットカードを使ったらポイントやクーポンをあげますとか，別の形での価格差別はすでに行われています。キャッシュレス決済は，現金決済に伴うコストの削減だけでなく，データビジネスの観点からも推進されており，ポイントなどの間接的な価格差別はさらに高度化していくと予想されます。

Q₃ 高齢者などデジタル機器が使えない層に対してキャッシュレス決済を定着させるのは困難ではないでしょうか。解決できるような具体的な方策はあるのでしょうか。

A キャッシュレス化が極端に進んだスウェーデンで現金に関する問題が生じていることは，おそらくご存知なのではないかと思います。クレジットカードやデビットカード，スマホでの送金アプリが浸透したのは良いのですが，お店が現金を受け付けなくなり，さらには現金を入手することも以前より難しくなりました。その結果，デジタル・デバイドあるいはクレジットカード・デバイドの人々が日常生活を送るのに支障が生じているそうです。

　決済インフラは経済活動を支える要のインフラの1つです。なかでも，現金という便利な決済手段は，誰でも容易にアクセスでき，そして安全で効率的に使えるよう中央銀行や金融機関などがその安定供給に努力を続けてきました。キャッシュレス化が日々の生活や経済活動にマイナスになってはいけません。指摘されたように大停電時や自然災害時の対応も考えねばなりません。その時々の社会の技術体制や国民の選好に依存すると思いますが，どこかに適切な

バランスがあるように思われます。

　その一方で，キャッシュレス化にメリットがあるのも確かです。誰でも使えるようデバイスやユーザーインターフェイスの改善がさらに進むこと，例えば決済の invisible 化で触れたような，決済を意識させないような新しい決済手段が登場する，あるいは現時点では予想もつかない思いもよらないようなイノベーションが世界を変えていく。そんなことで乗り越えていける課題は多いのだと思います。現在，スマホは多くの人にとって生活必需品化していますが，10年前に現在のさまざまな用途を予想できた人はいなかったと思います。同じことがキャッシュレス決済に起こるかもしれません。そして，こうしたイノベーションを牽引していくのが FinTech なのだと考えています。

（2018年10月24日講義）

●注 ─────────

1　フェリックス・マーティン著，遠藤真美訳『21世紀の貨幣論』東洋経済新報社，2014年。
2　日本だと太閤検地が有名で，一間（距離）や歩・畝・町・反（面積）の統一や，京枡への統一，面積×石盛で産出される石高制への移行が進められました。
3　預金を用いた顧客・銀行間決済の法律構成上の議論については，例えば日本銀行金融研究所「取引法の観点からみた資金決済に関する諸問題」『金融研究』第29巻第1号，2010年1月を参照ください。
4　ネットショッピングの支払代金とスマホ通信代といった複数債務を一本化して引き受けた上で決済するサービスがあるように，債務も譲渡可能です。ただし，一般に債権者の承認が必要です。
5　現金決済に現金の管理・ハンドリングコストがかかるように，キャッシュレス決済にもシステムなどの利用コストが生じます。また，決済サービスの提供企業は収益を上げねばなりません。加盟店手数料は，こうしたコストをカバーしたり収益を確保するための重要な収入源となっています。一方で，加盟店にとっては，現金決済に比べて加盟店手数料の分だけ売上が減るので，手数料は低いほどよいことになります。
6　破綻金融機関から資金を受け取る予定であった金融機関は，資金不足に見舞われて自身の決済ができなくなるリスクがあります。こうしたデフォルトの連鎖を防ぐために，日本銀行が資金を供給するスキームも別途整備されています。
7　流動性節約機能の詳細解説や，その効果の定量的検証については，「金融機関間の資金決済のための流動性について」，「流動性節約機能付 RTGS 下における業態別・取引別の資金決済動向について」，いずれも土屋宰貴，日本銀行調査論文，2012年9月を参照。
8　「Project Stella：日本銀行・欧州中央銀行による分散型台帳技術に関する共同調査─分

散型台帳技術による資金決済システムの流動性節約機能の実現」2017年9月。

「日本銀行・欧州中央銀行による分散型台帳技術に関する共同調査—分散型台帳技術によるDvP決済の実現」2018年3月。

9 今久保圭・副島豊「コール市場の資金取引ネットワーク」，日本銀行金融研究所『金融研究』第27巻別冊第2号，2008年11月。

10 副島豊「JGB先物市場の注文付け合せ方法と価格変動」，金融市場局ワーキングペーパー2001-J-1，2001年5月。

11 大高一樹・菅和聖「機械学習による景気分析—景気ウォッチャー調査のテキストマイニング—」，日本銀行ワーキングペーパーシリーズ No. 18-J-8，2018年9月。

12 調査統計局経済分析グループ「企業のインフレ予想形成に関する新事実：PartⅡ機械学習アプローチ」，日本銀行ワーキングペーパーシリーズ No. 17-J-4，2017年5月。

13 安部展弘・篠崎公昭「価格比較サイトのビッグデータと機械学習手法を用いた物価指数の試算：品質調整方法の比較分析と妥当性の検証」，日本銀行ワーキングペーパーシリーズ No. 18-J-6，2018年7月。

14 日本銀行仙台支店長講演資料「GISとビッグデータ：金融機関の経営基盤と店舗立地戦略」，2017年10月。

第5章
金融機関の
デジタル・イノベーションへの取り組み

●本講のねらい

FinTech の進展に伴い，既存金融機関も対応を迫られています。本講では，わが国の代表的な大手金融機関は，FinTech にどう取り組んでいくのか，新たな FinTech 企業とはどう対峙・協力していくのか，といった視点から，大手金融機関のデジタル・イノベーションへの取り組みについて明らかにします。

●本講を通じて得られる示唆

FinTech の進展が，既存金融機関のビジネスモデルにも大きな変革をもたらすことは間違いありません。わが国の FinTech 企業は，欧米と異なり，破壊者というよりも，オープン・イノベーションを通じた既存金融機関の共創者といった側面が強いといえます。海外では，チャレンジャーバンク，ネオバンクといった新しい形態の銀行も登場し，巨大プラットフォーマーの参入も視野に入り，これらの動きへの対応も必要です。その際には，従来型の金融機関のマインドセットの変革も必要なのかもしれません。

●Navigator

小林 レミ（こばやし　れみ）

みずほ証券株式会社市場情報戦略部上級研究員。立教大学大学院修了，経済学修士。同大学院後期課程単位取得満期退学。シンクタンク，コンサルティングファーム等を経て，2016年，みずほ証券に入社し，2018年より現職。京都大学経営管理研究部研究員も務める。

1　金融機関を取り巻く環境の変化：PEST分析

まず最初に，金融機関を取り巻く環境の変化ということで，PEST分析（政治的・経済的・社会的・技術的変化）の観点から説明します（**図表5-1**）。

1.1　政治的変化

政治的変化をみると，金融庁の金融行政方針，銀行法改正，金融法制度整備，レギュラトリー・サンドボックスの創設などさまざまな変化が見受けられますが，主なものについて説明します。

銀行法改正（オープンAPI）

銀行法改正により，銀行のオープン・イノベーションに対する取り組みを推進するということで，銀行がTPP（Third Party Provider，第三者の機関）にAPI（Application Programming Interface）[1]を開放する努力義務を課すことが

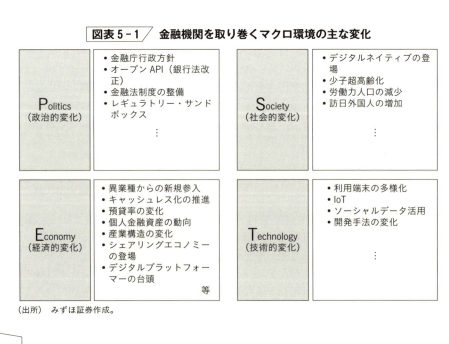

図表5-1　金融機関を取り巻くマクロ環境の主な変化

(出所)　みずほ証券作成。

決まりました。ポイントは，電子決済等代行業者を TPP として定義したこと，TPP に対して登録制を導入し，利用者保護体制の整備，情報の安全管理措置など，いろいろな義務付けを行ったことです。この改正は，金融機関と Fin-Tech 企業とのオープン・イノベーションを促進しようということが大きな目的の１つでした。

レギュラトリー・サンドボックスと実証実験ハブ

　また，岩盤規制を崩して PoC（Proof of Concept：概念実証）を行いやすくするためのレギュラトリー・サンドボックスの創設など，すでに内閣府で取り組んでいるものがあります。これまではエリア単位，地域での規制緩和特区などの形での PoC を行っていたのですが，今度はプロジェクト単位での PoC も可能になってきています。海外では，英国とシンガポールがレギュラトリー・サンドボックス先進国といえるでしょう（**図表 5 - 2**）。

　金融庁でも，FinTech 実証実験ハブを行っています[2]。第 1 号案件は， 3 メガバンクとデロイトトーマツによる本人確認，Know Your Customer（KYC）のブロックチェーンを使った実証実験で，すでに実験結果も出ており，金融庁のサイトで報告書等を見ることができます（**図表 5 - 3**）[3]。

図表 5 - 2　英国・シンガポールにおける Sandbox 利用の具体例

	英国 A 社	英国 B 社	シンガポール C 社	シンガポール D 社
業務内容	個人向け口座アグリゲーション・サービス	証券発行に係る法律文書作成の自動化	保険管理サービスの提供とダイレクト保険販売	複数口座の投資ポートフォリオの一括管理
特徴	顧客1,000名限定でテスト	金融機関 1 社でテスト	利用期間182日	利用期間273日
Sandbox 利用のメリット	規制面での可否が明確化	少数顧客とのテストによるリスク限定	ブローカーに適用される保険法規制の緩和	ファンドマネジメント会社に適用される規制の緩和
	規制面の作業を外部委託しないことによる費用減	規制面の作業を外部委託しないことによる費用減	ファイナンシャル・アドバイザーに適用される法規制の緩和	免許取得に必要な証券先物法の緩和
	テスト実績による外部機関の評価	事業化のスピードアップ		

（注）　みずほ証券作成。

第 5 章　金融機関のデジタル・イノベーションへの取り組み　117

図表 5-3　金融庁「FinTech 実証実験ハブ」—KYC 実証実験

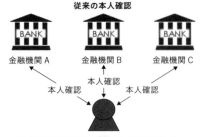

従来の本人確認

各金融機関が取引を希望する顧客に対して、個別に本人確認を実施。

手続の効率化

今回実証する本人確認イメージ

- 顧客の意思表明によって各行から照会，本人確認を実施
- ブロックチェーン上で，本人特定事項，スクリーニング情報，取引内容を蓄積
- 最初の口座開設時のみ本人特定事項を登録

1. 顧客は特定取引[※1]を実施する前に，コンソーシアムのWeb登録フォームから必要な本人特定事項の登録申請を実施。
2. コンソーシアムは，経済制裁対象者リスト等のスクリーニングを実施。該当がない場合，該当無（以下，スクリーニング情報）をブロックチェーン上に記録。
3. 上記顧客が金融機関Aにおいて特定取引を実施しようとする際は，顧客からの意思表明[※2]によって，コンソーシアムから金融機関Aに当該顧客の本人特定事項とスクリーニング情報を引渡し。金融機関Aが当該顧客の本人確認を実施するとともに，上記情報を参考に取引可否を判断（顧客の本人確認時にブロックチェーン上の記録に誤りがあることが判明した場合には，コンソーシアムで再度2.の手続きを実施）。
4. 金融機関Aは，口座開設などの特定取引を実施した場合には，コンソーシアムを介して，ブロックチェーン上の顧客情報に実施した取引内容を記録。
5. 上記顧客が金融機関Bにおいて特定取引を実施しようとする際は，顧客からの意思表明[※2]によって，コンソーシアムから金融機関Bに当該顧客の本人特定事項とスクリーニング情報を引渡し。金融機関Bは，コンソーシアムを介して当該顧客が金融機関Aで本人確認済みであることを確認し，当該確認をもって金融機関Bでの本人確認とすることも可能とする（各金融機関の判断。なお，その際，金融機関Bは，当該顧客が同様の取引を様々な金融機関で実施していないかなど，ブロックチェーン上に記録された当該顧客の取引履歴を参照し，なりすましのおそれがないかどうかを検証）。

※1　口座開設，200万円を超える大口の現金取引，10万円を超える現金での振込などの取引
※2　本人確認情報登録完了の証左として取得したデジタル証明書を顧客が提示することを想定

（注）デロイト トーマツ資料よりみずほ証券作成。

1.2 経済的変化

　経済的変化としては，異業種から金融への新規参入，キャッシュレス化の推進，産業構造の変化，デジタル・プラットフォーマーの台頭などがあげられますが，その中でも，異業種からの参入が大きなものとしてあげられるでしょう。

　これまでもスーパーをはじめとする小売業界からの銀行参入がありましたが，技術の発達により Tech 企業が ICT 技術を活用して，顧客目線に立って，新しい金融サービスを提供し始めています。このため，既存金融機関よりも進んでいると思われるネット銀行やネット専業証券も，新しく出てきた FinTech 企業のサービスや商品の脅威にさらされています。

　部分的には，FinTech スタートアップがクリーム・スキミング（いいとこ取り）で，儲かりそうな領域に参入し，サービスを提供，もしくは提供サービスを限定しての参入なども見られます。その中で一番怖いのは，GAFA（Google，Apple，Facebook，Amazon の頭文字をとった呼称）をはじめとするプラットフォーマー自体の参入でしょう。

　キャッシュレス化については，大きな目的として，2020年に東京オリンピック・パラリンピックを迎えることもあり，訪日外国人の決済周りの利便性を高めるというところがクローズアップされていますが，キャッシュレス化を推進することで日本は今後どうしたいのか，どうなっていきたいのか，わかりにくいところがあります。現在，キャッシュレス化を進める中で一番影響を受けるのは，中小・個人店舗などになると思います。加盟店手数料や加盟店のクレジットカード決済端末にコストがかかりますが，この加盟店端末は結構値段が高く，POS レジまでそろえると，さらに導入コストがかかるので，初期費用で一式100万円ぐらいになることもあるでしょうから，零細店での導入や，店舗数分を用意できるかというと，なかなか難しいでしょう。

　最近話題の QR コード決済の LINE Pay・Origami，交通系電子マネーの Suica・PASMO など，キャッシュレスの手段がたくさんあり過ぎて，何を使っていいかわからなくて，利用者は分散している状況でしょう。QR コード決済の場合，1回アプリを立ち上げての支払いになります。その一手間がかかるというところが結構面倒に思う人もいるのではないでしょうか。

産業構造の変化

　私は昔，通信業界にいたのですが，今の金融業界は通信業界における構造変化の状況と似ていると思います。垂直統合で，川上から川下まで一気に全部を1社で提供していたものが，水平分業で機能別にさまざまな企業が入ってきて，多くの領域でモジュール化が進み，分業体制に転換していく形です（**図表5－4**）。

　従来，銀行・証券・信託銀行・カード会社がサービスや商品を垂直に全部提供していたのが，機能別に水平サービスになり，分業化されていく形になっています。アンバンドリングからリバンドリングといいますが，モジュール化が進み，これは金融産業も避けては通れない道となっており，現在このような状況が進展しています。

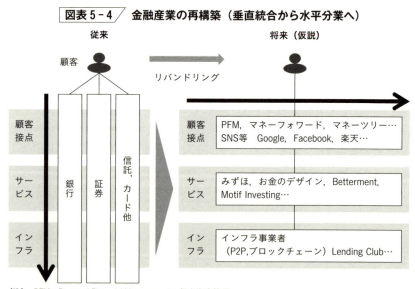

（注）　PFM：Personal Financial Management：個人資産管理。
（出所）　みずほ証券作成。

デジタル・プラットフォーマーの台頭

　ここでGAFAに代表されるようなデジタル・プラットフォーマーが台頭しています。GAFAは，ご存じのとおり，Google，Apple，Facebook，Amazonの頭文字をとっています。これに加えて今，中国系のBaidu，Alibaba，TencentでBAT，これらの企業はBigTechとも呼ばれています。これらBigTechが，金融業に参入してくると，既存の金融機関も立場が危ういですし，金融機関以外も結構危機感を持っています。GAFAは，例えばAmazonならAmazon，AppleならAppleで，それぞれの経済圏をつくり出していくと，他の企業にとっても脅威になってくるのです。まだ預金業務には入っていないですが，AmazonはMarketplaceに入っている中小企業に融資もしていますし，次第に銀行に近づいていって，金融業に参入してきているような状態になっています（図表5-5）。

図表5-5　GAFAの金融事業進出

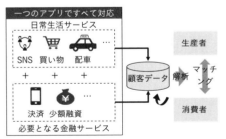

BigTechの動向

		決済	融資	預金
米国系	Google	○	—	—
	Apple	○	—	—
	Facebook	○	—	—
	Amazon	○	○	—
中国系	Baidu	○	○	○
	Alibaba	○	○	○
	Tencent	○	○	○

プラットフォーマーによる金融ビジネス

- さまざまな商取引を顧客に提供すると同時に，当該取引に必要となるタイミングで金融サービス（決済など）をセットで提供
- さらには，プラットフォーム上に蓄積した圧倒的な顧客データを解析することで参加者間のマッチング品質を高めて取引を活発化

（出所）　NTTデータ経営研究所資料をもとにみずほ証券作成。

1.3　社会的変化

　社会的変化といえば，デジタルネイティブの登場，少子超高齢化の進展，労働力人口の減少，訪日外国人の増加などです。2020年の東京オリンピック・パ

ラリンピック開催までに、決済インフラを日本に来る外国人の方のために整備しようというのもキャッシュレス化の狙いの1つですので、社会的変化と経済的変化は複合的に絡み合っていると思います。

20代の方は、デジタルネイティブやGenerationXと言われていますが、この世代は、テレビを見ないし、既存メディアや新聞も見ないかもしれない、ネットでニュースを見るような世代なのかなと思います。アメリカでも同様に、1980年代から2000年代初頭に生まれた、Millennialsの人たちは、10代からネットを使いこなし、デジタル機器にもかなり親和性が高い世代ではないかと思います。

図表5-6は、スマホ世代の購買行動プロセスをAISCEASで表しているものです。AISCEASとは、インターネットにおける消費者の購買行動のプロセスを表したもので、商品やサービスを認知（Attention）し、興味（Interest）を引いて、そこで見つけたものを検索（Search）して、比較（Comparison）、検討（Examination）して、購入（Action）に至って、購入したものについて

図表5-6　スマートフォン利用者の購買行動プロセス（AISCEAS）

スマホ利用者の購買行動の一例として、AISCEAS[注]をもとにしたサイクルが想定

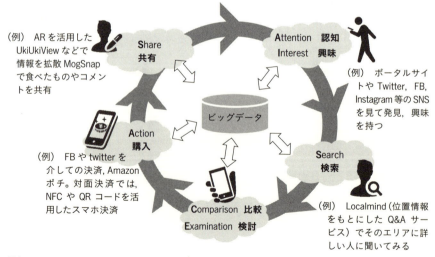

（注）インターネットにおける消費者の購買プロセスのモデル。
（出所）みずほ証券作成。

の感想なり結果を共有（Share）する。この一連の行動をマーケティングでは，AISCEAS と言っています。いろいろなサービスを載せていますが，今はこの一連の行動プロセスは，ツイッターやインスタなどで全部済んでしまうのかもしれません。10年ぐらい前から，このサイクルに金融機関も入り込みたいと考えているのですが，なかなかうまく入り込めていない。これも課題です。

1.4 技術的変化

　テクノロジー（技術的変化）は，社会的変化と強く相関があると思いますが，利用端末の多様化，IoT（Internet of Things：モノのインターネット）の登場，そして融資などにも活用され始めているソーシャルデータ，システムの開発手法の変化があります。

　まず，皆さんの利用する端末も変わってきており，スマホを利用している人が多くなってきています。それから，IoT によって新しいサービスの提供も可能になってきます。IoT は，金融というよりも製造業での活用のほうが身近かもしれません。

　また，システム・インテグレーター（SIer）からすれば，かなり大きなことですが，システムの開発手法がだんだん変わってきて，今まではウォーター・フォール型が主流でした。これは，要件定義が終わったら，次に設計に取りかかって，設計が完成したら開発，開発が終わったらテスト，そしてようやくリリースという形で，1 つのフェーズが終わったら，次のフェーズに取りかかっていきます。これはお刺身の並びに似ているので，お刺身方式とも言えるかもしれません。現在は，アジャイル型に移りつつあり，要件定義も設計も開発もテストも，1 フェーズで回してしまう。ここに柔軟性が生まれてきて，次のフェーズで要件定義を少し変えたいときに，すぐに設計も変更できますし，開発にもすぐ活かせる。形状としては，焼き鳥のようなものでしょう。今の金融業界のシステムは，サグラダ・ファミリアなどと揶揄されたりしていますが，今はアジャイル型の手法が多くなってきたので，手戻りがあっても臨機応変に対応できるようになっているため，開発期間の短縮にはつながっていくでしょう。

第 5 章　金融機関のデジタル・イノベーションへの取り組み　**123**

2 「新しい」銀行の登場

チャレンジャーバンク

そして，今，新しい形の銀行が登場してきています。チャレンジャーバンクと称されますが，銀行業務ライセンスを取得し，当座預金，普通預金，住宅ローンなど，既存銀行と同じサービスをすべてモバイルアプリ上で提供するビジネスモデルの銀行です。チャレンジャーバンクとしては，RBS や LLOYDS，HSBC などの既存大手銀行もモバイル専業銀行を展開，フルバンキングサービスを提供しています。本体とあまり変わらないので，ここでは大きな差別化は生まれていない状況と言えるでしょう。

英国では，政府の後押しもあり，2013年以降，低コストで高い利便性を売りにするチャレンジャーバンクが多数登場しています（**図表 5 - 7**）。こうした新規参入者によって，危機感を覚えた既存の大手銀行も，チャレンジャーバンク

| 図表 5 - 7 英国におけるチャレンジャーバンクの動向 |

2014年	Paragon Bank[注]	・投資用不動産向け融資のパラゴン・グループが銀行子会社として設立 ・個人向け預貸業務に特化
2015年	Charter Savings Bank	・個人向け貯蓄商品（定期・貯蓄・当座）に特化 ・住宅ローンも別ブランドで展開
	OakNorth[注]	・金融機関向けリサーチ会社の創業者が設立 ・個人預金と新興成長企業向け融資に特化（不動産以外の多様な担保資金の受入が特色）
	Atom Bank	・Metro Bank 創業者が**アプリ専業銀行として設立** ・個人向け貯蓄の他，個人・中小企業向け融資を提供
2016年	**Starling Bank**	・元 ABN AMRO の EVP によって設立 ・**5 分で口座開設の申請が可能** ・個人・法人当座預金，送金（国内外）等を提供
2017年	Monzo Bank	・MetroBank 出身者によって創業 ・**完全ペーパーレスで，PIN に加え生体認証も利用**
2018年	Revolut	・P2P 等の決済サービスの他，仮想通貨取引を提供 ・2018年 6 月時点で200万ユーザーを獲得

(注)　仮認可制度を利用。
(出所)　NTT データ経営研究所資料をもとにみずほ証券作成。

として，モバイルバンクを立ち上げたり，自行のデジタル化を始めたりしています。ただ，自行をデジタル化するというのはかなり難しくて，こういった身軽な新規参入銀行に敵わないところが多いと思います。

英国におけるチャレンジャーバンクのキーワードとしては，クラウド，モバイル，当座預金口座，第三者との連携というところですが，例えば，新規参入者である Starling Bank ですと，PFM（Personal Financial Management：個人資産管理）は Yolt と提携し，ロボアドは Wealthsimple，お釣り投資は Moneybox などと API 連携しているのですが，連携したサービスは，Starling Bank のアプリ上で，シングルサインオンで使えるようになっています。Starling Bank のようなチャレンジャーバンクでは，口座は，当座預金口座を用意しています。当座預金というのは，一般的に銀行の預金と違って，もともと，小切手などの決済口座なので，利子はつきません。Moven というモバイル専業をつくったブレット・キング（Brett King）という方ですが，読んだことがある方もいらっしゃるかもしれないのですが，『BANK2.0』とか『BANK3.0』を書いた方です。彼は，当座預金口座ではなくて，デジタル支出口座とかモバイル支出口座と称するほうがいいと言っています。

ネオバンク

一方，ネオバンクは，銀行の免許は持っていないのですが，既存銀行のデジタル・インターフェイスとして，モバイルを通じたオンライン上でのキャッシュフロー管理などの機能だけを提供するビジネスモデルです（**図表5-8**）。アメリカでは，チャレンジャーバンクと違って，ネオバンクという形をとるものが多く，先述のブレット・キングがつくった Moven，2014年にスペインの BBVA という銀行に買収されたのですが，Simple といった銀行があります。これらは銀行と消費者の間に立って，各銀行のサービス・商品を消費者に提供するというビジネスモデルとなっています。

例えば，Simple などと同様に，フロント・プラットフォーマーともいえる Moven は，フロントに立って，後ろにいる提携銀行と消費者との間に入っています。銀行システムは，連携している銀行のものを使っています。また，モバイル専用の銀行アプリを，ホワイトレーベル[4]で提携銀行に提供して，ライ

図表 5-8　米国におけるネオバンク

既存大手行の取り組み

- Fintech 企業と連携し，UI・UX を追求
- 既存銀行は利便性の高いサービスを提供することで，新たな顧客層を開拓

Wells Fargo
- 送金　zelle
- 融資　Amazon
- 決済　Google, Apple
- 顧客対応　Facebook
- 資産運用　sigfig

JP Morgan
- 送金　zelle
- 融資　Ondeck
- 決済　Bill.com, PayPal
- PFM　Intuit

Bank of America
- 送金　zelle
- 決済　Google, Apple, Microsoft
- 業務効率化　Microsoft
- 販促　Cardlytics

Citigroup
- 送金　zelle
- 決済　PayPal
- 本人確認　Eyeverify

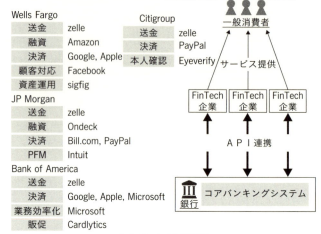

ネオバンクの取り組み

- 多様な API 接続を可能としたコアバンキングシステムと連携し，FinTech 企業を束ねることで，様々なサービスを提供し，顧客に PFM や資産管理といった利便性の高いサービスを提供
- 構築したスキームを外販しライセンス収入を得るネオバンクも

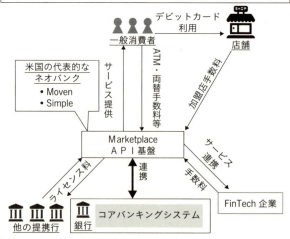

（出所）　NTT データ経営研究所資料をもとにみずほ証券作成。

センス料を得ることもしています。

　もちろんアメリカにおいても，FinTech 企業でも銀行免許申請[5]を受け入れることを，2018年7月に監督官庁である米国通貨監督庁（Office of the Comptroller of the Currency: OCC）が公表しているのですが，貸し付けや小切手支払いの業務に限定し，預金業務は対象外となっています。ですので，参入しても，提供サービスが限定されることになってしまいます。参入している Fin-Tech 企業については，現時点で，耳にしていません。

3　既存金融機関のデジタル・イノベーション

デジタル化の進展

　従来，銀行窓口では，対面での本人確認が必要で，紙の書類でやりとりをしてきました。欧米では，印鑑を使わないので署名が必要です。現金を窓口で授受したり，資産形成などのアドバイスや販売も銀行の窓口で行われていました。デジタル化すると，従来窓口で行われてきた業務は必要なくなってしまうものが多いでしょう。生き残れそうなのは対面で行う必要性が高いアドバイス，相談のようなサービスで，アメリカでは，店舗もフルバンキングサービス提供というよりも，アドバイスを受けるところ，相談するところという形で，都市部などでは小規模店舗に変えていっています。

メガバンクのオープン・イノベーションへの取り組み

　このようなデジタル化が進む銀行業務の中で，メガバンクはどうしているのかというと，デジタルイノベーションハブの設立や FinTech アクセラレータ・プログラムを提供するなど，オープン・イノベーションによる成長を目指し，新しい付加価値を創出しようとしています。例えば，みずほ FG は，WiL[6] などと共同で Blue Lab という新しい会社を設立しました。Blue Lab は，ビジネスの「卵」を発掘し，「孵化（＝事業化）」させることを目的として，コンサルティング事業を主業としています。

　また，みずほ銀行では，みずほ Wallet アプリを提供しており，スマホ・モバイル端末にデビットカードを載せたモバイルデビットにもなります。また，

「青い Suica」などと言われているようですが，カラーが通常の緑ではなく青い「Mizuho Suica」の機能もついています（**図表 5 - 9**）。

みずほ証券としても，資産運用提案型ロボアドバイザー（**図表 5 -10**）や生涯収支シミュレーターというサービスを提供しています[7]。いくつかの質問が出てきて，それに答えると，最後にポートフォリオや商品提案の結果が出てきます。

図表 5 -11は，最近よく耳にするようになった RPA（Robotic Process Automation）へのみずほ証券での取り組みの紹介です。従来，人手がかかっていたデータ投入などの単純作業をロボットが肩代わりし，オートメーション化して業務の効率化を図るというものです。

また，既存の伝統的な金融機関ではありませんが，テレビの CM で見かけたことがあるかもしれませんが，One Tap Buy という会社が，スマホ専業証券としてビジネスを展開しています。すでに，100万ダウンロードされているそうです。

図表 5 - 9　みずほ銀行のスマホ Wallet サービス

**口座のお金が
スマートフォンでつかえる**
お買物やお食事のお支払い時，アプリを立ち上げなくてもスマートフォンをかざすだけでお支払いできます。
現金もカードも必要なく，銀行口座から直接・即時に引き落とされるのでつかいすぎる心配がありません。

**みずほ銀行の口座があるだけで，
すぐにつかえる**
みずほ銀行の口座をお持ちであれば，口座情報を入力するだけですぐに登録・利用ができます。みずほJCBデビットをすでにご契約済の方は，みずほWallet for Androidにお持ちのカードを登録すれば利用できます。

**支払い状況や残高も，
ひと目でチェックできるからあんしん**
みずほWallet for Androidでのお支払い状況はもちろんのこと，口座残高や引き落とし・振込の状況など，いつでもスマートフォンで確認できてお金の管理ができます。

いつでも
残高や明細を確認可能

従来の「みずほ銀行アプリ」の機能も搭載

（出所）みずほ銀行資料より。

| 図表 5-10 | みずほ証券の資産運用提案型ロボアドバイザー：あしたのそなえ |

（出所）みずほ証券資料より。

| 図表 5-11 | みずほ証券のRPAへの取り組み（導入事例） |

事務センターにおける個別郵送物の発送履歴情報を，CRMシステムへ自動入力
- 東京，大阪の各事務センターでは，従来，お客様に郵送した郵送物の名称を，リストからCRMシステムへ担当者が1件ずつ手入力し，入力した結果を確認・検証
- このうち，CRMシステムへの登録業務について自動化し，1日あたり最大600件程度，時間にして10時間程度，月に換算するとおおよそ200時間程度の業務を削減

自動化した業務処理の概要
①顧客ごとの郵送処理を行ったデータをEXCELファイルにダウンロード
②ダウンロードしたEXCELファイルを，CRMシステムに1件ずつ登録（アップロード）処理
③登録（アップロード）処理が完了すると，完了通知を配信（完了通知を受領後，オペレーターが登録，内容を確認・検証）

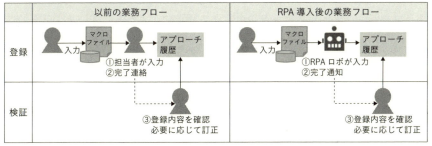

（出所）みずほ証券作成。

また，お釣り投資のサービスで，STOCK POINT という，さまざまなポイントプラットフォーマーの投資ポイントを，1つのウォレットアプリで管理しようというサービスもあります。ある会社のジュースを買い続け，STOCK POINT を貯める。貯めた STOCK POINT が1株分以上になると，株券に交換できる。ポイントによる値引きというよりも，その企業の価値に気づき，興味を持ってもらおうというコンセプトの下，その企業の応援のためにもっとジュースを買おうかな，という気になってくることもあるでしょう。

シンガポールの DBS 銀行

次にシンガポールの話をしましょう。DBS は，名称変更前は，その名のとおり，The Development Bank of Singapore（シンガポール開発銀行）といい，もともと国営銀行でした。最先端のデジタル化のイメージと結びつかないかもしれませんが，現在，世界一のデジタルバンクと言われています。DBS は，銀行本体をデジタル化した事例で，クラウドを推進したり，API プラットフォームを整備したり，行内でも全行員を起業家に変えようとして，人材育成にも取り組んでいます。ビジネスモデルとしては，グプタ総裁による「GANDALF 宣言」により，プラットフォーマーへの転換を目指しているようです。

「GANDALF」とは，Google，Amazon，Netflix，これに D として DBS，Apple，LinkedIn，Facebook の頭文字をとったもので，グプタ総裁が，DBS を他の銀行と比べるのをやめて，今後はデジタル企業と比較しようということで，DBS もデジタル企業になるのだと宣言しているのです。

システムとしては，フルクラウド化を目指していて，2009年からスタート，現在9年目で，2020年には9割以上をクラウド化しようとしています。あのアマゾンも，2000年まではレガシーシステムで，その後，クラウド化に6年ぐらいかかっているので，DBS も，そのぐらいかかるのかもしれません。

日本の既存金融機関から見ると，クラウドを使うにしても，そのクラウドの選定，SLA（Service Level Agreement）[8] をどの程度までにするのか，クラウドサービスに対するコンティンジェンシープランが発動される状況になったらどうするのか，などさまざまな懸念も出てくるでしょう。

図表 5-12 シンガポール・DBS 銀行の取り組み

カスタマージャーニーに寄り添う

DBS Living, Breathing Asia	→ 見えない銀行 Invisible Bank →	DBS Live more, Bank less

銀行システムの変革	顧客経験の変革	企業文化の変革
コアシステムのデジタル化を推進	カスタマージャーニーに銀行を埋め込む	22,000人の全行員を起業家に変える
● クラウド化の推進 　・2018年総資産の50% ● APIプラットフォーム整備 ● アジャイル開発手法導入 　・コスト削減 　・レジリエンスの強化 　・スケーラビリティ確保	● カスタマージャーニー作成 ● 顧客中心デザイン導入 ● カスタマージャーニーに埋め込むサービスを提供 　・資産運用の自己診断 　・電気料金の節約 　・車両購入のマッチング 　・住宅購入のマッチング	● スタートアップカルチャーの創造 ● イノベーションマインドを喚起するプログラム ● 行内ハッカソン ● 若手研修プログラム ● インターンプログラム ● eラーニングによる研修

Acquire（顧客獲得）	● 店舗をベースにした足で稼ぐ営業	● エコシステムを活用した外部企業と協業 ● データマーケティング・デジタル口座開設
Transact（金融取引）	● 紙ベースの物理的なチャネルの活用	● ペーパーレスのストレートスルー ● シームレスなオムニチャネル化
Engage（関係強化）	● プロダクトベースの一般的な関係構築手法に依存	● 顧客ジャーニーの中にDBSがシームレスに存在 ● コンテキストベースのリサーチとクロスセル

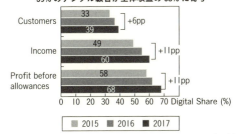

Superior returns from Digital segment

2017 Profit and loss (S$bn)	Total	T	D
Customers(m)	5.9	3.6	2.3
Income	5.1	2.0	3.1
Costs	2.2	1.1	1.1
Profit before allowances	2.9	0.9	2.0

Digital is material
39% of customers contribute 60% of income and 68% of Profit before allowances

Key indicators			
Income per customer (S$'000)	0.9	0.6	1.3
Cost-income ratio (%)	43	55	34
Return-on equity (%)	24	19	27

Digital is more valuable
2X of income per customer
20pp of lower CIR
9pp of higher ROE

39%のデジタル顧客が全体収益の68%に寄与

Customers: 33 / 39　+6pp
Income: 49 / 60　+11pp
Profit before allowances: 58 / 68　+11pp

■ 2015　■ 2016　■ 2017

Customer base as of Jun; other 2017 figures annualised based on 1H17, where applicable; numbers have slight rounding difference

（出所）DBS資料、NTTデータ経営研究所資料をもとにみずほ証券作成。

DBS の事例において，本体をデジタル化していくために一番重要なのは，マインドセットと言えるでしょう。われわれのような既存金融機関も同様ですが，意識を180度変えないと，本体をデジタル化するのはかなり難しい。ですので，大手金融機関は，日本も含め，サブブランドのようなモバイル専業の金融機関を，別に作り上げるようなビジネスモデルを採用することが多くなるのではないでしょうか。

　新しい取り組みについて，多くの企業は，スタート前には大々的なお知らせをしますが，DBS は，しっかりとその結果も公表しています（**図表 5 -12**）。2017年度の決算を見てみると，――デジタル顧客というのは，基本的にオンラインやモバイルで取引をする人で，伝統的顧客というのが店舗等のオフラインで取引をする人のことですが――デジタル顧客による全収益への貢献は，約 7 割を占めるようになっている，と公表しています。

4　日本の既存金融機関は今後どうするべきか

厳しい環境に置かれる既存金融機関

　日本の既存金融機関の現状はどうかというと，これまでもお話ししましたが，異業種からの参入があり，それに伴い，金融産業にも，アンバンドリングやリバンドリングといった形で構造変化が生じつつあります。特に，異業種のうち，近年の Tech 企業による銀行業への参入が構造変化に拍車をかけているでしょう。また，既存金融機関による Tech 企業への API 開放や，オープンバンキングといった話も出てきています。今まで FinTech 関連では，欧米では，ディスラプティブ（破壊的）と言われてきたのですが，日本では，FinTech 企業との関係は比較的共創的で，既存金融機関と Tech 企業が，FinTech のスタートアップを一緒にやっていこうというトレンドがうかがえます。しかしながら，GAFA のようなデジタル・プラットフォーマーが金融業にも参入してきた場合には，環境が一変して，皆が競争相手というような破壊的な状況になる可能性も考えられます。その中で，先ほどのシンガポールの DBS のように，全く新しい道を選ぶ金融機関も出てくるでしょう。このような状況の中で，日本の既存金融機関は今後どのようなビジネスモデルを描いていけばよいのでしょうか。

日本では，既存金融機関も新規参入者もシステムやビジネスモデルは同じ？

　考えてみると，日本では，既存金融機関も，小売のような異業種から参入した銀行も，ビジネスモデルは，ほぼ同じかもしれません（**図表 5 -13**）。ビジネスモデルとしては，既存銀行も，これまでの新規参入者も，概ねフルバンキングサービスを垂直統合的に提供しています。ネット専業銀行でも，チャネルがモバイルやオンラインに変わっただけで，どこもほぼフルバンキングサービスを提供していると言ってよいでしょう。ただ，今後は，海外から英国のチャレンジャーバンクのような形での新規参入者が現れるかもしれません。

　システムについては，既存銀行，例えば3メガバンクや地域銀行等は，絶対性，安心・安全性を重視しています。皆さんも，銀行に対しておそらくこの辺を重視しているのではないしょうか。従来のレガシーシステムを止めて，クラウドでつくり直すことは，時間的・コスト的に困難でしょう。ネット専業銀行など新規参入者は，新しく一から始められるので，レガシーシステムを直しながら活用している既存金融機関よりは，有利な立場にいる場合もあるのかもしれません。ただ，変革に伴う社会的影響も大きいので，既存金融機関の機能を，

図表 5 -13／　既存銀行・Tech 銀行等のシステム・ビジネスモデル

	既存銀行	ネット専業銀行	Tech による新しい銀行
システム	• システムにおいては絶対性，安心・安全性を重視 • 従来のシステム（レガシーシステム）からクラウドを中心としたシステムに移行することは，社会への影響も考えると困難 • システム公開には莫大な時間とコストがかかる	• 既存の対面大手銀行よりもシステムは柔軟 • システム更新にも大手銀行よりも時間・コストはかからない	• クラウドなどを活用し，軽いシステムを構築 • 柔軟かつ短期でのシステム入れ替えが可能
ビジネスモデル	• フルバンキングサービスを提供（垂直統合的） • ネットバンキング，モバイルバンキングにおいてもフルバンキングサービスを提供	• ネット専業とはいえ，店舗チャネルがないだけで，フルバンキングサービスを提供	• 特定のサービスを提供 • 自身では銀行業は行わずに，仲介としてのプラットフォーマーを目指す

（出所）　NTT データ経営研究所資料をもとにみずほ証券作成。

第5章　金融機関のデジタル・イノベーションへの取り組み　**133**

すべて新しいものに取り換えるのではなく，段階的に進めていく必要があると思います。

ただ，イギリスやアメリカのチャレンジャーバンクなどをみると，ある特定のサービスを提供して，例えば，自分自身では銀行業を行わずに，仲介としてプラットフォーマー的な役割を果たしている銀行もあります。このような環境の中で，海外の Tech 企業による新しい銀行サービスが日本に進出してくると，日本の既存金融機関は，ビジネスモデルの変革を意識しなければならないでしょう。

図表 5-14 に示したように，従来の生産から流通，マーケティングを直線的に行っていたバリューチェーン型から，銀行がバックにいて，API 接続した FinTech 企業にフロントに立ってもらい，消費者とやりとりしてもらうようなオープンバンキング型になるのか，金融機関自身がマッチングサービスを行い，FinTech 企業の提供するサービスと消費者のニーズをつないでいくような，プラットフォーマー的なものになるモデルを採用するのか。もしくは，バ

図表 5-14 どうビジネスモデルを変革するか

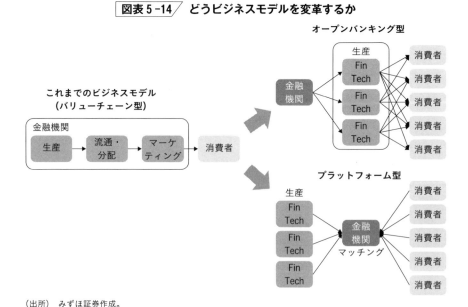

(出所) みずほ証券作成。

リューチェーン型からオープンバンキング型を経て，プラットフォーム型になる，という道も選択肢としてあるかと思います。日本では，どこまでマインドセットを変えられるかにもよると思いますが，おそらく，当面は，オープンバンキング型を志向するのではないかと考えています。

日本の FinTech は破壊的に変容していくか

　最後に皆さんに問いかけたいと思います。日本における FinTech は，欧米とは異なって，破壊者ではなく，既存金融機関の共創者とみなされてきましたが，今後は，破壊的に変容していくということも想定しておく必要はあるでしょうか。今までは，オープン・イノベーションで一緒にやってきた「仲間」が，もう一緒にやっている場合じゃない，今日からライバルだ，と変容すると思われますか。

――それこそ巨大プラットフォーマーが日本に参入してきて，もし欧米でディスラプティブだと言われているのであれば，当然，日本でもディスラプティブになって，日本の FinTech 企業も，それに追随するようにディスラプティブにならないと，うまく商売ができないのではないかと思います。
　それに加えて，高齢化などもあり，地方の人たちは，既存の金融機関のサービスに頼りきっているところもあるので，既存金融機関は，それに守られているのではないでしょうか。だから，遠い将来の話かもしれないですが，デジタル世代になってくれば，かなりディスラプティブになっていくのかな，とも思います。日本がドラスティックな変化を好まないというのは，いろいろな場面で言えると思いますが，それが全ての場面に該当するわけではないと思います。ただし，ディスラプティブになる素地はあるのかなと感じます。

　日本では，皆が銀行口座を持っていると思います。ただ，例えばアメリカなどでは，移民も多く，銀行口座をつくれない人も多いようです。このアンバンクト（unbanked）層が多いので，そこを埋めるように FinTech が必要に応じて入ってきた，という背景もあります。ただ，日本で今の金融システムに，利

用者が非常に困っている，ということがない限り，真の FinTech は日本では醸成していかないのではないか，と個人的には思っています。

巨大プラットフォーマーが参入しても，日本の金融機関は生き残れるのか

　では次に，日本の金融機関が生き残るためには，どうしたらいいのでしょうか。皆さん，何かあればすぐに銀行を変えたりすることはありますか。例えば，プラットフォーマー系の銀行ができたとしても，現在利用している銀行からすぐに乗り換えるのは，手続が面倒かもしれません。皆さんどうでしょうか。

――プラットフォーマーが入ってきた時に，持っているビッグデータの違いから既存の金融機関が脅威にさらされるのはその通りだと思いますが，既存金融機関には，信頼があって，おっしゃっていたような変更手続きの不便性というのもあると思います。さらに，既存金融機関は，日本全国津々浦々で充実したサービスがあるので，直ちに脅威にさらされるとは考えにくくて，生き残れるのではないかなと思います。

　長期的に考えると，変化していかなくてはいけないところもあるかもしれないですが，短期で取って代わられることは，まだ実感できないという感じですね。

既存金融機関のマインドセットを変化させるにはどうすべきか

　例えば，先ほど説明した DBS のように，デジタル企業になるというマインドセットに変われると思いますか。私は，まだ懐疑的な目で見ているところがありますが，皆さんは既存金融機関，銀行がマインドセットを緩やかにでも変えられると思いますか。

――今のところ破壊的な変容が起きていない時点では，十分生き残れるという面があるので，焦りがもっとないとマインドセットが変化するのは難しいのではないかなと思います。

ソフトバンクの孫正義さんのようなカリスマ的な経営者がトップダウンで変えるような形でないと，日本の金融機関でマインドセットを一気に変えるというのは難しいのかもしれません。

特に地方銀行では，次から次へと出てくる FinTech に必ずしも対応しきれずに，自力で FinTech に取り組んでいる余裕のないところもあるようです。今後，地方の金融機関は，どのように生き残っていくかについて，かなりの危機感をもって思案しているのではないかと思われます。

●質疑応答

Q1 日本の既存金融機関がオープンバンキング型をひとまず目指すだろうという点は理解できますが，結局，情報提供者としての価値しかなくなってしまうので，せっかく情報を保有しているのなら，最終的には価値を生み出すことを目指すべきだと思います。ただ，金融機関がプラットフォーム化するのが想像しにくくて，海外でそういうビジネスモデルがあるのでしょうか。また，プラットフォーム型を困難にしている要因が今の時点であるのでしょうか。

A オープン API は銀行法の改正により，努力義務として規定されていて，今まだその準備段階です。オープン API の完全実施は，まだ先の話であると思いますので，まずは，オープンバンキング型から始めて，その後に，プラットフォーム型に順次転換していく金融機関も出てくるかもしれません。

プラットフォーム型の例としては，シンガポールのDBSが近いと思いますが，完全にプラットフォーム型の銀行はまだ登場してはいないと思います。ただ，マッチングを行いつつ，日常生活において，利用者に「銀行のサービスを使っている」という意識をさせずに，利用者が自然と銀行サービスを使用している，――例えば小口決済など――というところを目指している海外の銀行は多いと思います。

金融機関の中でも，現場レベルではどのような情報が有用なのかを，まだ整理し切れていないところもあるので，うまく整理して，「使える」情報に変えていくことも必要かと思います。数年前に，イベント・ベースド・マーケティング（EBM）が流行ったときがありました。例えば入学，就職，結婚などの

第5章　金融機関のデジタル・イノベーションへの取り組み　137

人生のイベントにおいて，金融機関が，そのイベントにあったサービスや商品を顧客に提供することを試みたことがあるのですが，大成功したという話はあまり聞こえてきませんでした。顧客に合った情報を組み合わせて提供していくということは，1つの金融機関が行うのはかなり難しいとも思います。例えば，GAFA のようなプラットフォーマーは，うまく情報を組み合わせたり，提供についてのノウハウを持っているので，参考になるのではないでしょうか。

Q2 今まではメガバンクと地銀で，地域的に棲み分けされていたのですが，FinTech だと，インターネットなどで世界が1つにつながってしまうと思いますが，地銀はどう変わっていくと予想されるでしょうか。

A 地銀は，今でも，自前でシステムを持たずに，例えば，NTT データの地銀共同センターのような共同システムを使っているところも多いので，共同センターの機能に FinTech 機能を上乗せして，地銀に使ってもらう，というような試みはみられます。また，FinTech のコンテストを開催して，よいものがあれば，API 接続するという取り組みもあります。

　ネット専業銀行もある中で，地銀でもインターネット支店をつくって，域外，例えば，石川県の銀行が山形県に進出したりと，47都道府県でボーダーレスになっていくのかもしれません。地銀としても，地方の顧客に役立つために存在しているので，地域企業にとってよい相談相手として，マッチングサービスを中心に提供するような役割に収束していくのかもしれません。

Q3 既存金融機関が FinTech に取り組んでいく方向性として2つあって，1つは，自社の中でのイノベーションの推進，もう1つは，Tech ベンチャーに出資したり買収したりという方向性があるのかと思います。後者について，日本の FinTech が共創者ではなく破壊者である，と考えていくのであれば，一緒にリスクをとって，ともにジョイントベンチャーでやっていこう，という方向性はなくなっていくということなのでしょうか。

A 現時点では，日本のFinTech企業は，既存金融機関と一緒にやっていこうという姿勢であり，銀行に取って代わろうというという考えは，まだ持ち合わせていない印象を受けます。フルバンキングサービスを提供するわけではなく，サービスの一部を提供して，一緒にやっていこうという雰囲気が強いと思います。

もし日本のFinTech企業が，今後，チャレンジャーバンクを目指す，という方向に転換した場合，既存の銀行と提携していた関係を，スッパリと絶ってしまうのかもしれません。あるいは，銀行免許は取らないまでも，ネオバンクのように，フロント・プラットフォーマーになって連携していく形を採るかもしれません。日本は，まだまだFinTech企業と共創していくトレンドにあり，完全に競争的になるには，相応の時間がかかると思うので，その分，既存金融機関に残された猶予は，海外に比べればまだ残されているとも思います。

Q4 AISCEASのサイクルに，日本の金融機関がなかなか入り込めない，というお話がありましたが，入り込めない理由は何でしょうか。例えば，新しく出てきたベンチャーとみずほが同じものを出した場合，絶対みずほのほうが信頼度も高いし，有利な気がしますが，なぜそのサイクルになかなか入り込めないのでしょうか。

A 例えば，AISCEASの「認知」というところをみると，以前と比較してかなり改善されたと思いますが，金融機関サイトのユーザーインターフェイスは，それほど使い勝手がよくない。デザインや視覚的にも改善の余地があり，探している情報が見つからない，また，そもそも何があるのかわからない，等の利用者の声をよく聞きます。銀行の顧客満足度ランキングを見ても，サイトが使いづらい等の不便さへの不満も，既存金融機関に対して見受けられます。顧客目線に立つことが不十分な面も，少なからずあるのでしょう。

また，何か新しい金融サービスを使おうと思って銀行窓口に行き，その相談が途中で終わってしまったときに，続きをインターネットのチャットでできますか，と尋ねても，できないことも多い。そこで話が途切れてしまい，利用者は，もう一度同じことを最初から話さなければならないことがあります。異な

第5章　金融機関のデジタル・イノベーションへの取り組み　**139**

るチャネルでも，途切れることなく話が再開できるような対応は，ベンチャー企業のほうが，上手な面はあるでしょう。

Q5 既存金融機関が，どの程度リアルにマインドセットを変えていく必要性を感じているのか，どれぐらいの焦りが実際にあると思っていらっしゃるのでしょうか。障害は何なのでしょうか。

A 例えば，さまざまな金融機関で，会議はタブレットに資料を載せてペーパーレスで行うところが多くなってきていますが，会議では，タブレットで資料を見たとしても，結局，印刷して読みたいということも多くて，実質はあまりペーパーレス化していない状況もあります。書き込んだり，線を引いたり，そういう資料の使い方に馴染んできた世代がまだ多いので，その世代が卒業するか，もしくは180度変化を起こさない限り，本格的な進展は難しいかもしれません。

　ただ，焦りがあることは確かです。経営に近くなればなるほど，内外の他銀行の情報が耳に入ってきやすくなるので，「当社もやらなくては」，という気持ちは強いかと思います。よく「必要は発明の母」といいますが，ブロックチェーンでなくては特定のサービスが提供できないから利用する，という必然性によるものではなくて，いろいろなところでPoC（実証実験）を実施しそこで，ブロックチェーンも使ってみようか，といった面もあるでしょう。

Q6 日本では，政府は機能別横断法制を目指していると思いますが，チャレンジャーバンクは，逆に銀行業務のフルラインセンスを取得する形態で，違う方向を目指しているのだと思いますが，どう整理すればよいでしょうか。

A チャレンジャーバンクというのは，日本では，まだ出てきていないですが，もしそういう希望を持った企業が出てくるのであれば，それに適した制度に関する議論が，行われるのではないでしょうか。皆さんもご存知のように，法律や制度を変えるのには，とても時間がかかるので，Tech企業のビジネスのスピードに追いついていけないところがあります。もしかしたら，最

初にサービスを始めた者勝ち，つまり，後で法律を吟味して，そのサービスを認める，認めない，という方法も出てくるのかもしれません。日本では，米国におけるネオバンクのようなFinTech企業が登場して活躍する可能性は相応にありそうだとも思います。

Q7 日本でキャッシュレスが進んでいないのは，ATMが便利で，現金が手軽に使えるからといった話を聞きましたが，大手金融機関も，その状況に甘んじているのかもしれないとも思いましたが，これからもATMは存続していく方向なのでしょうか。

A 実は，ATMの維持には膨大なコストがかかるので，銀行としては，できるだけ持ちたくないと思っています。ですので，例えば，全国にATM網を張り巡らしているセブン銀行がATM網を整備して，他行（提携行）は自行のATMではなく，セブン銀行のATMを使うようにしていくというような流れはあるのかな，と思います。ATMは絶対手放さないとか，それが収益源であるとは，銀行はおそらく考えてはいないのではないでしょうか。

（2018年10月31日講義）

●注 ────────

1　APIとは，外部のアプリケーションから，OSやソフトウェア等の機能を利用するためのインタフェイスをいいます。
2　FinTech実証実験ハブは，既存の法令の適用を免除するものではありません。
3　金融庁プレスリリース「「FinTech実証実験ハブ」初の支援決定案件の実験結果について」（平成30年7月17日）。
　　https://www.fsa.go.jp/news/30/20180717.html
4　提携先企業のサービスや製品，仕組みなどを自社ブランドとして提供することをいいます。このケースでは，Movenの提携銀行がMovenの銀行アプリを自行のブランドとして提供し，そのライセンス料をMovenに支払うことになります。
5　特別目的国法銀行免許（Special Purpose National Bank：SPNB）。
6　日本，シリコンバレーを拠点に，ベンチャー企業支援を中心に行っている投資会社。
7　いずれも，みずほ証券ホームページにおいて無料で利用可能。
8　SLAとは，サービス提供者とそのサービス利用者との間で提供されるべきサービスのレベル（範囲，内容，達成目標等）を定めたものをいいます。

第5章　金融機関のデジタル・イノベーションへの取り組み　**141**

第**6**章

ICO と金融規制

●本講のねらい

2017年後半以降，株式の代わりにトークンを発行する ICO と呼ばれる仮想通貨による資金調達が注目されていますが，この規制のあり方についても多く論じられてきました。本講では，この問題に詳しいファイナンス・ローヤーの立場から，ICO の現状とそれに対する金融規制のあり方，考え方について論じます。

●本講を通じて得られる示唆

ICO にはさまざまな類型があり，その規制の適用についても一概には論じることはできません。現行規制で対応できるものもあれば，新たな法規制・ルールを策定することが望ましいと考えられるものもあります。詐欺的な ICO が多いとされる現状に鑑みれば，利用者保護の観点から，一定の規制・ルールを考えていくことも必要かもしれませんが，いずれにせよイノベーションの促進とのバランスの視点が必要でしょう。

●Navigator

有吉 尚哉（ありよし なおや）

西村あさひ法律事務所パートナー弁護士。東京大学法学部卒業。2002年弁護士登録（55期）。2002年西村総合法律事務所入所後，金融庁総務企画局企業開示課専門官（出向）等を経て現職。金融法委員会委員，武蔵野大学大学院法学研究科特任教授，京都大学法科大学院非常勤講師，日証協「JSDA キャピタルマーケットフォーラム」専門委員等も務める。

1 ICO（Initial Coin Offering）について

トークンとICO

　2017年以降，新しい種類の仮想通貨を自らつくり出し，それを販売することによって資金を調達する Initial Coin Offering（ICO）という取引が世界的に急速に広がりました。ICO は，新規株式公開（Initial Public Offering：IPO）になぞらえて，そう呼ばれるようになったのがもともとの経緯です。ICO の取引で発行される仮想通貨的なものは，一般にはトークン（Token）と呼ばれます。比喩的には株式のかわりにトークンを発行することによって資金調達をするのが ICO といえます。

　発行されるトークンは，仮想通貨ないし仮想通貨に近い性質のものですので，典型的にはビットコインやイーサと同じようにブロックチェーンの技術を利用し，電子的に記録されるデジタル通貨として組成されます。ブロックチェーンとは，1つの主体が中央集権的にデータを管理するのではなくて，分散的に情報を管理する分散台帳型の仕組みにより，電子的な記録を維持していく技術ですが，典型的な ICO では，ブロックチェーンの技術を活用して電子的なトークンを作り出し，管理されることになります。ただ，ICO では必ずブロックチェーン技術を使われなければならないというわけではなく，電子的な記録手段を用いてデジタル通貨的なもの，トークンを発行して資金調達をすれば ICO と呼んでよいと思います。

発行体が存在する仮想通貨

　一般に発行体・管理者が存在しないことがビットコインなどの仮想通貨の特徴の1つと言われますが，ICO は資金調達の手段ですので，発行体が存在しないとお金を調達する人もいなくなり，そもそも成り立ちません。そのため，ICO では資金調達者がトークンを発行することになります。つまり，発行体が存在するタイプの仮想通貨ということになります。多くの場合，発行体がトークンの流通量などを管理します。電子的な記録という意味ではブロックチェーン技術を用いて集団的に管理をするということもあるかもしれませんが，

発行体が存在するタイプの仮想通貨が利用されるのが ICO になります。

ICO の事例では，国や公的機関ではなくて，一般の民間企業が発行体になって資金調達を行うというのが一般的ですが，特殊な事例として，国が発行体となった ICO も存在します。具体的には，ベネズエラがペトロという名前のトークンを発行して資金調達を行った事例があります。

ICO の定義は？

ICO は法律で定義されているものではありませんので，論者によって何をICO と捉えるかは目線が違うこともあり得るわけですが，後述する金融庁が公表した資料の中では，ICO を「企業等が電子的にトークン：証票を発行して，公衆から資金調達を行う行為の総称」と定義しています。電子的なトークンが何かというのがなかなか説明しにくいですが，電子的に記録を行うデジタル通貨的なものを自分でつくり出して，そのトークンを販売することの対価を一般の人から徴収し，それによって資金調達を行うような取引が一般的に ICO と呼ばれているということになります。

株式とトークンの違い

資金を調達する一般的な方法として，銀行からお金を借りてくるという手段などと並んで，株式を発行して資金調達をするという方法（増資）もあります。株式は，会社法のルールの枠の中で処理され，株式を用いて資金調達を行い，多くの人に株式を販売しようという場合には，金融商品取引法の規制も適用されます。販売・勧誘する場面で情報開示の手続などのルールも存在し，法律や規制上の制約がそれなりにあります。

一方で，トークンは何なのかというと，実は法的にはよくわからない。トークン一般に対して規制を定める法律があるわけでもありません。株式のように明確に規制対象になるものと，お金を調達するために募集を行うことについて直接規制がかかっていないトークン，この2つを比べると，抽象的には，株式による資金調達の場合よりもトークンを用いた ICO による資金調達のほうが，柔軟な対価や手続によって資金調達が可能になるということが言えると思います。

もちろん，法的論点とは別に，そういったトークンを記録し，管理する技術を持っている必要があるわけですが，技術が備わっていれば，株式を発行する場面のように，情報開示の規制などのいろいろな規制がかかってくることはなく，したがって，ICO は，迅速・柔軟に資金調達を行うことができるのではないかということが言われています。

　ただ，個々のトークンの性質や条件次第ではいろいろな規制が適用されることになり，結論として，今の日本では，規制の関係で簡単には ICO を行えない状況です。

　また，トークンを持っている人がどんなメリットを得られるのか，どんな権利があるのかは個々の案件で区々になります。その結果，個々の ICO ごとに適用される規制も区々で，この点が IPO と違っています。株式も種類株式を発行すれば，ある程度自由に権利内容を調整できるのですが，会社法により，原則として株式を持っている人が会社の議決権を割合的に保有します。また，原則として，株主には配当をもらう権利があり，会社清算時には，残余財産の分配を得る権利も認められます。株式は基本的に法律によって一定の性質が決められているのです。

セキュリティ・トークンとユーティリティ・トークン

　このような状況は日本に限らないわけで，海外で実施される ICO でもいろいろな性質のトークンが発行されています。その中で株式やファンドに近く，お金を出した人に一定の事業の収益の分配がされるようなトークンのことは，一般にセキュリティ・トークン（Security Token）と呼ばれています。他方，ビットコインに近く，決済に利用できるものの，トークンを持っているからといって収益分配が得られることのない種類のトークンは，ユーティリティ・トークン（Utility Token）と呼ばれています。この 2 つに分類して，セキュリティ・トークンには株式やファンドと同じような規制がかかり，ユーティリティ・トークンには証券規制は適用しない，といった考え方がとられている国も存在します。

　もっとも，一概にユーティリティ・トークンといっても，その中にもいろいろな種類・性質のものが存在し，1 つ 1 つのトークンによってその内容は全然

違います。

ICO による資金調達額

　ICO は，日本ではあまり実施されていないのが現状ですが，世界，特にアメリカを見てみると，この１〜２年で，ICO により，大きな金額の資金調達が行われるようになっています。**図表6-1**の，一番上の EOS プロジェクトという名前の ICO の調達資金は42億ドル（１ドル110円換算でも約4,700億円）になります。２番目の Telegram という ICO の事例も17億ドル（約2,000億円）です。他にも100億円を超えるような規模の ICO が少なからず存在します。同じ図表の14番目，QASH は日本も対象として行われた ICO 事例ですが，この事例でも100億円以上の資金調達になっています。

　もちろん，株式発行や社債発行での資金調達などの伝統的な資金調達手法によるほうがはるかに大きな金額の資金調達が行われているのですが，ICO による資金調達手法も，市場関係者にとってあながち無視できない規模になっています。

　次に，ICO による資金調達の累積額をみていきましょう（**図表6-2**）。2015〜2016年あたりから ICO が姿を現し，2017年の半ばから2018年にかけて急激に ICO の取引量が増えています。ICO の事例が急激に増えていく時期は，仮想通貨の時価総額も大きくなっていくタイミングと重なっており，また，ビットコインではなく，イーサやその他大勢の仮想通貨の時価総額が仮想通貨全体の時価総額の中で占める割合が大きくなっていったタイミングも，ICO が増加するタイミングと同じでした。逆に言えば，新しい種類のメジャーではない仮想通貨の占める割合が大きくなった理由には，ICO による資金調達手法が広まったという背景があります。

第６章　ICO と金融規制　147

図表 6 - 1	発行額の上位の ICO 事例

No.	プログラム名	完了日	調達額（米ドル）
1	EOS	2018/06/01	4,200,000,000
2	Telegram	2018/03/09	1,700,000,000
3	TaTaTu（TTU）	2018/06/20	575,000,000
4	Dragon	2018/03/15	320,000,000
5	Huobi	2018/02/28	300,000,000
6	Filecoin	2017/09/10	262,000,000
7	Tezos	2017/07/13	232,000,000
8	Sirin Labs	2017/12/26	157,880,000
9	Bancor	2017/06/12	153,000,000
10	The DAO	2016/05/01	152,000,000
11	Bankera	2018/03/01	150,940,000
12	Polkadot（DOT）	2017/10/27	144,580,000
13	Orbs	2018/05/15	118,000,000
14	Qash（QASH）	2017/11/08	107,280,000
15	Envion	2018/01/14	100,000,000
16	KIT	2017/09/26	98,000,000
17	COMSA	2017/11/06	95,370,000
18	Status	2017/06/21	95,000,000
19	Paragon	2017/10/16	94,570,000
20	TenX	2017/06/24	83,110,000

（注1） 2018年9月末時点。
（注2） 一万米ドル未満切り捨て。
（原出所） coindesk.com（https://www.coindesk.com/ico-tracker/）
（出所） 金融庁「仮想通貨交換業等に関する研究会」（第8回）事務局資料。

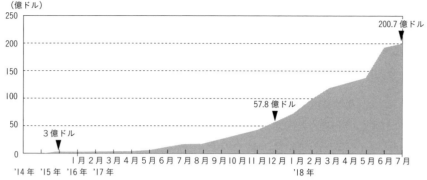

図表6-2 ICOによる累積資金調達額

(原出所) ICO：coindesk.com（https://www.coindesk.com/ico-tracker/）より金融庁作成。
IPO：EY Global IPO Trends 2107 4Q
(出所) 金融庁「仮想通貨交換業等に関する研究会」（第8回）事務局資料。

2　クラウドファンディングとICO

　ここで，ICOとクラウドファンディングとを少し混同するところもあると思いますので整理したいと思います。クラウドファンディングとは，crowd（一般大衆）とfunding（資金調達）を組み合わせた造語であり，一般的には，お金を必要としている資金需要のある人が，インターネットを通じて不特定多数の人から資金を調達する手法を広く意味する概念として用いられます。典型的にはそれほど大きくない金額を多数の一般の人から集める資金調達手法です。伝統的な資本市場の参加者とは異なる層の一般の人から資金を調達する手法として，クラウドファンディングが徐々に広まってきています。

　例えば，プロスポーツチームがスタジアムの改修費用やグラウンドを整備するためのお金をクラウドファンディングで集めたり，あるいは東京大学も一種のクラウドファンディングのようなことを行っていて，講堂の改修費用などを目的とする寄付を，卒業生・関係者だけではなくて，インターネットで一般の人に対して募集し，寄付した金額に応じて記念品がもらえたり，あるいは寄付者の名前をどこかに刻んでもらったりといった形のリターンがなされることも

あり，これらもクラウドファンディングの1つの類型です。

クラウドファンディングの類型

　図表6-3は，クラウドファンディングの模式図です。まず，お金を集めたい人が，インターネット上のクラウドファンディング用のプラットフォームを提供するウェブサイトを通じて一般の人に対して情報提供します。こんなすばらしいことに使うので，ぜひお金を出してほしい，お金を出してくれた人にはこんなリターンがありますと，インターネットを通じて一般の人に情報提供するわけです。インターネットを使うので，図や絵だけでなく，映像を使ったり，音声も含めた情報を提供したりすることも可能です。さらには，チャットや掲示板機能を利用して，資金の出し手と受け手の双方向でのコミュニケーションも可能になります。このようなコミュニケーションを通じて，資金を調達できるだけでなくお金を集めようとしている人の味方，応援してくれる人を増やす効果もあると言われています。

　クラウドファンディングにもいろいろなタイプがあり，その類型をまとめたのが図表6-4になります。「投資型」のクラウドファンディングは，拠出され

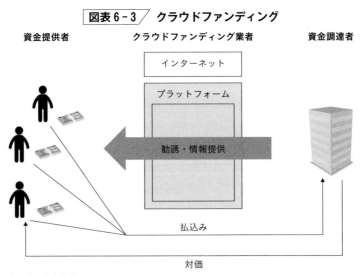

図表6-3　クラウドファンディング

（出所）筆者作成。

図表6-4	クラウドファンディングの類型
類型	資金提供者が取得する対価
投資型	資金調達者の営む事業からの収益の分配を受ける • 株式投資型：株式を取得 • ファンド型：ファンドの持分を取得
貸付け型	資金調達者から利息の支払いを受け，元本の返済を受ける
売買・役務提供型	資金調達者から物または役務の提供を受ける
寄付型	無償

（出所）　筆者作成。

たお金を集めて一定のプロジェクト・事業を行い，その収益をお金を出してく
れた人たちに還元するという仕組みがとられます。ファンドや株式への出資の
形でお金を出すというものが投資型のクラウドファンディングです。

「貸付け型」のクラウドファンディングというものもあります。お金を出す
側からすれば，お金を貸し付けて，利息を受け取り，いずれかのタイミングで
お金を返してもらうクラウドファンディングになります。

また，金銭的なリターンではなくて，集めたお金を使って物をつくったり，
ビジネスを始めて，物で資金調達者に返礼をする，あるいは始めたビジネスの
中で提供されるサービスを，お金を出した人が受けることができる，こんな
「売買・役務提供型」のクラウドファンディングも存在します。さらに，「寄付
型」のクラウドファンディングもあります。

ICOとクラウドファンディングの関係

ICOのトークンの販売・勧誘は，店舗での対面販売で勧誘がなされるので
はなくて，インターネット上で不特定多数の人を対象に募集が行われるのが一
般的です。すなわち，クラウドファンディングの手法によりお金を出した人に
対して，出したお金に見合うトークンが配られる，この意味では，ICOもク
ラウドファンディングの一類型と言うことができると思います。株式投資型の
クラウドファンディングでは，出したお金の対価として株式がもらえるわけで
すが，ICOでは，お金を出した人には対価として電子的なトークンが交付さ
れることになります。ただ，トークンの性質や機能，トークンを持っていると

第6章　ICOと金融規制　**151**

どのようなメリットがあるのかということは，個別の案件ごとにバラバラです。

クラウドファンディングとしての ICO の特質

　ICO で発行されるのは電子的なトークンは，多くの場合，仮想通貨取引所に上場されて，取引所を介して自由に売買できるようになることが予定されている，あるいは期待されています。

　この点，一般のクラウドファンディングでも，お金を出して対価をもらい，もらった対価を譲渡するということは可能です。例えば，酒蔵がクラウドファンディングを実施し，お金を出すとお酒が何本かもらえるという場合，もらったお酒をどこかで売りに出すこともできないわけではないですが，そのように対価物を転売をすることあまり想定されていないと思います。

　これに対して ICO で発行されるトークンは，その後うまくいかないケースも少なくないとは思いますが，基本的に電子的な手段で移転が可能であり，取引所での売買を通じて流動性を高くし，時価がついて，願わくはその時価がどんどん高くなっていくことを期待してトークンが発行されることが多いわけです。したがって，資金拠出者が取得した対価の流動性を高めることが期待されているという点は，一般的なクラウドファンディングとは異なる特徴と言えるでしょう。

┃ 3　ICO に関する規制の考え方

ICO の規制をめぐる経緯

　まず，現時点で，ICO に対する特別の規制は，日本の法令の中では存在しません。仮想通貨を自分でつくり出し，それを販売して資金調達する仕組みは，従来の日本の法体系の中で想定されていなかったわけです。そのような状況の中で，規制が適用されるかもしれないと思って ICO を思いとどまった人もいれば，ICO は規制の対象外であると考えて，ICO でお金を調達した人も出ていたのが2017年の半ばぐらいの状況でした。まともな ICO もあったのかもしれませんが，詐欺的なもの，あるいはお金は集めたもののプロジェクトが何も進まない，投資家からすると被害が生じたと言わざるを得ないような事例も

あったようです。

そこで，2017年10月に金融庁が「ICO について～利用者及び事業者に対する注意喚起～」という文書を公表し，一般的な注意喚起をする状況に至りました[1]。また，同年11月には，金融庁は，その後１年間の金融行政方針の中で，ICO に関して注意喚起などを通じて利用者保護を図っていくと説明しました[2]。ただ，この時点では，新しい法律をつくったり，既存の法律を改正して ICO を対象としたルールづくりということまでは考えておらず，従来の規制をうまく適用することで対処していこうとしていたように思います（図表 6 - 5 ）。

この後，日本の仮想通貨ビジネスの状況が変わってきます。直接 ICO とは関係しないものの，当時，仮想通貨取引所の大手の一角であったコインチェック社で，2018年１月に大量の仮想通貨の不正流出事案が生じました[3]。その後，コインチェック社のセキュリティの状態，ハッキングされてしまうようなシステムの脆弱性も問題視されたため，金融庁が他の取引所の検査も実施したところ，顧客保護やマネー・ローンダリング対応などの体制が整っていないとして，多くの取引所に行政処分が発令されることになりました。また，２～３月には，日本で仮想通貨交換業の登録を行っていない海外業者が，日本で仮想通貨に関するビジネスを行っていたことに対して，金融庁が警告書を発出した事例もありました[4]。

少し前向きな取り組みとしては，2018年４月に ICO に関するルールづくりについて，業界や学識者などの団体が提言のレポートを公表したり[5]，仮想通貨交換業界の自主規制団体が４月に設立され，10月からは実際に自主規制機関として活動ができる状況になりました[6]。

こうした中で，コインチェック社の不正流出事案などを念頭に置いて，2018

図表 6 - 5 　平成29事務年度金融行政方針の ICO 関連部分

　このほか，最近では，仮想通貨を利用した資金調達である ICO（Initial Coin Offering）が増加しているところ，ICO で発行される一定のトークンは資金決済法上の仮想通貨などに該当すると考えられ，その実態を十分に把握していく。また，詐欺的な ICO に対しては，関係省庁と連携して対応していくとともに，業界による自主的な対応の促進や利用者及び事業者に対する ICO のリスクに係る注意喚起等を通じて，利用者保護を図っていく。

（出所）　平成29事務年度金融行政方針（2017年11月10日公表）33頁。

年4月から，金融庁の「仮想通貨交換業等に関する研究会」での議論が始まり，現在（2018年11月時点）もまだその議論は続いています[7]。ルール・法令の見直しの議論の契機となったのは，仮想通貨取引所の体制の問題だけではなくて，レバレッジをかけた仮想通貨の証拠金取引や，仮想通貨による資金調達（ICO）など，従来想定されていなかった形で仮想通貨が取引に利用される事例が増えてきたこともあり，状況に合わせて法制度も見直すべきではないかということで議論になっているわけです。ただ，どのようなルールになるかは現時点ではまだ決まっていないので，制度改正の話は一旦置いておき，現行規制を ICO やトークンに適用するとどうなるのかという話をしたいと思います。

ICO の類型

　一概に ICO と言っても，個別の案件ごとにその内容はまちまちです。ICO の中で，特にトークンを取得した人がどのような権利を持つのか，トークンを持った人に対してどういうメリットが付与されるのか，という点を基準に分類をしてみたのが**図表6-6**になります。

図表6-6／ ICO の分類

トークンの保有者の権利による分類（※複数の機能を有することもあり得る）
- 仮想通貨型
  - トークンの保有者に特別の権利はなく，決済・交換に利用できるのみ
  - 会員権型
    - （一定数量以上の）トークンの保有者は，発行者の提供するサービスを利用したり，優遇措置を受けることができる（利用に際してトークンを費消しない）
  - 期待権型
    - トークンの保有者には将来的に何らかの恩典が提供されることが期待されているが，恩典の内容は確定しておらず，その実施も保証されていない
- 法定通貨型
  - トークンの保有者は，決済・交換に利用できるほか，法定通貨により当初の拠出額相当額の払戻しを請求することができる
- ファンド型（≒Security Token）
  - トークンの保有者は，発行者がトークンの対価により営む事業の収益の分配を受けることができる
- 商品券型
  - トークンの保有者は，発行者または特定の第三者の提供する商品・サービスの対価として，トークンを使用する（費消する）ことができる

（出所）　筆者作成。

仮想通貨型・会員権型・期待権型

　まず図表6-6の一番上の「仮想通貨型」ですが，トークンの保有者に特別の権利はなく，トークンを決済・交換に利用できるのみというものです。そのトークンで支払いしても構わないという人に対して決済のために利用することができるタイプのICOのことを仮想通貨型と呼ぶこととします。

　それから，仮想通貨型としての機能もあわせて期待されることが多いものですが，取引で利用できることに加えて，そのトークンを持っていることによってサービスを利用できる，一種の会員権のような機能を有しているトークンを用いたICOも存在します（会員権型）。例えば，トークンを持っていれば業者が提供するデータベースにアクセスできたり，あるいは業者がeコマースのために用意しているウェブサイトを利用できるといったICOです。

　3番目に，「期待権型」です。トークンの機能としては決済や通貨に利用できるだけですが，トークンを持っている人に対して，将来的には何かメリットを提供することを予定しますので皆さん期待してください，といったことが表明されるICOも存在します。ただ，期待されているだけで，法的にその恩典を受けることがトークンの保有者の権利として確定しているわけではありません。

法定通貨型

　ICOの類型というと少し語弊があるかもしれませんが，図表6-6の上から4つ目が，「法定通貨型」で，現金でトークンを買った人が，そのトークンを発行体に持っていくと現金に戻してくれるタイプです。トークンを渡す側からすれば，資金調達をしたにもかかわらず，自由にトークンをまた現金に戻せるということになりますと，資金調達そのものにはならないので，ICOの類型というのは適切ではないかもしれませんが，一種の電子マネーに近いものとして，現金とひもづいて処理をすることができるICO的な取引もありえます。

ファンド型

　ファンド型は，先ほど説明した，いわゆるセキュリティ・トークンのことで，トークンの保有者に対して一定の事業から生じる収益の分配がなされるもので

す。投資家がトークンという形でファンドの持分を持つことになるような ICO です。

商品券型

　最後に，「商品券型」ですが，お金を出してトークンを取得すると，そのトークンを一種の商品券や電子マネー，あるいは回数券のように利用できるタイプの ICO です。仮想通貨型のように，商品やサービスの対価として自発的に受け入れる人に対して一種の通貨として通用するということではなく，あらかじめ例えば 1 万円で商品券型のトークンを買ったならば，発行した人や加盟店との間でいつでも 1 万円分の商品やサービスと交換ができ，あるいは， 1 万円で買ったトークンで10回など一定の回数分のサービスを受けることができる権利がトークンに表象されているというものです。

その他の分類方法

　他の分類の方法として，投資家がトークンを取得するときに，金銭，すなわち日本円や米ドルなどの法定通貨を対価として拠出するタイプの ICO もありますが，むしろ多数派なのは，他の仮想通貨，典型的にはイーサやビットコインを対価とするというものです。このように，投資家が何を出すかでも分類できます。

　また，一旦トークンを取得した投資家が，そのトークンについて発行体に払い戻しを求めることができるかどうかによって分類することもできます。

　さらに，トークンが譲渡できるか，トークンが上場されるかどうか，といったトークンの流動性による分類もあり得ます。

4　ICO の類型ごとの規制の適用関係

仮想通貨型に対する扱い

　以上を踏まえて，類型ごとに規制の適用関係を見ていきたいと思います。一番典型的なのは仮想通貨型で，トークンが日本では資金決済法（資金決済に関する法律）上の「仮想通貨」に当たる場合があります。仮想通貨の要件として，

図表 6 - 7 に 1 号仮想通貨，2 号仮想通貨という 2 つの類型を示しています。1 号仮想通貨は，物品の購入や役務提供の代価の弁済のために，不特定の者に対して対価として使用できるということ，不特定の者を相手方として購入および売却を行うことができること（現金と交換できること），といった要件を満たすものです。

2 号仮想通貨は，不特定の者を相手方として 1 号仮想通貨の要件を満たすものと相互に交換を行うことができるものが該当します。例えば，取引所に上場されていて，その場で，不特定の人を相手にビットコインやイーサのような 1 号仮想通貨と取引・交換を行うことができるといったものも仮想通貨に当たることになっています。

ただ，いずれの場合も，日本円などの法定通貨とひもづいているものは，資金決済法上の仮想通貨には該当しません。

このため，ICO で発行されたトークンも，不特定の者を相手方として物の購入，サービスの提供を受けることに使用でき，かつ，現金と交換できる状態に至ったものは仮想通貨に該当することになります。また，他の 1 号仮想通貨と相互に交換できる状態に至った場合も仮想通貨に該当します。ただ，取引所に上場されて，ビットコインやイーサと交換できるような場合には，2 号仮想

図表 6 - 7	資金決済法上の仮想通貨の要件（資金決済法 2 条 5 項）

- 1 号仮想通貨
  ① (a)物品の購入，(b)物品の借受又は(c)役務提供の代価の弁済のために不特定の者に対して使用することができること
  ② 不特定の者を相手方として購入及び売却を行うことができること
  ③ 財産的価値であること
  ④ 電子機器その他の物に電子的方法により記録されているものであること
  ⑤ 本邦通貨及び外国通貨並びに通貨建資産(※)でないこと
  ⑥ 電子情報処理組織を用いて移転することができること
- 2 号仮想通貨
  ① 不特定の者を相手方として 1 号仮想通貨と相互に交換を行うことができること
  ② 1 号仮想通貨の要件のうち③～⑥を満たすこと

(※) 本邦通貨若しくは外国通貨をもって表示され，又は本邦通貨若しくは外国通貨をもって債務の履行，払戻しその他これらに準ずるもの（以下「債務の履行等」という）が行われることとされている資産をいう。この場合において，通貨建資産をもって債務の履行等が行われることとされている資産は，通貨建資産とみなす（資金決済法 2 条 6 項）

(出所) 資金決済法より筆者作成。

通貨には当たるということになると思いますが，いずれの類型もどこまでの状況に至れば仮想通貨と言えるほどの状況かというのは，法律上あまりはっきりしていないので，なかなか判断が難しいところです。

　トークンが資金決済法上の仮想通貨に該当する場合，そのトークンをつくり出す発行体が，投資家に対してトークンを販売する行為も，仮想通貨交換業の規制対象になり，金融庁の登録を受ける必要が生じる可能性があります。ただ，他の仮想通貨交換業者に対して，自分のつくった仮想通貨を売ってもらうよう頼む場合には，発行体自身は登録を受けなくてもよいと考えられています。

会員権型，期待権型の扱い

　会員権型，期待権型は，それぞれの性質自体は，規制対象になるものではないのですが，会員権型の機能を持ったトークンが，物を買ったり，仮想通貨取引所で自由に現金や他の仮想通貨と交換できる状況になると，会員権型のトークンも資金決済法上の仮想通貨に該当する可能性が出てきます。また，期待権型のように，それ自体，法的には何の権利も認められないものは，規制の対象になっていないわけですが，こちらも流通性が高まったりしてくると資金決済法の仮想通貨の規制の対象になってくる可能性があります。

法定通貨型の扱い

　法定通貨型のように，現金とひもづいているトークンは，資金決済法上の概念では通貨建資産となり，仮想通貨には該当しません。そこで，例えば一旦1万円で買ったトークンを発行体のところに持っていくと，1万円で払い戻す仕組みになっている場合，仮想通貨には該当しないことになります。

　ただ，このような取引は，結果として1万円を発行体に預けて，発行体から1万円を返してもらうのと同様になり，預金とも似ています。また，最初に発行体からトークンを買った人がトークンを譲渡した後，トークンを譲り受けた人が発行体から1万円の払戻しを受けることになると，その間に介在している発行体の行為は，資金移動・為替取引にも見えるわけです。そこで，出資法（出資の受入れ，預り金及び金利等の取締りに関する法律）に基づく預り金規制や，銀行法・資金決済法に基づく為替取引規制の対象となる可能性があります。こ

ういった行為は，基本的には銀行しか認められておらず，為替取引については，一定の少額取引に限って資金決済法に基づく資金移動業という規制の中で認められる可能性もあるわけですが，そういった規制の対象にならないかということが論点になります。

ファンド型に対する扱い

　一般に，ファンドには，金融商品取引法の集団投資スキームの規制が適用されます。ファンド型のトークンが金融商品取引法の集団投資スキームの要件を満たすことになると，発行体がそのトークンの募集を行うことについては，金融商品取引業の規制対象になります。

　少し細かい議論ですが，金融商品取引法の集団投資スキームの規制は，金銭の出資と募った上で，集めたお金でビジネスないし事業を行って，その収益をお金を出してくれた人に還元する，こういった仕組みが規制対象になります。ここで，ファンドに出資をするときに，金銭ではなくて仮想通貨で出資をする場合は，金融商品取引法の規制の対象には条文上ならないことになっています（**図表6-8**）。そのため，例えば，ビットコインでの出資を募って，そのビットコインを運用するファンドは，金融商品取引法の条文上は規制対象になっていないことになります。規制の潜脱的な行為は認められないわけですが，少なくとも今の法令の文言上は，仮想通貨を出資するファンドが金融商品取引法の規制から外れてしまっている状況にあります。

図表6-8 ／ 集団投資スキーム持分の要件（金融商品取引法2条2項5号）

- 権利を有する者（出資者）が金銭等を出資または拠出すること
- 出資または拠出された金銭等を充てて事業（出資対象事業）が行われること
- 出資者が出資対象事業から生ずる収益の配当または当該出資対象事業に係る財産の分配を受けることができる権利であること

（出所）　神田秀樹・黒沼悦郎・松尾直彦編著『金融商品取引法コンメンタールⅠ―定義・開示制度〔第2版〕』（商事法務，2018）64頁〔松尾直彦〕。

第6章　ICOと金融規制　159

図表6-9	前払式支払手段の要件（資金決済法3条1項）

- 金額等の財産的価値が記載・記録されること（価値の保存）
- 金額・数量に応ずる対価を得て発行される証票等，番号，記号その他のものであること（対価発行）
- 代価の弁済等に使用されること（権利行使）
- ※ これらの要件を満たす場合であっても，使用できる期間が発行日から6か月内に限られている前払式支払手段については，資金決済法の規制が適用されない（資金決済法4条2号，資金決済に関する法律施行令4条2項）

（出所） 高橋康文編著『逐条解説資金決済法〔増補版〕』（きんざい，2010）65・66頁。

商品券型に対する扱い

　商品券型，すなわち商品券や電子マネーのような性質を有するトークンについては，資金決済法の中で前払式支払手段ということで発行体に一定の規制が適用される可能性があります（**図表6-9**）。前払式支払手段に該当すると，発行体に届出か登録の手続が必要になる場合があり，預かっているお金の一定割合を供託などの方法で保全しなければいけないといった規制が適用されます。なお，前払式支払手段に該当すると，仮想通貨には該当しないという解釈が金融庁から公表されています。

情報開示規制の適用ほか

　ICOでトークンを発行する者に適用される規制という意味では，ここまでに説明してきた業規制に加えて，情報開示規制も問題になり得ます。今の日本法の枠組みの中では，ICOのトークンを発行することに対して，株式発行時のような情報開示規制は基本的に適用されないことになっています。例外的に一部のファンド型のトークンには金融商品取引法に基づく株式と同じような開示規制が適用される可能性もあるのですが，極めて例外的な場面かと思います。また，インサイダー取引規制や相場操縦規制のような，トークンの不公正な取引を抑止する規制も，今の日本の法律上の枠組みの中には存在しません。

5 ICOに投資する側の視点

　最後に，ICOにお金を投資する側がどのようなことを考慮すべきかという

ことを，少しだけご説明したいと思います。

　すでに説明してきたとおり，一概に ICO といってもトークンを取得した人にどのようなメリットがあるのか，どのような権利が付与されるのかは，個々の事案によって異なります。特に，先ほど説明した類型の中で，仮想通貨型や期待権型のトークンは，法的には保有者に何の権利も認められないわけです。e コマースの場で使えるかもしれない，対価として受け取ってよいという人がいれば使うことができるだけです。期待権型の ICO で，集めたお金ですばらしいプロジェクトを行うことが発行体によって表明されていても，トークンの保有者にそのプロジェクトを行わせる権利があるかというと，そうでもないわけです。また，そのプロジェクトの中でメリットを受けることがトークンの保有者に権利として認められているわけでもありません。このため，トークンに投資をしようとする場合には，そもそもその価値は何なのかということを検討して投資をするということが必要になるわけです。

　会社が株式を発行して資金を調達した場合，会社はそのお金を使って事業を営み，会社法に従って株主には収益を分配し，最終的に極端な場面では会社を清算して残余財産が配られる仕組みになるのですが，法令上，トークンにはそのようなことも一切保証されていません。調達したお金でプロジェクトが実施されても，そのプロジェクトとトークンは，法的にはひもづいているとも限らないわけです。すなわち，プロジェクトの収益がトークンの保有者に分配されるわけでもなく，お金を集めてプロジェクトはうまくいったのだけど，トークンを持っている人には何の実入りもないということも考えられます。

　ICO で発行されるトークンの中には，償還や買戻しの仕組みが備わっていて，一定の場合には現金化できる，あるいは他の流動性が高い仮想通貨と交換できるというものもあるかもしれませんが，そうでない ICO では，結局，投下資本は市場での売却によって回収するということが想定されるわけです。ところが，トークンが本当に取引所に上場されるか保証されていないわけですし，上場されたとしても，日々取引ができるほど流動性が高まるのかもよくわからないわけです。さらには一旦上場されたとしても，その上場が維持されるのかどうかも確保されていません。ICO に投資をしようとする人は，このような不確定要素も踏まえながらお金を出すかどうかを判断しなければならないのです。

第 6 章　ICO と金融規制　**161**

先ほどご説明したとおり，トークンの性質に応じて規制の適用関係も違ってきます。また，法制度の見直しも進んでいるので，規制や法令の適用関係も簡単ではありません。基本的に資金を調達する側の問題ではありますが，ICOでトークンを購入する側としても，適法に販売されているものなのかは最低限見ていかないといけないと思います。

また，実務的には，ICOの場面では，ほぼ必ずトークンの発行体がホワイトペーパーと呼ばれる説明資料をウェブサイトで公表しています。そういった説明資料は公表されるのですが，法令上，情報開示について何かルールが定まっているものではありません。投資家に有用な情報が詳細に書いてある丁寧なホワイトペーパーもあれば，投資判断のために意味のあることは何も書いていないホワイトペーパーもあります。ホワイトペーパーに書いてあることが間違っていたらどのような法的責任を負うかについても特別のルールも存在しないので，投資家はせいぜい民法の不法行為責任を追及するといったことで自分の権利を守るしかないというのが今の状況です。株式の募集における有価証券届出書の虚偽記載があった場合について，金融商品取引法上，責任に関するルールが定められていることなどとは大分状況が違います。加えて，税務面や会計面のルールの整理もこれからですし，統一的なルールをつくることもなかなか難しいのかもしれません。

ということで，ICOについては，現行法でもいろいろな規制が適用される可能性があり，個々の取引を見てそういったことは判断していく必要があります。その上で，ルールとして必ずしも十分でない部分もあるということをご紹介しました。

●質疑応答

Q1 例えば非上場のスタートアップ企業などが資金調達する際に，シードやシリーズAはエクイティで調達して，シリーズB以降をICOで調達する場合は，現在の法制度に照らして，その後，証券取引所などで普通に上場することは可能でしょうか。

理論的には可能です。過去に ICO を行った会社が上場できないという
ルールがあるわけではありません。ただ，どのような ICO を実施した
かによって，企業の財務状況への影響も大分違ってくる上に，そもそも ICO
を適法に行っていたのかどうかは問題になってきます。いざ上場時に，過去に
何十億円と調達した ICO が，実は違法だったということになると，うまく是
正をしないと上場が認められないことがあり得ます。また，トークンによって，
財務的に大きなインパクトが生じてしまった場合，財務状態として上場に適し
ているかどうかも問題になり得ると思います。

　一般論として，上場ができなくなることはないものの，将来上場に大きなマ
イナスの方向での影響が生じる可能性もあることを踏まえて ICO を実施する
ことの当否を考えるべきといえます。

Q2 もし訴訟が起きて仮想通貨を引き渡せとなったとき，強制執行することがあると思いますが，動産の引き渡しにしても，間接強制にしても，実効性がないと思うのですが，どのような法的対策が考えられるでしょうか。

結論として，現状，特に法的対策はありません。強制執行が事実上，で
きないのはそのとおりです。現金を支払えというものに対しては，場合
によっては物として存在する札束を差し押さえるということもできるかもしれ
ませんし，銀行預金があればその口座の払戻債権を押さえて預金を移すという
ことは，債務者の協力がなくてもできます。仮想通貨についても，パスワード
を書いた紙を差し押さえて，動産執行するということはできるのかもしれませ
んが，このパスワードを暗記してしまって，記載した物がないような場合には，
その人に聞くしかなくなるわけです。間接強制ということで，パスワードを知
らせなければ罰金を科すことはできるかもしれませんが，もともと強制執行し
ようとしていて，お金がない場面だと思いますので，実効性も乏しい場合が多
いでしょう。結局，仮想通貨を対象として強制執行することは，現時点では容
易ではないと思います。

　ただ，ここまでの説明はあくまでも債務者が自分でビットコインなどの仮想
通貨を管理している場合であり，そうではなくて，例えば取引所や第三者に仮

第 6 章　ICO と金融規制　163

想通貨を預けるような構成をとっている場合には，取引所や第三者から仮想通貨を渡してもらう債権を観念できるはずなので，その債権について強制執行することができます。その場合，最終的なパスワードは取引所が把握しているので，そのパスワードを使って債権者のほうに仮想通貨を移すということは可能だと思います。

Q3 ICO の利用者保護規制を有価証券取引並みに整備した場合，ICO が持つメリットが大分失われてしまうのではないでしょうか。

A まず大前提として，現行の日本の規制の枠組みでも，トークンが仮想通貨に当たる可能性が高く，金融商品取引法の規制の対象にはならないものの，仮想通貨交換業の規制対象になる可能性があるため，日本では ICO は非常に行いにくい状況にあります。

　今後の法改正で，金融商品取引法に規制を移していく中で，今の資金決済法の規制がかからなくなる領域が増えていくと，規制が強化される部分もあれば緩和される部分もあるので，結果として ICO がやりやすくなる面も出てくるかもしれません。また，利用者保護のルールが整備されることで，今までは恐ろしくて投資できなかった人も投資しやすくなる面も出てくる可能性もあると思います。今後，日本で ICO が広まるかどうかは，結局，金融商品取引法の規制を課すとしても，どの範囲のものに課していく想定なのかによって全然姿は変わってくると思いますので，現時点では ICO の利用が広がる可能性も狭まる可能性も両方あると言わざるを得ません。

Q4 ICO では投資家がイーサで払い込むことが多いため企業が国境を越えて資金調達するハードルがかなり下がったと理解したのですが，マネロンや租税回避の規制で見られるように，ICO にもグローバルベースでの規制が必要になるのではないでしょうか。

A 日本で資金決済法の改正により仮想通貨交換業の規制が導入された要因の1つは，仮想通貨について，マネー・ローンダリングの防止，あるい

はテロ資金への利用を抑止するための法制度を各国で取り入れるべきだという国際的な議論がなされたという経緯がありました。現時点でも，仮想通貨に関するルールがまだ備わっていない国のほうがむしろ多数ではないかと思いますが，国際的なコンセンサスはすでに存在しており，スピード感は各国まちまちですが，そういった方向で規制を整えていくと思います。

　一方で，ICO を見ると，各国によって ICO の発行体に課せられる規制の考え方は全然違いますし，そもそも ICO を全面禁止している国もあり，国際的にルールはそろっていません。技術的にはトークンあるいは仮想通貨によって国境の影響を受けずに資金調達することが可能な枠組みはできているものの，実際はどの国の投資家に勧誘してよいか，この国はよくて，この国はダメみたいなことは細かく検討していかなければならないことになっています。全世界を対象に ICO を行う場合，すべての国の規制状況を調査して勧誘しないと，どこかの国で違法となるかもしれません。

　日本では，資金決済法の規制もあって，ICO でトークンを投資家に販売・勧誘することは基本的には難しいというのが現状です。その結果，例えば東南アジアの国で ICO を実行しようとするときには，必ず日本の投資家からの払い込みを受けないよう，申し込みをした人がどこの国に居住しているかチェックして，日本の居住者から投資したいという申し込みがあれば，それは断るような仕組みが備わっていないと日本の規制に違反しますということをわれわれはアドバイスすることもあります。また，日本の関係者がアジアや海外で ICOをしようとするときには，日本，中国とあといくつかの国の居住者からは投資を受けない，それ以外の国の居住者だと確認できた場合だけトークンを販売するということが実際に行われています。そういう意味では，せっかく技術的にグローバルに資金調達ができるような枠組みはありながら，規制や法制度の関係で国境ができてしまっているという評価はできるかと思います。

第 6 章　ICO と金融規制　165

Q5 ファンド型 ICO では，①投資家の拠出が仮想通貨である場合には，金融商品取引法の規定上，集団投資スキーム持分に該当しない可能性がある一方で，②実質的に法定通貨と同視される場合には金融商品取引法の取引の規制対象となると明示されている，と思いますが，政令等を改正する予定はないのでしょうか。

A まず，金融商品取引法2条2項5号の金銭等の「等」については，ご指摘のとおり政令指定になっていて，今の政令では仮想通貨は対象として定められていません。政令を改正して，そこに仮想通貨を加えれば，ビットコインやイーサを出資するようなファンドも金融商品取引法の規制の対象になるというのはそのとおりです。2017年10月に金融庁が注意喚起を公表して以降も，今のところ政令の改正は行われていません。

　一方で，金融庁の注意喚起のとおり，金銭の出資と実質的にみなせるような状況であれば，形式的には仮想通貨で出資をしていても金融商品取引法の規制の対象になることはあり得ます。例えば，ファンドを募集する人が，一緒にビットコインと現金の交換も行っていて，現金を渡すとビットコインにしてもらって，そのビットコインをセキュリティ・トークン，つまりファンド型のICO に出資をする，これを1つのボタンクリックでできてしまうようになれば，形式的にはファンドに出資されているのはビットコインかもしれませんが，お金を出す側からすれば，実質的に現金を拠出していることにほかならないので，金融商品取引法の規制の対象になるという解釈も十分できると思います。こういった解釈で，問題があるファンド型のトークン，あるいはセキュリティ・トークンについて取り締まっていくというのが当面の金融庁の発想なのかなと思いますが，それで十分かどうかも含めて，今後ルールのあり方を考えていくのだと思います[8]。

Q6 発行されるトークンが仮想通貨に該当するかどうかをどの段階で誰が判断するのでしょうか。現在は自主的な申し出や事後的摘発という形でしか規制ができていないと思います。事後的規制だと企業・投資家にも不利益で，結局，それが ICO をやりにくくさせていると思いますが，事前規制の導入があり得るのでしょうか。

A 実務的な対応としては，ICO を実施するのに先立って，トークンを発行することが果たして仮想通貨交換業の対象になるのかどうかを金融庁に照会をします。照会を行うと，将来上場することを想定しているのであれば，当初からトークンは仮想通貨に該当するという考え方が金融庁の基本的な解釈のようです。個別に見れば，良い ICO，悪い ICO と分けられるのかもしれませんが，そこの線引きが難しい。実際，ICO で詐欺的取引があるのは残念ながら事実なので，そういったものが特に規制もかからずに実施されてしまうことにならないよう，保守的な運用を金融庁は行っているのではないかと思います。

　もともと仮想通貨交換業の規制は，典型的にはビットコインのような仮想通貨の売買を念頭に置いて整備されており，ICO の場面で新しい種類の仮想通貨をつくり，販売して資金調達をする取引の状況とは全然違います。この2つを同じ規制で取り締まろうとしていることが，ルールとして無理を生じさせているのかもしれません。だからといって，トークンの発行体に一律に何の規制もかけずに ICO が実行できてしまってよいとも思えませんので，情報開示の規制などを課すことがあり得ると思います。もっとも，今の状況は，株式発行により資金調達をするときの証券会社に対する規制を，株式を発行して資金調達する発行会社にも同じように課してしまうのと，発想が同じになってしまっているので，少しおかしなことになってしまっているのだと思います。ICO が日本で行いにくくなっているということが結果的に投資家被害を抑止している面もあるのかもしれませんが。

第 6 章　ICO と金融規制　167

Q7

今，ICO を行っているのはベンチャー企業だと思いますが，普通の株式会社が，例えば種類株式で取得請求権付株式を発行して，株式を取得請求して，かわりに対価として例えばトークンを発行するような企業はあるのでしょうか。中には，議決権は不要だが，取引はしたいという人も結構いると思いますが，普通の株式を発行している企業がトークン発行も行おうとしているところはあるのでしょうか。

A 理論的な可能性としてはあると思います。ただし，株主が，株式のかわりに仮想通貨的なもの，それも一定の範囲でしか使えない仮想通貨的なものに交換するメリットを感じるような仕組みができる，という前提であればあり得るということです。例えば，e コマースの会社が，自己株取得の対価として，運営している e コマース市場でそれなりに使えるようになった仮想通貨を現金のかわりに渡すという取引は，将来的には出てきてもおかしくないと思います。

ただ，今，海のものとも山のものともつかない新しい種類の仮想通貨を株式と交換すると表明しても，それに応じる株主がどれぐらいいるかということを考えると，ICO として新たに発行されるトークンを自己株取得で用いることは馴染まないかもしれません。先ほどの e コマースの会社の例で言えば，ある e コマースのサイトで使えるような仮想通貨をあらかじめ発行しておいて，その仮想通貨が十分に使われるようになった状況で，現金対価での自己株取得のかわりに当該仮想通貨での自己株取得をするという取引は，将来出てきてもおかしくはないと思います。今現在，少なくとも日本では，そういう動きはないと思いますが，将来的には，仮想通貨の使われ方が広まっていくと，株式が現金に替わるよりは仮想通貨をもらったほうがありがたいという人が増えてくる可能性もあるのではないでしょうか。

（2018年11月14日講義）

◉注

1 2017年10月27日に金融庁が「ICO（Initial Coin Offering）について〜利用者及び事業者に対する注意喚起〜」を公表。

2 平成29事務年度金融行政方針（2017年11月10日公表）。

3 2018年1月26日：コインチェック社から大量の仮想通貨 NEM が不正流出。同年1月29日：コインチェック社に対する行政処分の発令。

4 2018年2月13日：Blockchain Laboratory Limited に対する警告書の発出，同年3月23日：Binance に対する警告書の発出。

5 2018年4月5日：多摩大学ルール形成戦略研究所「ICO ビジネス研究会」が ICO のルール形成に関する提言レポートを公表。

6 2018年4月23日：一般社団法人日本仮想通貨交換業協会設立，同年10月24日：認定資金決済事業者協会の認定取得。

7 2018年12月，「仮想通貨交換業等に関する研究会」は報告書を取り纏めて公表しました。報告書の提言を受けて，資金決済法上の「仮想通貨」の呼称を「暗号資産」に変更し，暗号資産に関する資金決済法および金融商品取引法の規制を整備したり，収益分配を受ける権利が付与された ICO トークンに関する開示規制や販売・勧誘規制を整備したりすることなどを内容に含む「情報通信技術の進展に伴う金融取引の多様化に対応するための資金決済に関する法律等の一部を改正する法律案」が2019年3月15日に国会に提出され，5月31日に成立しました（2019年5月時点）。

8 2018年12月「仮想通貨交換業等に関する研究会」報告書において，「購入の対価が私的な決済手段である仮想通貨であったとしても，法定通貨で購入される場合とその経済的効果に実質的な違いがあるわけではないことを踏まえれば，仮想通貨で購入される場合全般を規制対象とすることが適当と考えられる。また，このことは，トークン表示権利の購入に限らず，集団投資スキーム持分の購入についても，同様に妥当するものと考えられる」と指摘されており，注7のとおり，この提言を受けた改正法が成立しています（2019年5月時点）。

第**7**章
M&A の
法的・公共政策的な課題と論点

●本講のねらい

第Ⅱ部では，資本市場に関する論点やトピックを扱い，その第1回テーマとして，M&A を取り上げます。最近の大手法律事務所では，M&A 案件が大きな比重を占めており，将来の法曹を目指す学生にとって，M&A の一端に触れておくことは意義があります。本講では，最近の M&A における法的・公共政策的な課題と論点について明らかにします。

●本講を通じて得られる示唆

M&A で最も重要なことの1つは税務・法律事項ですが，わが国では，税務・法律上の問題により，一部の M&A はあまり行われていない現状があります。スピンオフ，三角合併，キャッシュマージャー，混合対価といった現在の企業活動を支える手段について，何が問題なのか，どう解決すればいいのか，という論点と課題に対する考え方を得ることができます。

●Navigator

田村 俊夫（たむら　としお）

一橋大学大学院経営管理研究科教授，みずほ証券株式会社客員上級研究員。東京大学法学部卒業。ハーバードロースクール LL. M. 修了。1989年ニューヨーク州弁護士登録。1986年日本興業銀行入行。世界銀行グループ IFC，みずほ証券アドバイザリー第1グループ部長，投資銀行第7部長，経営調査部上級研究員等を経て2017年より現職。

1 組織再編税制の概要と問題点

実は，私は10年前にもこの講義にお招きいただいたことがあって，日本の上場企業が関与する M&A について，日本の法制度には公共政策の観点からみてどういう問題があるかについてお話ししました。問題意識としては，国民経済的にみて価値創造的な組織再編，M&A が，法制度が邪魔をしているせいで実施困難になっていないかということです。この質問に対する答えはイエスで，特に，組織再編税制が問題です。それから10年経ちましたが，当時指摘した問題の中には解決したものも未解決のものもあります。今日は，その中から解決したものとしてスピンオフ税制，未解決の問題として三角合併とキャッシュマージャー，混合対価を中心にお話ししたいと思います。

株主課税と企業課税

組織再編税制において非常に重要なポイントは，株主課税と企業課税です。例えば，吸収合併の場合，消滅会社の株主は存続会社の株式を受け取って，法人格が一緒になります。消滅会社の純資産の簿価が200億円だったのが，時価が300億円と評価されれば，消滅会社の株主は存続会社の株式300億円分を受け取ります。この吸収合併は，税務当局の目にはツーステップ取引に見えます。まずファーストステップで，存続会社が消滅会社の資産を，株式を対価に全部買う，つまり200億円のものを300億円で買います。ここで消滅会社は100億円の利益を上げたとみなせるので，原則として課税対象と考えます（企業課税）。すなわち，ビルトインゲイン課税（含み益課税）です。次に，セカンドステップで，消滅会社が受け取った300億円分の存続会社株式を株主に分配したとみなします。ここでまた税金を取ろう（株主課税）ということで，企業課税も株主課税も起こるのが原則です（**図表 7-1**）。

しかし，消滅会社の株主は，株式を交換しただけで現金は全然もらっていないのに，税金を払えと言われたら困ります。2つの会社が一緒になるだけなのに，消滅会社の含み益に課税されるのでは割に合いません。これでは合併が起こらなくなるので，税務当局が「適格」と認めたものについては，課税を繰り

図表 7 - 1　組織再編における企業課税と株主課税のイメージ

原則
- 株主課税：株主のキャピタルゲインに課税
- 企業課税：被買収企業の資産含み益に課税

例外「課税繰り延べ措置」
- 株主課税：主に対価が株式のときに一定条件下で課税繰り延べ（現金対価の場合は株主課税は当然）
- 企業課税：組織再編税制の要件を満たす場合に資産含み益課税を繰り延べ

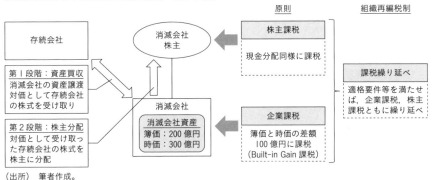

(出所)　筆者作成。

延べることにしています。では，どのような場合に課税を繰り延べるかという政策判断があり，ここがM&A促進上重要なポイントです。

日米の組織再編税制の違い

　日本とアメリカの組織再編税制を比較すると，課税繰り延べを認める条件が違っています（**図表 7 - 2**）。日本の組織再編税制の特徴は，1つは100％株式対価でないと課税繰り延べが認められないことと，もう1つは，アメリカ税法にはない，「企業による支配の継続」という独自の要件を加えたことです。要は企業グループ内から資産が飛び出したら適格とは認めないということです。しかも，この「企業による支配の継続」を満たす場合は非常に限定的で，2つしか認められていませんでした。1つは企業グループ内の再編成です。もう1つが，共同事業を営むための組織再編成で，これがM&Aです。なぜ，この2つしか認めていないかというと，それは論理的に導き出されるものではなくて，ルールを導入したとき，そういう政策判断をしたということです。

図表7-2　組織再編税制の日米比較

米国の主要適格条件
- 株主による投資の継続（Continuity of Interest）
  - 対価の**一定比率以上**が株式：吸収合併50％以上，逆三角合併80％以上
  - 非適格でも，逆三角合併は株式取得とみなされ，企業課税なし
    » 吸収合併，順三角合併と異なり買収対象資産を包む法人格に変化なし
- **事業の継続**（Continuity of Business Enterprise）
  - 買収対象事業の継続ないし買収資産の他事業における活用

日本の主要適格条件
- 株主による投資の継続
  - 対価は100％株式のみ
  - 非適格の場合，株主課税のみならず企業課税もあり
    » 株式交換のように法人内の資産の変化がない場合も
- 企業による**支配の継続**（適格要件）
  - グループ内再編か共同事業のための再編のみ

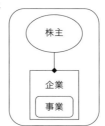

（出所）　筆者作成。

　では，課税繰り延べが認められず非適格になったら何が起こるのでしょうか。アメリカの場合には非適格になれば株主課税は行われますが，企業課税は必ずしも行われません。しかし，日本の場合には，非適格になると，株主課税だけではなく，企業課税，つまり含み益課税も行われます。日本でも株式買収や事業買収の場合には，株主課税と企業課税のどちらかはあって，もう一方はないのが普通です。ところが，組織再編の場合には，「オール・オア・ナッシング」のパターンしかないのです（**図表7-3**）。

図表7-3　売り手側税務のイメージ

	株主課税	企業課税	備考
株式譲渡	あり	なし	売り手＝株主は現金を受け取るので，そこから税金を支払えばよい
事業譲渡	なし	あり	売り手＝企業は現金を受け取るので，そこから税金を支払えばよい
合併	適格→なし（繰延べ） 非適格→あり		株式対価の場合，売り手側の株主も企業も現金の受け取りがないので，課税されると現金の持ち出しになる
株式移転			
株式交換			
会社分割			

（注）　極めて簡略化されたイメージであり，制度の詳細はかなり複雑。また，上記以外にも消費税等，さまざまな税制を考慮に入れる必要がある。
（出所）　筆者作成。

これから，組織再編税制が価値創造的な M&A の阻害要因となっている，あるいはなっていたもののうち特に重要なものとして，スピンオフ，三角合併，キャッシュマージャー，混合対価について見ていきたいと思います。

2 スピンオフ

スピンオフとは，1つの会社が独立した2社に分かれるものです。社会に存在する経営資源には，環境変化に応じて，統合したほうがよいこともあれば，分離したほうがよいこともあります。税制は経済活動に対して中立的であるべきですが，日本の場合，くっつくほう（合併）は課税繰り延べなのに，分かれるほう（スピンオフ）は課税されるというように，中立的ではありませんでした。株主課税も企業課税も行うからスピンオフは実質できないという状況になっていたわけです。

代表的なスピンオフの手法（米国）

スピンオフには，1段階型と2段階型があります。1段階型というのは一気にスピンオフする場合です。アメリカの場合，スピンオフは子会社株式の現物配当という形態をとっています。子会社の株式100％を全部株主に配当すると，もともとの親会社は子会社と資本関係がなくなります。普通は事業部門をスピンオフすることが多いので，一旦法人化して，資産・事業を移しておいて，その子会社株の現物配当を行います。日本でも，会社法上はどちらも問題なくできますが，税制の問題で事実上実施が困難になっていました。

次に，2段階型の場合は，第1段階で子会社を上場します。アメリカの場合には大体19.9％子会社の株式を売り出します。なぜ19.9％かというと，2段階目のスピンオフで課税繰り延べを受けるためには，スピンオフの直前で80％以上の株式を持っていないといけないからです。だから，1段階目でまず子会社を上場会社にする。そして，2段階目で株式を配当するというものです。昔は2段階型も多かったのです。一気にスピンオフを行うと，儲かっている会社を対価ゼロで株主に分配し，自分の手元にはお金は全く入ってこないためです。ただ，今は1段階型のほうが主流になっています。

第7章　M&A の法的・公共政策的な課題と論点　175

図表7-4 最近の主なスピンオフ事例

2014年	ヒューレットパッカード〔米〕：法人向け事業（Hewlett Packard Enterprise） イーベイ〔米〕：オンライン決済事業（PayPal） バイエル〔ドイツ〕：プラスチック事業（Covestro） エーオン〔ドイツ〕：火力発電事業（Uniper）
2015年	アルコア〔米〕：川下事業（Arconic） ダウケミカル，デュポン〔米〕：経営統合後，企業3分割
2016年	ゼロックス〔米〕：ビジネスサービス事業（Conduent） バイオジェン〔米〕：血友病事業（Bioverative） シーメンス〔ドイツ〕：ヘルスケア事業（Siemens Healthineers）
2017年	ハネウェル〔米〕：自動車部品事業（Garrett Motion），住宅設備事業（Resideo） CNXリソーシーズ〔米〕：石炭事業（CONSOL Energy）
2018年	ノバルティス〔スイス〕：眼科用医療機器事業（Alcon） APモラーマースク〔デンマーク〕：掘削事業 ティッセンクルップ〔ドイツ〕：工業部門（Industrials）と素材部門（Materials）に分割 フィアットクライスラーオートモービルズ〔オランダ〕：自動車部品（Magneti Marelli）

（出所）　筆者作成。

スピンオフの事例

　実際の事例としてヒューレットパッカードをみてみます。ヒューレットパッカードの主要事業は，パソコン・プリンター事業と法人向けハードウェア・サービス事業で，売上も同じぐらいでしたが，会社をその2つに分割して，2つの独立上場企業になりました。このようなスピンオフは，近年，アメリカでもヨーロッパでも，盛んに行われています（**図表7-4**）。

日本のスピンオフ税制の問題と税制改正による対応

　主要国のほとんどでは，スピンオフは一定要件を満たせば課税が繰り延べられますが，日本では従来，スピンオフは組織再編税制で適格とならなかったため，株主課税も企業課税も課されていました。なぜ適格にならないかというと，子会社もしくは事業部門の資産が企業グループの外に飛び出すので，「企業による支配の継続」要件が満たされなかったからです。単に1つの会社を2つに分けるだけで株主も企業も課税されるのでは，いくら会社法上は可能でも，誰もスピンオフを行う人はいません。

　これはおかしいのではないかということで，結果的に経済産業省が頑張って

平成29年度税制改正により，従来，グループ内再編と共同事業の2つしかなかった適格要件に，3つ目の類型としてスピンオフを追加しました。これにより，日本でも課税繰り延べのスピンオフが可能になりました。

なぜ日本でスピンオフが起きないか

しかし，税制改正後も今のところ日本ではスピンオフは1件も起きていません。なぜ日本でスピンオフが起きないのでしょうか。それは，伝統的な「企業本位制」の発想のためだと思われます（図表7−5）。

例えば，今，事業A，事業Bがあって，この2つは非常にシナジーがあるが，事業Cはシナジーがない。それぞれの価値が10だと，合わせて企業の価値は30です。経営者はA・Bのことは熟知しているが，Cはあまり知らない。しかし，経営者（取締役会）は，A，B，Cすべてについて受託者責任を負うので，たとえ分社化してもCに勝手にやらせるわけにはいかない。そうすると，Cもなかなかポテンシャルを伸ばせない。他方，このCをスピンオフすると，事業Cの価値は13まで上がる。元の会社の経営者は，事業A・Bに専念できるので，これも少し上がって11，11になる。株主からみると，1枚の株券が2枚に分かれて，その価値が30から35に上がります。株主はこれをやってほしい

図表7−5　スピンオフとコーポレートガバナンス

- 企業本位制の発想からは，収益事業を分離するスピンオフは理解できない
  - 「企業本位制」：特定企業本位の価値を最大化／「事業本位制」：事業価値の総和を最大化
  - 「事業」：有機的一体をなす（＝「ヒト」の働きで結びつけられている）経営資源のセット
    - 環境変化により経営資源の最適な組み合わせは変化するため，常に組み替えが必要になる

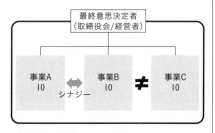
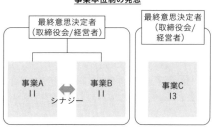

（出所）筆者作成。

第7章　M&Aの法的・公共政策的な課題と論点　177

が，経営者からみると，自分の「帝国」が30から22に縮むのです。これは経営者も嫌だし，もっと言うと，日本の場合には，会社は正社員の運命共同体みたいなものと思われていたので，会社が小さくなると従業員も嫌がります。このため，日本的な発想からすると，対価もなしに儲かっている事業Ｃを株主に配当してしまうスピンオフというのは，わけがわからないことになるのです。

重要なのは，スピンオフにより，社会全体で経営資源の価値が30から35に上がることです。個別企業の規模を最大化する「企業本位」ではなく，各々の事業のポテンシャルを最大化する「事業本位」の考え方のほうが，株主価値のみならず社会全体の価値が増加するのです。海外でもアクティビスト株主の圧力を受けてスピンオフを行う場合もありますが，事業本位的な発想から自発的にスピンオフを行うケースも多くみられます。しかし，日本では，税務問題を解き放ったのにまだ１件もない。ここから先は税制の問題ではなくて，コーポレートガバナンスの問題です。

3　三角合併

このように，10年前にお話しした問題のうち，スピンオフは税制の問題としては解決しました。未解決の大きな問題は，三角合併とキャッシュマージャー，混合対価です。これらはみな三角合併と密接に関係しています。そこで，まずアメリカで一般的な逆三角合併制度と，それが日本に導入される過程で変容した株式交換制度，および日本型三角合併制度についてみてみましょう。

アメリカの逆三角合併制度

アメリカの上場企業の経営統合は，ほとんどが逆三角合併のスキームによっています。例えば，ファイザーとファルマシアの経営統合案件をみてみましょう（**図表 7 - 6**）。なぜ「三角」というかというと，当事者が３人いるからです。ファイザーとファルマシア，そしてファイザーが作った特別目的子会社（SPC）です。まず，ファイザーが SPC をつくり，ファルマシアと SPC が合併します。ただし，対価は合併当事者ではない親会社のファイザーが，ファルマシアの株主に直接，ファイザーの株で払います。ここでなぜ「逆」と言われるかという

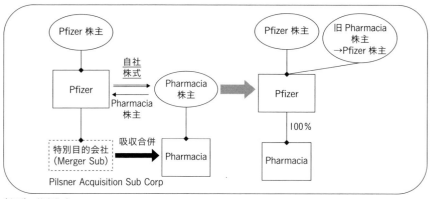

図表7-6　ファイザーによるファルマシアの買収（2003年）

（出所）　筆者作成。

と，実際に買収するのはファイザー側ですが，ファイザーの子会社をファルマシアに吸収合併させ，ファルマシアが存続会社になるからです。逆三角合併の良いところは，ファルマシアの法人格がそのまま残ることです。もしファルマシアのほうを消滅会社にすると，ファルマシアの法人格がなくなるので，許認可などを取り直さないといけないし，いろいろ面倒です。

日本の株式交換制度

　このアメリカの逆三角合併制度は，日本の株式交換と実質的に同じです（**図表7-7**）。それもそのはず，日本の株式交換は，アメリカの逆三角合併を日本に導入した制度だからです。最初は三角合併の導入も検討されましたが，SPCでつまずきました。SPCは経理の経過勘定のようなものですが，日本の議論では，どうも「幽霊会社」は気持ち悪いという抵抗感がありました。そこで，要するにファイザーの株式を渡してファルマシアを100％子会社にするのなら，ストレートにそういう制度にしようというのでつくったのが株式交換です。だから，SPCの部分を消せば日本の株式交換そのものです。ただ，当事者が違います。直接の統合当事者はファイザーとファルマシアになります。この2社が株式交換契約を結んで，ファイザーの株式を渡してファルマシアを100％子会社にする。この場合，もちろんファルマシアの法人格は残る。SPC

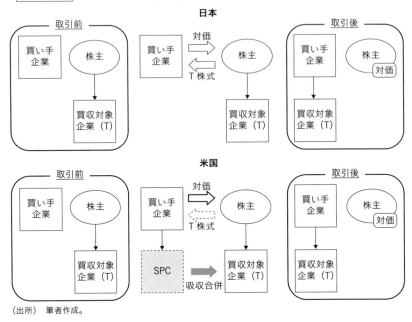

図表7-7 日本の株式交換制度（上図）と米国の逆三角合併制度（下図）

(出所) 筆者作成。

をつくらないで同じことができるので良いではないかと思ったのです。図表7-7の下図はアメリカの逆三角合併で，上図は日本の株式交換ですが，取引前と取引後の姿を比較すると，全く同じであることがわかると思います。

なぜ日本でも三角合併制度が導入されたのか

ところが，株式交換制度の創設から8年後の2007年に，日本でも三角合併制度が導入されました（**図表7-8**）[1]。なぜ，せっかくアメリカの逆三角合併と機能的に同等な株式交換制度を創設したのに，わざわざ三角合併制度までつくったのでしょうか。それは，株式交換にはクロスボーダーM&Aに使えないという重大な欠陥があったからです。組織法型の合併や株式交換は，両当事者の会社が日本法人でなくてはできません。だから，買い手企業が日本法人でないと株式交換を使えないのです。三角合併はどうかというと，直接の合併当事者はSPCとターゲット企業ですから，SPCの親会社である実質的買い手企業

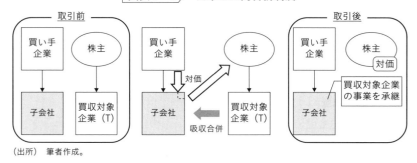

が外国企業でも，日本に SPC をつくれば問題ありません。だから，結局，三角合併という制度もつくらざるを得なくなったのです[2]。

現行の日本の三角合併は「非常に使い勝手を悪くした株式交換」

　しかし，こうして誕生した日本の三角合併制度は，非常に使い勝手を悪くした株式交換みたいな欠陥商品です。株式交換やアメリカの三角合併と違い，まず日本の三角合併は子会社を存続会社にしないといけない（これを「順三角合併」といいます）ので，ターゲット企業の法人格がなくなります。さらに，株式交換やアメリカの三角合併の場合には，買い手企業が株主に直接対価を払えますが，日本の三角合併の場合には，払うのはあくまで子会社だという理屈で，一旦子会社を経由しないといけない。もっとひどいのは，組織再編税制で適格になるための事業関連性要件は，株式交換の場合には買い手企業と買収対象企業の間で判定されますが，外国企業が日本企業を買収するために三角合併制度を使おうとすると，子会社と買収対象企業の間で事業関連性が判定されます。ということは，子会社に事業実態のない SPC を使えないのです。

三角合併制度改革の方向性

　ということで，三角合併制度はもう少し使い勝手をよくすべき，筋としては株式交換とイコールフッティングにするべきです。イコールフッティングとは，①ターゲット企業を存続会社にでき，②外国親会社が対価を直接支払うことができ，③事業関連性は SPC と対象企業ではなく，外国親会社と対象企業で判

定する，ということです。現状は，一見，内外無差別のようで，株式交換は日本法人しか使えないので，結果的には内外差別的な法制になっています。

4 キャッシュマージャー

取引法型と組織法型

　上場企業を100％現金対価で買収したいというのは極めて自然なニーズです。アメリカではその手法として，キャッシュマージャー，すなわち現金対価の逆三角合併が頻繁に用いられています。先ほど説明したように，逆三角合併と株式交換は機能的には同じですから，キャッシュマージャーは現金対価の株式交換と機能的に同等のものです。

　M&A のスキームには大きく分けて取引法型と組織法型があります。取引法型というのは売買です。これは売り手と買い手の意思が一致したら売買が成立します。例えば株式買収，事業買収，公開買付けなどです。公開買付けも取引法型なので，買われるのは応諾した人の株だけで，売りたくない人の株はそのまま残ります。それに対して組織法型の M&A は，合併が典型的ですが，法律で定めた要件を，法律で定めた手続（特別決議）に則って満たせば，法律で定めた効果が発生します。ですから，法律でどういう要件・手続を定めるかが重要です。例えば，特別決議は日本だと出席議決権の3分の2以上ですが，アメリカは州によって異なり，デラウェア州だと発行済株数の過半数です。どういう効果が認められるかというのも法律によって制度設計できます。

　組織法型 M&A の最大の特徴は，株式売却を嫌がる人にも強制できることです。つまり，多数決をクリアしたら反対した人も含めて株式を手放さなければならないので，100％買収できるわけです。上場企業の場合，株主が分散していますから，株主全員と合意して100％の株を買うというのはほとんど不可能です。100％化するには，結局，組織法型に持っていかないといけない。

日本の上場企業 M&A スキーム選択の不便さ

　もう1つの M&A スキームをみる軸は，対価を何によって払うかというものです。合併の場合には，株式で払いますが（株式対価），この他に現金で払

う場合（現金対価），そして，株式と現金と混ぜて払う場合（混合対価）というパターンがあります。本来，組織法型か取引法型かと対価をどうするかというのは別の話のはずですが，日本の場合には，組織再編税制で100％株式対価以外はすべて非適格（しかも企業課税あり）になってしまうので，事実上，現金対価・混合対価を組織法型で行うことはできなくなっています（**図表7-9**）。

海外はどうなっているかというと，アメリカ，イギリスとも組織法型でも取引法型でもどんな対価でも選べます。この違いは会社法の違いではありません。日本でも新会社法になったときに合併対価の柔軟化という条文が入りましたので，例えば合併だろうが何だろうが，対価は何にしても大丈夫です。ただ，税制が対応していないので，会社法の規定が空文化しているわけです。

図表7-9 / 日本の上場企業 M&A スキーム選択の不便さ

- 日本の上場企業買収に（現実的に）利用可能なスキームの特徴
  - 現実問題として，対価の種類とスキームがひも付きになっているのが問題
    - 株式対価＝組織法型 M&A（反対株主にも強制できる）
    - 現金対価＝取引法型 M&A（反対株主に強制できない）
  - 米国や英国ではどのスキームでも対価選択の自由度が高い

上場企業の買収スキーム：日本

	組織法型 M&A	取引法型 M&A
株式対価	合併等 〔三角合併等〕△	〔公開買付け〕× →△
混合対価	〔合併等〕× 〔三角合併等〕×	〔公開買付け〕×
現金対価	〔合併等〕× 〔三角合併等〕×	公開買付け

合併等：合併，株式交換，（共同）株式移転
三角合併等：三角合併，三角株式交換

上場企業の買収スキーム：米国

	組織法型 M&A	取引法型 M&A
株式対価	逆三角合併	〔公開買付け〕△
混合対価	逆三角合併	〔公開買付け〕△
現金対価	逆三角合併	公開買付け

上場企業の買収スキーム：イギリス

	組織法型 M&A	取引法型 M&A
株式対価	スキーム・オブ・ アレンジメント	公開買付け
混合対価	スキーム・オブ・ アレンジメント	公開買付け
現金対価	スキーム・オブ・ アレンジメント	公開買付け

（出所）筆者作成。

アメリカの上場企業現金買収スキーム：1段階買収と2段階買収

　上場企業を現金対価で100％買収したいときに，アメリカだと2通りの方法があります。1段階買収（ワンステップ）と2段階買収（ツーステップ）です。1段階買収では，現金を対価とした逆三角合併により，一発で100％買収を行います（**図表7-10**）。これを「キャッシュマージャー」といいます。それに対して2段階買収では，第1段階としてTOB（公開買付け）を行い，第2段階で非応募株主の株式を強制的に取得（フリーズアウト）します[3]。

　なぜワンステップが可能なのにツーステップを行うかというと，ツーステップの1段階目で一定数以上の株式を取得すると，2段階目で株主総会を省略できるためです[4]。株主総会を行うととても時間やコストがかかりますので，実は，スピードはツーステップのほうがワンステップよりも速いのです。しかし，独占禁止法の手続や規制当局の許認可取得などで買収完了までにどちらにしろ時間を要する場合には，ツーステップのスピードメリットは意味を失いますので，後述するリスク遮断の観点などからワンステップが選好されます。

図表7-10　現金対価の逆三角合併（1段階買収）のスキーム（米国）

- スキーム
  - 買い手企業がSPCを設立し，買収対象企業とSPCが合併（存続会社は買収対象企業→「逆」）
  - 買収対象企業株主は，買い手企業から対価（現金）を受け取る
- プロセス
  - 買い手企業（およびSPC）と買収対象企業が，各々の取締役会の承認を得て買収（合併）契約を締結
  - 買収対象企業の株主総会特別決議で合併承認（買い手企業は合併当事者でないため株主総会不要）
  - 独禁・許認可手続き等，クロージング条件充足後に買収完了
- 税務
  - 非適格（Taxable）合併であり，買収対象企業株主は譲渡益に課税される
  - **逆三角合併は税務上，株式買収と同様に扱われるので，企業課税は発生しない**

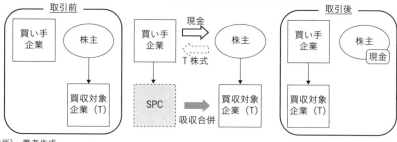

（出所）　筆者作成。

日本の上場企業現金買収スキーム

それでは，日本における上場企業の現金対価買収スキームはどうでしょうか。日本でも，公開買付け＋フリーズアウトという2段階買収は問題なくできます[5]。しかし，1段階買収（キャッシュマージャー）は事実上できません。なぜなら，現金対価の三角合併でも，あるいはアメリカのキャッシュマージャーと機能的に同等な現金対価の株式交換でも，いずれにせよ組織再編税制による企業課税が障害になるからです。

アメリカでもキャッシュマージャー（現金対価の逆三角合併）は税制非適格になります[6]。しかし，逆三角合併の場合，税制非適格になっても（株主課税はかかりますが）企業課税がかからないので，実際にはなんら問題はありません。株主は持っている株が全部現金になったわけですから，その中から儲けた分の税金を払うのは当たり前ですので，株主課税されても構いません。重要なのは，企業課税がないということです。

なぜ，逆三角合併の場合に企業課税がないかというと，買収対象企業が存続会社になるので，その保有資産は買収対象企業の法人格から全く飛び出していないからです。したがって，アメリカでは逆三角合併は税務上，株式買収と同様に扱われ，企業課税はなされません。

キャッシュマージャーと株式買収の比較

キャッシュマージャーは，途中経過は全部法的なフィクションですから，事前と事後の状態だけみると，株式買収と全く同じです（**図表7-11**）。ただ，上場企業の場合には，全株主と合意して回るわけにはいかないので，組織法型の行為が要るというだけの話で，経済的には全く同じことです。経済的に全く同じだったら税務的にも同じ取り扱いをするのがいいのではないかということになります。アメリカはそうなっています。

しかし，日本ではそうなっていません。日本では逆三角合併は認められていないので，1段階買収を行おうとすれば，現金対価の三角合併を行うか，（機能的にアメリカのキャッシュマージャーと同等である）現金対価の株式交換を行うことになりますが，いずれも税制非適格となり，「オール・オア・ナッシング」ルールにより企業課税までなされてしまいます。だから，この1段階買

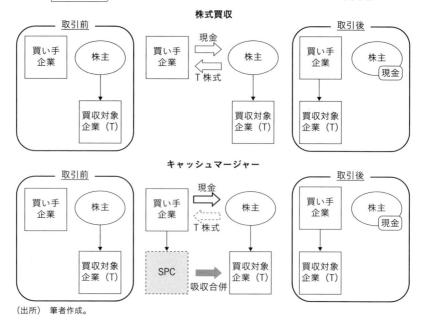

収スキーム(キャッシュマージャー)は使えないのです。

キャッシュマージャー(1段階現金買収)解禁の必要性

では、なぜ1段階買収スキームが必要なのでしょうか。日本でもツーステップはできるので、現金で上場企業を買収するのだったらツーステップだけあればいいではないかと思うかもしれません。

そうではありません。ワンステップとツーステップで、企業が買収のキャンセルリスクに晒される期間が大きく違うからです。公開買付けの場合には、公開買付けを開始して応募があって、公開買付けが成立して株を取得するまでは常に対抗買収の脅威などにさらされます。

アメリカでは取締役のフィデューシャリー・デューティー(受託者責任)の観点から、最後に株主が判断を下すまでは、取締役はもっと良い条件が出てきたら乗り換えないといけないという法的な義務があります。契約書にも必ず

入っています。これをフィデューシャリーアウトといいます。ワンステップ＝合併の場合，株主総会まではもっと良い提案が出たら乗り換える。ツーステップ＝公開買付けの場合，公開買付けの完了までは，もっと良い対抗提案が出てきたら推薦する先を乗り換えなくてはならない。

　例えば，一昨年に，ブリヂストンがアメリカのペップボーイズという上場企業を友好的に買収する契約を結んで公開買付けを開始したら，アクティビスト投資家として有名なアイカーンがもっと良い条件を出してきました。買収合戦になって，結局，アイカーンの条件のほうが良かったので，ペップボーイズはアイカーンのほうに推薦を乗り換えて，ブリヂストンは買収を断念しました。ですので，株主が最終判断するまではどう転ぶかわからないのです。

　日本でも，今までは両当事者が合意して発表したらそれで決まりという感じでしたが，だんだんそうではなくなってきています。例えば，日立の子会社の日立国際電気という上場企業は，ファンドによる友好的な買収提案にアクティビストが反対し，結局，値段を引き上げざるを得なくなりました。これからは，両当事者が合意してM&Aが公表されても，クロージングまで無事に漕ぎ着けられるか，そのリスクを一段と意識せざるを得なくなってくるでしょう。

独占禁止法，許認可の問題

　この「フィデューシャリーアウト」によりひっくり返るリスクは，株主が最終判断をするまで続きます。株主の最終判断とは，ワンステップでは株主総会の承認，ツーステップでは公開買付けの完了（多数の株主による応募）です。これに，独占禁止法や許認可の問題が密接に絡んできます。例えば近年，世界中の独禁当局が，自分の国にも影響があるからというので審査を行うようになり，独禁審査完了までの期間が大幅に延びるケースが増えています。独禁当局の認可が得られるまではターゲット企業の株式を取得できません。公開買付けの場合には，独禁法の手続が終わるまで公開買付けを完了できないということです。特に日本の場合には，アメリカと違って公開買付け期間の延長はそんなにできませんから，独禁法のめどが立つまでは公開買付けの開始自体ができません（**図表7-12**）。

　かつてパナソニックが三洋電機に公開買付けを行ったとき，2008年12月に公

図表7-12　独禁・許認可手続に時間がかかる場合のリスク期間の違い

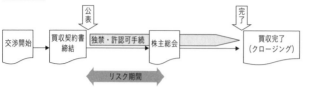

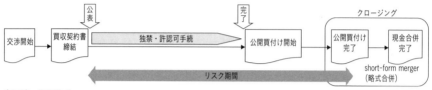

（出所）　筆者作成。

開買付けの合意を結んでプレスリリースしたのですが，実際に公開買付けを開始したのは1年後でした。何が起こったかというと，その間，日本，米国，欧州，中国，その他諸国，この独禁法手続にすごく時間がかかったのです。この間，対抗買収の脅威に1年以上ずっと晒されていたことになります。

　ところが，1段階買収だと，独禁当局の認可が得られなくても，さっさと株主総会を開いて株主の承認を得ることができます。なぜできるかというと，合併契約書の中にはクロージングの前提条件があって，その中に必ず独禁のクリアランスが得られることという条項が入っています。その契約を株主総会で認めてもらえば，そこから先は独禁当局の認可が得られたらクローズするということなので，何の問題もない。一番の違いは，株主総会までいけば，株主判断は済んでいるので，この先はフィデューシャリーアウトでひっくり返されるリスクはなくなるということです[7]。

　ちなみに，日本企業がアメリカの上場企業を買うときには，ワンステップとツーステップを使い分けています。独禁法や許認可の問題がなかったらツーステップで行いますが，独禁法や許認可があるので長引くというときには，とりあえず早くフィデューシャリーアウトのリスクを遮断するために，ワンステップで行うことが多いです。ですから，平均期間でいくと，ワンステップのほうが長くなっています。

キャッシュマージャー改革の方向性

　コーポレートガバナンスが強化され，機関投資家やアクティビストのM&Aの帰趨に対する影響力が高まる中で，日本国内案件でも潜在的に１段階買収の必要性は高まっています。しかし，現状では１段階買収はできません。その根源は，税制非適格になったらオール・オア・ナッシングで企業課税まで課されることです。ですから，税制非適格でもアメリカの逆三角合併のように株式買収と同等とみなして，（株主課税は行っても）企業課税をしないというスキームをつくればよいのです。ところが，日本の場合には逆三角合併ができず，自分の子会社が存続会社になる「順」三角合併しかできない。そうすると，ターゲットの資産はもともとの法人格からはみ出して，自分の子会社の中に入ってくるので，これを課税繰り延べするというのはなかなか難しい。現にアメリカでも，そんなには使われていないのですが，順三角合併もあって，こちらは（事業買収扱いで）企業課税されます。

　現実的には，（キャッシュマージャーと機能的に同等な）現金対価の株式交換について企業課税をしないという税制にすれば問題は解決します。株式交換は平成11年の商法改正で導入されたのですが，これが組織再編税制に組み込まれたのは平成18年です。組織再編税制自体は平成13年の税制改正でできていますが，それから５年後になって，やっと株式交換も組織再編税制に組み込まれました。したがって，現在では，株式交換も適格要件を満たさないと，株主課税のみならず企業課税もされます。

　しかし，組織再編税制に組み込まれるまでの７年間は，株式交換の税制は，租税特別措置法で規定されていました。その規定では，現金の交付が５％までだったら株主課税はしない，５％以上なら株主課税はするが，企業課税はしないというものでした。含み益のある資産はターゲット企業の法人格から飛び出さないので，従来の発想からすれば自然な取り扱いだったと思います。ところが，この租税特別措置法を法人税法本則の組織再編税制にくっつけたときに，（ロジックは不明瞭ですが）合併と同じように扱おうということで，非適格の場合には（法人格が残っているにもかかわらず）企業課税まで行うという「統一」を行いました。結果的には非常な改悪をしてしまったわけです。

　ですから，日本でも１段階買収（キャッシュマージャー）を実施可能にする

のは簡単です。株式交換の課税を元の状態に戻すだけでいいのです（**図表7-13**）。

　ただし，株式交換だけだと海外の企業はこのスキームを使えません。株式交換は組織法的行為ですから，契約当事者，株式交換当事者である買い手企業とターゲットの企業が両方とも日本法人でないとできません。その場合，三角株式交換というスキームが使えます。日本に子会社（SPC）をつくって，それとターゲット企業の間で現金対価の株式交換を行う。当然非適格になりますが，非適格になっても，企業課税さえなければ問題ないのです。あとは買収対象企業を存続会社にしてSPCを吸収合併させる「逆さ合併」を行えば，日本企業同士の現金対価の株式交換やアメリカにおける現金対価の逆三角合併と同じ仕上がりになります（税制の手当ては必要ですが）。

　つまり，日本でのキャッシュマージャー解禁の鍵は，株式交換の課税を平成

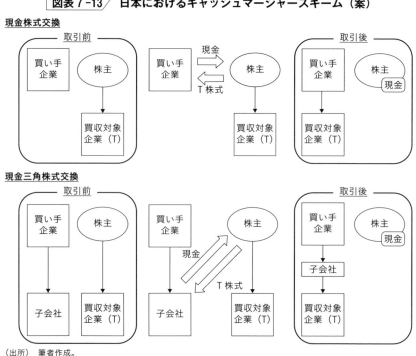

図表7-13　日本におけるキャッシュマージャースキーム（案）

（出所）筆者作成。

18年以前の状態に戻すことです。

5 混合対価

　混合対価の問題も，今後，特に大型 M&A で重要になってきます。混合対価とは，買収対価として現金と株式を混ぜることです。大型買収をするときに全部現金で払ったら借金が多くなり過ぎる。全部株式で払ったら株式が多くなり過ぎる。半々ぐらいにしたいというニーズは必ずあるはずです。現に今回，武田薬品工業がシャイアーを買収するときには混合対価でやっています。これはシャイアーがアイルランド法人で，アイルランドの税制・法制にのっとってできるので，可能なのですね。相手方が日本法人だったらできない。

　混合対価問題の解決策は，キャッシュマージャーと全く同一です。混合対価でも現金をいっぱいもらいますから，株主課税はされても構いません。企業課税さえなければいいのです。なぜ企業課税されるかというと，対価に株式以外を混ぜたから非適格でオール・オア・ナッシングになるという意味では，さっきのキャッシュマージャーと全く同じ原因です。ということは，キャッシュマージャーができるようになる手段と全く同じやり方（株式交換の対価を混合対価としても企業課税を課さない）で，混合対価が日本でもできるようになる。要するに，株式交換の税制を平成18年以前に戻せば，混合対価も日本でできるようになるということです。

6 日本の M&A マーケットの問題点

　今までスピンオフ，三角合併，キャッシュマージャー，混合対価について，なぜ問題なのかと，どう解決すればいいのかについてお話ししてきました（**図表 7-14**）。外国企業が（日本企業同様に）日本企業を株式で買収できるようにするためには，三角合併の使い勝手を株式交換なみに改善する必要があります。あるいは上述の三角株式交換を使って，株式対価の場合に税制適格扱いとする方法のほうが近道かもしれません。いずれにせよ，株主は対価に株式しか受け取らないので，適格扱いにして株主課税を繰り延べられることが重要です。そ

第 7 章　M&A の法的・公共政策的な課題と論点　191

図表 7 -14　組織再編税制の論点（まとめ）

		米国	日本	阻害される取引	組織再編税制改正の方向性
株主による投資の継続 (Continuity of Interest)		必要	必要		
	対価	対価は「主要部分」が株式 一定比率まで，現金等株式以外の対価（boot）が認められる ・吸収合併・順三角合併：60%以内 ・逆三角合併：20%以内	対価は100%株式のみ	混合対価（適格）	対価100%株式要件の緩和
	※非適格の場合	逆三角合併は株式買収とみなされ企業課税なし（株主課税はあり） 順三角合併は資産買収とみなされ企業課税あり（株主課税もあり）	常に企業課税あり（株主課税もあり）	キャッシュマージャー混合対価（非適格）	一定の株式交換，三角合併につき企業課税繰り延べ
事業の継続		必要	必要		
企業による支配の継続		不要	必要（以下のいずれか） ①グループ内再編 ・（要件略） ②共同事業のための再編 ・事業関連性要件 ・その他要件	スピンオフ 三角合併	支配の継続要件緩和 →平成29年税制改正 事業関連性判定基準合理化

（出所）　筆者作成。

れに対して，キャッシュマージャーや混合対価は，買い手が日本企業であれ外国企業であれ同じ問題に直面しています。この場合，重要なのは企業課税が繰り延べられることであって，非適格になること自体は問題ありません。最も簡単な解決法は，すでに述べたように，株式交換の税制を元に戻すことです。これでキャッシュマージャーも混合対価も実施可能になります。

　しかし，こんなに大きな問題があるのに，なぜ誰も今まであまり問題提起しなかったのでしょうか。それは日本の M&A マーケットがかなり遅れていたからです。外国企業による日本企業の買収でも，それほど大型でなければ（独

禁法などの問題も大きくないでしょうし）現金対価の公開買付けで十分です。大型買収になって初めて，株式で買収するための三角合併や混合対価，リスク遮断のためのキャッシュマージャーなどが必要になってきます。日本企業どうしのM&Aでも，従来は，現金対価の買収はとにかく公開買付けでやればいいという話で，キャッシュマージャーの必要性は認識されていませんでした（日本企業がアメリカ上場企業を買収する場合には，公開買付けとキャッシュマージャーを使い分けているのに，奇妙な話です）。また，特に大型案件で重要になる混合対価についても，これまでは買収後の適切な資本構成やファイナンス，買収対価パッケージとしての魅力のバランスを取るという意識が薄く，その必要性があまり認識されていませんでした。

　今までは遅れていたからあまり問題が認識されなかった。これから先も日本経済，日本のM&Aマーケットは遅れたままでいいのか，経営資源の組み替えを阻害するような税制を残しておいて，ニーズがありませんからと言って放っておいていいのかという話です。まず，M&A活性化のための舞台装置を整え，そして，ガバナンスを効かせて経営資源のダイナミックな再配置を促進することが必要なのではないかと思います。

●質疑応答

Q1 日本型キャッシュマージャーのスキームとして，税制措置を講じて現金株式交換を活用すればいいのはそのとおりだと思ったのですが，何か障害はあるのでしょうか。今まで単に問題が認識されていなかっただけなのでしょうか。

A キャッシュマージャーというのは1段階買収（ワンステップ）です。日本でも2段階買取（ツーステップ），つまり現金公開買付けはできるわけです。大型国際案件になって，アクティビストもたくさん出てきて，独占禁止法の認可もあって長期化する。そのときに，フィデューシャリーアウトや，他の買収者やアクティビストから介入されるリスクを，早い段階で株主総会の承認を取って遮断するために，キャッシュマージャーが必要になります。今まで日本にはそういうニーズがなかったわけです。

今までは公開買付けを行い，パナソニックは1年待ちましたが，それも世の中はそんなもので仕方がないと思っていただけであって，そこにアクティビストまで絡んできたら，もっと何とかならないかという話にはなると思うので，そういう問題はこれから出てくると思います。公開買付けがすぐに完了できない最も大きな要因は，独占禁止法の審査が長引くことだと思います。平気で1年ぐらいかかります。特に中国は遅いです。ここにアクティビストや対抗買収者のリスクが現実に出てくると，このニーズを痛切に感じることになってくると思います。

Q2 素朴な疑問ですが，企業課税というのは，例えばM&Aを行うかどうかの判断に影響するぐらい重要なのでしょうか。

A これは，どれだけ含み益があるかによります。昔は，売られる会社は業績の悪い会社が多かったので，むしろ資産の価値を落としていました。PBR（株価純資産倍率）が1を切っているところだと，企業課税されても，実は企業課税してもらったほうが税金が安くなるというのもあるわけです。でも，本当に将来有望で，業績が良くて，価値のある企業を買収・売却するようになってくると，PBRが非常に高いということにもなります。例えば，極端な例で，簿価がゼロ，バリューが100億円で，税率が40％だったとします。企業課税されなければ1円も税金は取られませんが，企業課税されると40億円税金を取られます。100億円の買収で40億円取られるか取られないかは決定的に大きいと思いませんか。PBRが2倍も3倍もあるような会社にとっては，すさまじい破壊的なインパクトになります。

Q3 スピンオフについても，日本ではまず，自発的ではなく要求されて行われる可能性があるというお話でしたが，具体的に海外の機関投資家からの要望を念頭に置かれているのでしょうか。その際，どういう意識を持つ必要があるのでしょうか。

A 海外でもアクティビストの要求がきっかけになってスピンオフが行われた事例も多いのですが，だんだん経営者自身の考え方も変わってきて，最近は自発的なものがかなり多いと思います。

　ご質問の，どうしたら日本の経営者もそういう考えに変わるのかですが，自発的に変わるか強制されて変わるか，どちらでしょうか。自発的に変わるほうが望ましいのですが，それはやはりフィデューシャリー・デューティー（受託者責任）をよく考えるということです。そのときに，自分の企業が小さくなるという私情を差し挟んではだめです。何よりも重要なのは，社会全体からみて，どちらのほうが経営資源が有効に活用されるかということです。一番重要なのは，日本の経営者が，企業は正社員の互助会ではなく，社会の公器なのだという意識をもっと持つことだと思います。もし社会から経営資源を預かって，それを有効活用する社会の公器という意識があれば，企業本位と事業本位と比べたら，潔く事業本位に行くべきです。そういう意味では，公という意識をもう少し考え直すことが大事なのではないかと考えております。

> **Q4** 日本の経営者もスピンオフを進めていくためには公の意識が必要だとのことですが，やはり経済的インセンティブもないと，なかなかそのきっかけがつかめないと思います。スピンオフをすることで事業価値が向上し，それがひいては経営者の報酬の増加につながって，経済的インセンティブになるのではないかなと思うのですが，日本の経営者はそういう考え方にはならないのでしょうか。

A 結局，今のコーポレートガバナンス・コードでも非常に問題になっている経営者報酬の設計の問題です。経営者報酬の設計は，世界的に，今，非常に重要視されている問題ですが，まだ日本はその議論も遅れている感じがします。ですので，短期主義にならずに長期的に価値を高めて，かつ，そのインセンティブをどうするのか。昔で言うとストックオプションですが，結構弊害も多いので，最近は譲渡制限付株式をベースとするような方法がかなり広まっています。

　もう1つ，ガバナンスが効いてくると，スピンオフを行うか否かはCEO・

第7章　M&Aの法的・公共政策的な課題と論点　195

社長が決められません。独立取締役主体の取締役会が，株主の代理人として企業価値全体の立場から判断するということになってきます。アメリカで行われたスピンオフの中では，CEO は最後まで嫌だったのだけど，取締役会が決めたというケースもあります。要するに，経営者が全権を握っていて，猫の首に鈴をつけるとか，馬の前にニンジンをぶら下げないと何もできないということではないということです。

(2018年11月21日講義)

●注 ————————

1　会社法で新設された合併等対価の柔軟化の条文によります。従来，日本では，合併対価は存続会社株式に限定されていましたが，対価は何でも可としました。よって，会社法上は現金対価や混合対価も可能になりましたが，税制の障害で，実際に使えるのは，存続会社の親会社株式を対価にしたスキームだけです。

2　ちなみに，2018年産業競争力強化法改正により，株式対価の公開買付けが一定条件下で実施可能になっていますが，今回はその問題には触れません。

3　そのスキームにも，現金対価の逆三角合併が用いられます。

4　どのくらいの株式を持っていれば株主総会を省略できるかというと，アメリカの場合，会社法は州法ですが，デラウェア州の場合，つい近年まで90％以上だったのですが，2013年に会社法を改正して，発行済株式総数の過半数で株主総会を省略してフリーズアウトできるようになっています。日本では平成26年会社法改正で導入された株式売渡請求制度により90％以上となっています。欧州も90％以上が多いようです。

5　ちなみに日本では，以前は第2段階のフリーズアウトの税制に若干問題を抱えていましたが，平成29年度税制改正で，第1段階の結果3分の2以上を保有していれば，第2段階のフリーズアウトを税制非適格としない（企業課税を行わない）ことになりました。

6　逆三角合併の場合，税制適格になる要件として対価の80％以上が株式であることが求められますので，現金対価のキャッシュマージャーはもちろん，混合対価の多くも非適格となります。

7　また，ここでは詳しく説明しませんが，ファイナンスの面でも（特に大型買収の場合）1段階買収のほうが組成しやすくなります。

第**8**章

「顧客本位の業務運営」原則 （フィデューシャリー・デューティー）： 公法と私法の接点

●本講のねらい

フィデューシャリー・デューティーという概念が，最近の金融資本市場におけるキーワードの1つとなっています。本講では，このテーマに弁護士および研究者として関わってきた立場から，フィデューシャリー・デューティーとは何か，その経緯と現状，関連する論点などについて明らかにします。

●本講を通じて得られる示唆

金融庁が「顧客本位の業務運営に関する原則」を策定しましたが，わが国の大手金融機関ではその動きを先取りして，同原則を定め，顧客本位の業務運営に取り組んでいます。しかしながら，わが国だけでなく，米国においても，私法上の概念であるフィデューシャリー・デューティーとも関連して，その扱いについて，実務上や法制上の論点がいまだに多く議論されています。

●Navigator

小野　傑（おの　まさる）

東京大学客員教授・西村あさひ法律事務所代表パートナー。東京大学法学部卒業。ミシガン大学ロースクール LL.M. 修了。1978年弁護士登録（30期），1983年ニューヨーク州弁護士資格取得。西村眞田（現西村あさひ）法律事務所パートナー等を経て2004年より現職。2007年より東京大学客員教授を兼務。金融法委員会委員，法制審議会信託法部会委員，金融機関の社外取締役・社外監査役等も務める。

1 フィデューシャリー・デューティーとは

　フィデューシャリー・デューティー（以下「FD」という）とは何かということについては，英米においてもいろいろ議論があります。私法の概念であるFD を公法として取り入れ FD と当初金融庁は呼んでいたのですが，私法概念からのコメントに対して，あるときから金融庁は「顧客本位の業務運営」原則と言い換え始めました。一方で，金融庁もいまだ FD という言葉自体は捨てていないようです。今日は，FD とは何か，また，公法にどう影響するのか，皆さんと一緒に考えていきたいと思います。

　法律の議論というのは，三段論法で展開するためロジカルに頭に入っていくのが普通ですが，FD の議論は英米法を起源にしているということもあって，なかなか議論が明確ではなく，その分，思索をめぐらすという点でも意味深い概念かと思います。法律の議論の方法として，自己定義して論理展開して結論を出すという手法がよく用いられ，その場合，論理的な議論の展開は容易ですが，同じような手法をとるために FD を定義から始めると，曖昧なはずの概念が明確な概念になり過ぎて，本来議論すべきものが捨象されてしまうので好ましくありません。とはいっても FD が何かわからないままで講義してもわかりにくいと思うので，最初に主だった考え方を 2 つ参考として示します。

樋口範雄教授

　まず初めは，樋口範雄教授の『フィデュシャリー［信認］の時代』という著書からの一節です。樋口教授は，フィデューシャリーという概念があってもいい，そうすると，いろいろな問題の解決が可能になりますよと論じます。

　　フィデュシャリーというのは，わが国では，まだほとんど知られていない概念である。それを信認関係とか受認者とか訳してみても，やはり同様に，ピンとこないといわれるだろう。…今後あるいは今ですら，わが国で生起するさまざまな問題を考えるのに，契約という法的な道具だけでは不十分だと思う。あの契約好きのアメリカの法律家やビジネスマンも，フィデュシャリーが何たるかは知ってい

るのである。わが国においても，何でも契約で説明することはやめて，もう1つ
別の法的道具をもっていた方がよいのではないかと考えるようになった。それが
本書の執筆動機である。
—樋口範雄（1999）『フィデューシャリー［信認］の時代』有斐閣，253頁より抜粋。

　ちなみに，学生と私の関係でも，私がフィデューシャリーで，私の専門性に
学生が信頼，委託している関係にあるということができます。日本法的にいう
と，ここに黙示の何らかの契約があるというのだと思いますが，無理にすべて
を契約概念に持っていって，何もないにもかかわらず，黙示の合意といって
FDと同じ内容を持ってくる日本的なアプローチをして，それで困っていない
というのが通説的な見解ですが，そう肩肘張らずに，フィデューシャリーとい
う概念を持ってきてもいいではないかと説きます。

タマール・フランケル教授

　次は，ボストン大学のタマール・フランケル教授の『Fiduciary Law』とい
う著書からです。

　第1に，受認者は主にサービスを提供する（商品の提供と対照される）。受認者
　の提供するサービスは，通常は社会的に望ましいもので，専門性を必要とするこ
　とが多い。医療，法律サービス，教育，資産運用，会社の経営，宗教的奉仕のよ
　うなものである。第2に，これらのサービスを効率的に実行するために，受認者
　に対し財産または権限が託される必要がある。第3に，託す人は，託すことに
　よって，受認者が信頼に値しないかもしれないというリスクを負う。受認者が，
　託された財産を使い込んだり，託された権限を濫用したりするかもしれないし，
　あるいは約束したサービスを十分に実行しないことがある。第4に，次のような
　可能性がある。(1)託す人が，信認関係に伴うリスクに対して自衛できない。(2)市
　場が，託す人をそうしたリスクから守れない。(3)受認者が自らのことを信頼に値
　すると示すのにかかる費用が，信認関係からもたらされる利益よりも大きい。
　—タマール・フランケル(2014)『フィデューシャリー「託される人」の法理論—』
　　　　　　　　　　　　　　　　　　　溜箭将之監訳，弘文堂，6-7頁より抜粋。

　フランケル教授は，フィデューシャリーを成立させるための要件として専門

性，それに対する信頼，財産の委託等を挙げます。典型的な例として出てくるのは弁護士と依頼者，医者と患者などです。アメリカでエージェンシーという言葉もそういう意味で捉えます。日本でエージェンシーとは民法の代理にすぎませんが，アメリカのエージェンシーというのはフィデューシャリーです。要するに，代理人に対する強い信頼を基礎としているのです。

　こういう議論に対してはアメリカにおいても批判があります。フランケル教授を支持する方も多いですが，通説というわけではなくて，法律論として曖昧ではないか，概念として定立できていないのではないか等，指摘がされています。これに対して，フランケル教授は，もともとそういう曖昧なものとして議論しており，曖昧だからこそこういう概念が必要だと反論します。

　　私は，信認法について明確で包括的な指針にたどりつくなどというほぼ不可能なことをしようとは考えていない…信認法は，他のすべてとはいわなくとも多くの法と同様に，不明確ながらも問題点を示している。そして信認法は，到達できそうになくとも，いくつかのゴールを指し示すと共に，それを達成するための道筋に向けられているのである。

　　　　　　　　　　　　　　　　　　　　　　　　　　　—同書105頁より抜粋。

金融庁における議論

　次に，金融庁によるこれまでの金融行政で FD がどう扱われてきたかということをお話したいと思います。まず2007年の金融商品取引法（以下，「金商法」という）施行の10年少し前ぐらいにも，FD というものを当時の証券取引法（金商法の前身）にどう取り込むかという議論があり，それなりの議論を経て，それが現行の金商法にも反映されています。その後にリーマンショックが発生し，もう1度 FD を見直そうという機運が生じました。ですから，FD が議論されたのは大きく2つのフェーズに分かれます。

　2回目の流れですが，まず，2014年（平成26年）に FD が必要と「金融モニタリング基本方針」において金融庁が言及したのが始まりです。2015年に閣議決定された日本再興戦略改訂では，販売会社・投資運用業者の双方に対し，その「役割・責任（フィデューシャリー・デューティー）」を果たすよう呼びか

けています。この段階ではまだ，「顧客本位の業務運営」という言葉は出てきませんが，2016年（平成28年）9月の「金融レポート」の中ではFDという言葉が影を潜め，翌10月には平成28年度金融行政方針が発表されましたが，「金融機関等による『顧客本位の業務運営』（フィデューシャリー・デューティー）の確立と定着」という見出しで，いよいよ「顧客本位の業務運営」という表現が登場します。なお，ここではFDについて次のように述べています。

「フィデューシャリー・デューティーの概念は，しばしば，信託契約等に基づく受託者が負うべき義務を指すものとして用いられてきたが，近時ではより広く，他者の信任に応えるべく一定の任務を遂行する者が負うべき幅広い様々な役割・責任の総称として用いる動きが広がっており，我が国においてもこうした動きを広く定着・浸透させていくことが必要である。すなわち，金融商品の販売，助言，商品開発，資産管理，運用等のインベストメント・チェーンに含まれる全ての金融機関等において，顧客本位の業務運営（最終的な資金提供者・受益者の利益を第一に考えた業務運営）を行うべきとのプリンシプルが共有され，実行されていく必要がある」

アメリカでは，貯蓄から投資への流れの中で，国民が投資信託を購入して，株の上昇とともに国民資産が非常に増えています。他方，日本の国民は預金にばかりお金を置いていて，それが安全だというだけではなくて，勧められたものを買うと損するという1つの投資のパターンが日本人のDNAとして定着しているので，そのような投資信託の販売の仕方をしたことが，結局，貯蓄から投資への流れに結びつかなかったのではないかというのが金融庁の分析でした。金融庁としては，どういう投信をつくるかという投信の仕組み・設計，その設計に基づく投信の運用，販売会社の販売，販売した後に利益が乗ると，回転売買的に乗った利益で解約させて違う投信を買わせるという日本の金融機関がこれまで行ってきた1つのサイクルに対して，楔を打ちたかったということだと思います。

これを受けて各メガバンクグループがFDについての基本方針を発表しました。ただ，その時点では，金融庁での議論はまだ継続中で，最終的に2017年に「顧客本位の業務運営に関する原則」が正式に発表されました。原則ができる前に，すでに各金融機関はFDを先取りし，それぞれの金融機関がその方針を

第8章 「顧客本位の業務運営」原則（フィデューシャリー・デューティー）：公法と私法の接点 **201**

発表したわけです。

ケイレビューとフィデューシャリー・デューティー

　なぜFDということを金融庁が2014年に言い出したかというと，2012年7月に公表された英国のケンブリッジ大学のケイ教授のレポート，いわゆるケイレビューの影響だと思います。当時，金融庁も参加した経済産業省の研究会でケイレビューが取り上げられたのがおそらく日本における議論の発端だと思います（図表8-1）。まだFDという言葉がこなれていない段階で，FDは受託者責任と訳されました。

　日本では信託法の概念として広くFDが認識されてきたということもあって，2013年のこの研究会では，投資のサイクルの中ですから信託には結びつきませんが，これを受託者責任と呼んだわけです。

図表8-1／ ケイレビューの概要

(ア) ケイレビューとは

　ケイレビューとは，ジョン・ケイ氏が英国政府からの要請により英国株式市場の構造的問題，上場企業行動，コーポレートガバナンスについて調査・分析を行ったレポート。2012年7月に公表された。株式市場におけるShort-termism（短期主義）偏重問題，市場が資金調達の役割を果たさなくなっている事実，英国企業の株式保有構造とガバナンス上の問題点など，英国の株式市場が抱える広範な問題に考察を加えており，海外の市場関係者に大きな影響を与えている（レポート原文（英文）は112ページ）。

(イ) ケイレビューの概要

6．信頼の構築

　株式のインベストメントチェーンの参加者すべては，受託責任の原則に応じて，投資あるいは運用されている資金の拠出者に対する敬意と，資金を投資あるいは運用している者に対する信頼を基に行動するべきである。

9．受託者の責任

　株式のインベストメントチェーンのすべての参加者は，クライアント及び顧客との関係において受託者責任基準を順守すべきである。

　受託者責任基準によりクライアントの利益が第一とされ，利益相反が回避される。また，サービスの直接・間接コストが妥当な水準となり，かつ開示される。この基準は，代理人に対し，一般に広く認められている「礼儀正しい行動」の基準から逸脱することを求めるべきではないし，許すべきでもない。契約の規定によって，この基準が無効とされるのを見過ごしてはならない。

(出所)　経済産業省「持続的成長への競争力とインセンティブ～企業と投資家の望ましい関係構築～」プロジェクト第1回（2013年7月16日）資料（注）より抜粋。

図表8-1がケイレビューの要約です。なお，投資信託が組成され，運用され，販売されて，顧客が購入するというような投資のサイクルをインベストメントチェーンと呼んでいます。

2 顧客本位の業務運営に関する原則

金融庁が2017年に公表した「顧客本位の業務運営に関する原則」には，7つの原則が述べられています（**図表8-2**）。さらに，7原則の下に注があり，その原則をさらに補足しているもので，注という言葉にとらわれ過ぎてはいけないと思います。言い方を変えると，注に何が書いてあるかということも重要です。

ちなみに，コーポレートガバナンス・コードやスチュワードシップ・コードがあるなかで，なぜコードと呼ばなかったのかというと，おそらく同じ趣旨ではありますが，ルールベースからプリンシプルベース，ルールから原則にしましょうという金融行政の大きな流れの中で，プリンシプル＝原則ということを考えたのではないかと思いします。

FDは本来曖昧で広い概念ですが，このように金融庁はそれを7つに絞ったわけです。7原則の中には公表しなさいとか，従業員の教育をしなさい，といったFDとは少し次元が異なるものもあります。

方針の策定・公表

原則1は方針を策定・公表しましょうというもので，この原則に沿って各金融機関が公表しています。対象となる金融機関の範囲について，原則の前文に「本原則の対象」という項目があり，「本原則では，「金融事業者」という用語を特に定義していない。顧客本位の業務運営を目指す金融事業者において幅広く採択されることを期待する」と明確に「定義していない」と述べています。

では，銀行，証券，信託銀行，資産運用会社，保険会社，その辺までは考える必要もなく該当するといえますが，では金融庁の監督外のノンバンクはどうでしょうか。例えば銀行でも，預金や貸付業務はFDの対象でしょうか。預金者が預金口座をつくり，そこに入金するときは，専門性や，専門性に対する信

図表 8 - 2　顧客本位の業務運営の原則

【顧客本位の業務運営に関する方針の策定・公表等】

原則 1．金融事業者は，顧客本位の業務運営を実現するための明確な方針を策定・公表するとともに，当該方針に係る取組状況を定期的に公表すべきである。当該方針は，より良い業務運営を実現するため，定期的に見直されるべきである。

（注）　金融事業者は，顧客本位の業務運営に関する方針を策定する際には，取引の直接の相手方としての顧客だけでなく，インベストメント・チェーンにおける最終受益者としての顧客をも念頭に置くべきである。

【顧客の最善の利益の追求】

原則 2．金融事業者は，高度の専門性と職業倫理を保持し，顧客に対して誠実・公正に業務を行い，顧客の最善の利益を図るべきである。金融事業者は，こうした業務運営が企業文化として定着するよう努めるべきである。

（注）　金融事業者は，顧客との取引に際し，顧客本位の良質なサービスを提供し，顧客の最善の利益を図ることにより，自らの安定した顧客基盤と収益の確保につなげていくことを目指すべきである。

【利益相反の適切な管理】

原則 3．金融事業者は，取引における顧客との利益相反の可能性について正確に把握し，利益相反の可能性がある場合には，当該利益相反を適切に管理すべきである。金融事業者は，そのための具体的な対応方針をあらかじめ策定すべきである。

（注）　金融事業者は，利益相反の可能性を判断するに当たって，例えば，以下の事情が取引又は業務に及ぼす影響についても考慮すべきである。
- 販売会社が，金融商品の顧客への販売・推奨等に伴って，当該商品の提供会社から，委託手数料等の支払を受ける場合
- 販売会社が，同一グループに属する別の会社から提供を受けた商品を販売・推奨等する場合
- 同一主体又はグループ内に法人営業部門と運用部門を有しており，当該運用部門が，資産の運用先に法人営業部門が取引関係等を有する企業を選ぶ場合

【手数料等の明確化】

原則 4．金融事業者は，名目を問わず，顧客が負担する手数料その他の費用の詳細を，当該手数料等がどのようなサービスの対価に関するものかを含め，顧客が理解できるよう情報提供すべきである。

【重要な情報の分かりやすい提供】

原則 5．金融事業者は，顧客との情報の非対称性があることを踏まえ，上記原則 4 に示された事項のほか，金融商品・サービスの販売・推奨等に係る重要な情報を顧客が理解できるよう分かりやすく提供すべきである。

（注 1）　重要な情報には以下の内容が含まれるべきである。
- 顧客に対して販売・推奨等を行う金融商品・サービスの基本的な利益（リターン），損失その他のリスク，取引条件

- 顧客に対して販売・推奨等を行う金融商品・サービスの選定理由（顧客のニーズ及び意向を踏まえたものであると判断した理由を含む）
- 顧客に販売・推奨等を行う金融商品・サービスについて，顧客との利益相反の可能性がある場合には，その具体的内容（第三者から受け取る手数料等を含む）及びこれが取引又は業務に及ぼす影響

（注２）　金融事業者は，複数の金融商品・サービスをパッケージとして販売・推奨等する場合には，個別に購入することが可能であるか否かを顧客に示すとともに，パッケージ化する場合としない場合を顧客が比較することが可能となるよう，それぞれの重要な情報について提供すべきである（（注２）〜（注５）は手数料等の情報を提供する場合においても同じ）。

（注３）　金融事業者は，顧客の取引経験や金融知識を考慮の上，明確，平易であって，誤解を招くことのない誠実な内容の情報提供を行うべきである。

（注４）　金融事業者は，顧客に対して販売・推奨等を行う金融商品・サービスの複雑さに見合った情報提供を，分かりやすく行うべきである。単純でリスクの低い商品の販売・推奨等を行う場合には簡潔な情報提供とする一方，複雑又はリスクの高い商品の販売・推奨等を行う場合には，リスクとリターンの関係など基本的な構造を含め，より丁寧な情報提供がなされるよう工夫すべきである。

（注５）　金融事業者は，顧客に対して情報を提供する際には，情報を重要性に応じて区別し，より重要な情報については特に強調するなどして顧客の注意を促すとともに，顧客において同種の金融商品・サービスの内容と比較することが容易となるよう配慮すべきである。

【顧客にふさわしいサービスの提供】

原則６．金融事業者は，顧客の資産状況，取引経験，知識及び取引目的・ニーズを把握し，当該顧客にふさわしい金融商品・サービスの組成，販売・推奨等を行うべきである。

（注１）　金融事業者は，複数の金融商品・サービスをパッケージとして販売・推奨等する場合には，当該パッケージ全体が当該顧客にふさわしいかについて留意すべきである。

（注２）　金融商品の組成に携わる金融事業者は，商品の組成に当たり，商品の特性を踏まえて，販売対象として想定する顧客属性を特定するとともに，商品の販売に携わる金融事業者においてそれに沿った販売がなされるよう留意すべきである。

（注３）　金融事業者は，特に，複雑又はリスクの高い金融商品の販売・推奨等を行う場合や，金融取引被害を受けやすい属性の顧客グループに対して商品の販売・推奨等を行う場合には，商品や顧客の属性に応じ，当該商品の販売・推奨等が適当かより慎重に審査すべきである。

（注４）　金融事業者は，従業員がその取り扱う金融商品の仕組み等に係る理解を深めるよう努めるとともに，顧客に対して，その属性に応じ，金融取引に関する基本的な知識を得られるための情報提供を積極的に行うべきである。

【従業員に対する適切な動機づけの枠組み等】

原則７．金融事業者は，顧客の最善の利益を追求するための行動，顧客の公正な取扱い，利益相反の適切な管理等を促進するように設計された報酬・業績評価体系，従業員研修その他の適切な動機づけの枠組みや適切なガバナンス体制を整備すべきである。

（出所）　金融庁ホームページ。

頼・依拠などとは少し違うといった議論もあり得ます。いずれにしても，対象となる金融機関，対象となる行為は明確にされていません。

顧客の最善の利益の追求

　原則2では，顧客の最善の利益，best interest を追求しましょうと言っています。当たり前ではないかという議論と，その当たり前なことが行われていないのではないかという議論，ベストとは具体的には何なのかという議論があります。ベストでは金融機関の利益と対立することもあり得るという海外の議論は日本ではなじみはなく，ベストといえばベストだと考えられていますが，海外では sole interest では顧客のみの利益を追求するのであって，顧客の best interest とは違うと議論がされています。

利益相反の適切な管理

　原則3は，利益相反に対する適切な管理です。銀行法や金商法などすでに利益相反に関する規定が存在します。原則1は公表でFD そのものではありませんし，原則2にしろ，原則3にしろ，いずれも重要ではありますが，ある意味では当然の，既存の法律のどこかに規定されていることでもあります。

手数料等の明確化等

　原則4は手数料の明確化です。原則5の情報開示，原則6の顧客にふさわしいサービス提供，原則7の従業員に対する適切な動機づけ，いずれにしても，FDという概念からすると，一見あまり深みや関連がないようにも見えるかもしれません。しかし，「顧客本位の業務運営」原則という言葉自体に，個々の原則以上の大きな重みがあるように思われ，各金融機関もそのように受け止めたのではないかと思います。

金融機関におけるフィデューシャリー・デューティーの取り組み

　金融機関による公表事例としてみずほフィナンシャルグループをみますと，まず原則を適用する対象は，金融機関グループの中に銀行・証券もあるし，信託銀行も，運用会社もあることから，グループ全体としてFDに則った業務運

図表 8-3 みずほグループのフィデューシャリー・デューティーに関する取組方針

グループ管理方針

みずほフィナンシャルグループは，フィデューシャリー・デューティーの実践に向け，お客さまの利益を優先することを第一として行動し，お客さまのニーズや利益に真に適う商品・サービスを提供するにあたり，以下をグループ管理方針とし，これを遵守してまいります。

１．ガバナンス

みずほフィナンシャルグループは，持株会社において，グループの経営の自己規律とアカウンタビリティが機能する企業統治システムを構築しております。資産運用関連業務におきましても，持株会社とグループの運用会社，グループの販売会社と運用会社との間の適切な経営の独立性確保に向けた態勢を構築します。

「＜みずほ＞のフィデューシャリー・デューティーに関する取組方針」に基づき，グループ各社において実践に向けた具体的なアクションプランを策定・公表するとともに，コンプライアンス部門はその遵守状況について取締役会等に定期的に報告を行います。

２．業績評価

グループ各社において，お客さまのニーズ・利益に真に適う取り組みを評価する適正な業績評価体系を構築します。

３．報酬等の合理性

お客さまに提供する商品・サービスの内容に合致した合理的な報酬・手数料水準を設定します。

４．利益相反管理

グループ内の利益相反管理の高度化に取り組みます。

機能ごとの対応方針

〔販売〕

１．お客さまニーズに適した商品ラインアップの構築

(1) みずほ銀行・みずほ信託銀行・みずほ証券のグループベースで，優良な投資の機会をお客さまに提供します。

(2) お客さまの投資視点に基づき，安定的な資産形成に資する商品の採用，および既存商品の見直しを徹底します。

２．お客さまへのコンサルティングを通じた投資商品の提供

(1) お客さまそれぞれのゴールを的確に捉えるべく，お客さまの資産・負債状況やお客さまが受け入れ可能なリスクの度合い等の正確な把握に努めます。

(2) 商品のリスクや手数料等も含め，商品特性等に係るお客さまの理解向上に資する適切かつ質の高い情報に基づくコンサルティングを行います。

(3) 継続的に付加価値の高いサービスを提供するため，コンサルティング手法の高度化や，最新のテクノロジー等も活用した新たな提案手法の探求に努めます。

(4) 付加価値の高いサービスを適切なコストで提供する観点から，透明性の高い各種手数料設定とします。

３．お客さまそれぞれのゴールの実現に向けたアフターフォローの実施

(1) アフターフォローを通じた，お客さまの適切な投資判断に資する情報提供とアドバイスを行います。

(2) 安心して取引を継続いただけるよう，堅確な業務の遂行と高度化に努めます。

４．お客さまが安心して安定的な資産形成を実現するための基盤の構築

(1) お客さまの金融・投資知識の向上に役立つサービスの充実を図ります。

(2) お客さまそれぞれのゴールの共有に努め，その実現に向けた最高水準のコンサルティングサービスを提供できるように，組織的な人材育成等の高度化に努めます。

以下略

第8章 「顧客本位の業務運営」原則（フィデューシャリー・デューティー）：公法と私法の接点

営と，インベストメントチェーンの中でFDを全うしますと宣言をしています（**図表8-3**）。他のメガバンクグループでもだいたい同じような内容です。

3 フィデューシャリー・デューティーに関する論点

ルールベースか，プリンシプルベースか

　FDは，ルールベースか，プリンシプルベースかという議論がアメリカにあります。例えば，フランケル教授は，ルールベースの場合，ルールを回避するとか，ルールの解釈が出てくるが，プリンシプルベースだとそうはいかないと議論をしています。法律論としても，ルールと言うと，ルールを守る，最低限を達成することしかしないが，プリンシプルにすればそうならないと論じます。ルールでもそうではないルールはつくれるのではないのかとか思うところもありますが，フランケル教授はプリンシプルベースがよいと議論をし，金融庁もプリンシプルベースに大きく舵を切りました。

契約説と非契約説

　アメリカにおける議論で，FDの発生根拠を契約に求める契約説と契約関係以外でも発生するとする非契約説があります。フランケル教授は非契約説をとり，FDは契約ではない状況でも生じると論じますが，アメリカでも批判があり，日本では樋口教授を除いて，神田秀樹教授，沖野眞已教授も含めて契約説が主流です。日本における議論は，日本の契約は非常に広い，そして，ある意味では，裁判所が問題解決のために，ここではこういう黙示の合意があったみたいな，おそらく結果の妥当性から判断を下す。これで十分とは言わないが，日本では一応回っている。信義則もよく使われ，不法行為論があたかもコモンロー的な役割を果たし，結果的には契約説で不便ではないという議論です。

　現実的には，契約説といった場合でも，権利を放棄できるか，という問いに簡単にはyesと答えられないという問題があります。例えば，医者へ行って手術をするとき，必ず同意書をとられます。ほとんど経験もないような医者にとんでもない目に遭わされたみたいな相談を弁護士として受けた場合，説明も聞き同意書にはサインしましたということですと，単純な契約説では争うのはな

なか難しいことになりますが，そうではないという議論が可能であるとすれば，日本で契約説といっても単なる契約ではないということになります。

米国代理法とフィデューシャリー・デューティー

また，樋口教授は，アメリカにおいては，代理人が当然のごとくフィデューシャリーですという議論をします[1]。アメリカの代理法の第3次リステートメントの中では，「Agency is the fiduciary relationship」と明文化されています（リステートメントというのは，アメリカの判例法や学説の通説を集大成してコードにしたものです）。

プルーデント・インベスター・ルール

アメリカの信託法リステートメントの中には，プルーデント・インベスター・ルールというのが規定されており，その中心となる考え方は分散投資義務です。もっとも，金融庁は「顧客本位の業務運営」原則の中で分散投資義務について触れていません。

日本の裁判例で，ITバブルの崩壊により，ITに特化したファンドへの投資で投資金額の大半が毀損した事例で，運用を担った信託銀行が訴えられた事案があり，二審で信託銀行が勝訴しています[2]。契約上，言われたとおりやりました，それ以外のことをやれば契約違反になってしまうという議論です。これに対しては，フィデューシャリーというのは，言われたからそれでいいという議論ではないのではないか，非契約説でなく契約説であってもそうではないか，結論はともかくとして，FDについて判決の中で議論がなされるべきではなかったかという批判があります。

とはいっても，信託銀行側からすると，お客様の意向に沿って運用しているのにどうしたらいいのかという現実があり，なかなか難しい議論です。弁護士でも同じで，依頼者がこうしてほしいといった場合に，弁護士として依頼者のbest interestは違うと考えたとき，どう対応するのかという問題です。弁護士業務に限らず，多分皆さんもどこかでそのような難しいシチュエーションに向かい合うこともあるかと思います。

第8章　「顧客本位の業務運営」原則（フィデューシャリー・デューティー）：公法と私法の接点

証券ブローカーとフィデューシャリー・デューティー

　アメリカ，イギリス，それを受けての日本における議論でも，証券ブローカーである証券会社がFDを負うかという議論が存在します。

　証券会社の店頭に来て，お客様がこの投資信託を買いたいと言ったときに，買うべきではないといい，さらには買わせないとすべきかという議論です。1つの議論は，すでにある適合性原則で十分ではないかというものです。しかし，適合性原則は，あなたにとっては適切ではないというところまでで，best interestからするとそれだけでは足りなくて，こちらを買いなさい，または，買うのをやめさせる，その辺が適合性原則では賄えないというのがFD，「顧客本位の業務運営」の議論ではないかと思います。

　フランケル教授は，証券会社の営業マンが金融商品を売るときに，機械的に売買だけかというと，おそらく相談を受けているでしょう，だから，売買のブローカーであるというところだけに着目するのではなくて，その実態を見れば投資に対するアドバイスをしているので，フィデューシャリーと言われる側面は十分あるのではないかと議論しています。投資アドバイザー（investment adviser）は，1940年のアメリカの投資会社法ですでにFDを負うことになっていますが，証券ブローカーも同様ではないかという議論です。

ERISA法とフィデューシャリー

　アメリカでは，ERISA法という年金に関する包括的な法律の中でフィデューシャリーは誰かということを1975年の段階でアメリカ労働省はルールを決めていました。ところが，アメリカ労働省は金融危機の後にルールを変えて，フィデューシャリーの範囲を広げ，簡単に言えば，ブローカー＝ディーラー的な役割の人でもアドバイスしているではないか，そういう人もフィデューシャリーに入れましょうということにしたのですが，それが訴訟になり，2つの高裁判決が出ました[3]。

　アメリカ労働省にはそういう権限がない，法律に反している，として争われたもので，第5巡回区控訴裁判所では，フィデューシャリーという言葉はすでに私法上の概念として確立しており，単に年金を売るだけの当事者に対してフィデューシャリーと呼ぶのは，私法に反するルールであると述べます。アメ

リカが年金受給者の保護のためにルールを作ったことに対して，争うところは
しっかりと争い，裁判所もそれに応える。アメリカでは法の支配が機能してい
ると感じます。

　この判決自体は2018年3月のものですが，ほぼ同時期に第10区控訴巡回裁判
所が，アメリカ労働省のルールは適法との判決を下しています。どちらもアメリ
カの高裁の判断で，1つは違法説，一方は合法説ですが，アメリカ労働省は，
上告しないでいずれも確定させました。確定させたら曖昧なままかというと，ア
メリカ労働省は，とりあえず，この議論はこれで終わりにし，第5区控訴巡回裁
判所の判決を尊重して改めてルールをつくり直しますという対応をしています。

SEC ルール

　リーマンショックを受けて，顧客保護のために幅広く規制をつくりなさいと
いうドッド・フランク法のもとで，SEC（アメリカ証券取引委員会）もルール
づくりに着手しましたが[4]，SEC は FD とは呼んでいません。なぜかというと，
おそらく FD には私法上の概念が入ってくるからだと思います。直近の議論で
は，アメリカ労働省と SEC が実質一緒にルールをつくりましょうという流れ
になっているようです。すなわち，SEC は2018年4月に SEC ルールを公表し，
それに対してパブコメを募集したところ，その最中にアメリカ労働省の違法判
決が出たので，労働省と協同してルールをつくるということになったというこ
とです。

イギリスにおけるフィデューシャリー・デューティーの議論

　イギリスでは，ケイレビューの中でインベストメントチェーンの各当事者は
FD を果たしていないという議論があったわけですが，アメリカ以上にコモン
ロー，エクイティの観点から厳しい見方をしますから，ケイレビューに対して，
正しくなく，FD の私法における議論とは異なるという意見が大宗を占めてい
ます。FD という言葉が，ブローカー＝ディーラーには適用があってもいいと
いう議論は，イギリスにおいては始めから無理だったようです[5]。

　このように FD が私法上の概念として発展してきた英米においては，これと
は異なる文脈である FD を金融規制に用いることはかなり無理があるというこ

第8章　「顧客本位の業務運営」原則（フィデューシャリー・デューティー）：公法と私法の接点　**211**

とで，行政においても，FD という言葉を使わない形での対応がなされつつあるようです。

4 わが国における議論

会社法上の取締役の忠実義務との関係

翻って，日本における議論をみますと，FD の中心的義務として忠実義務というのがあり，ときに両者は同一の概念として扱われることすらありますが，会社法上の取締役の忠実義務について有名な昭和45年の最高裁判決があります[6]。当時 FD がどの程度の深度をもって議論されていたのかわかりませんが，ある意味では，この判決の考え方が1つの錦の御旗になって今日まで議論の主流として続いています。すなわち最高裁は，忠実義務とは善管注意義務を敷衍し，一層明確にしたものですと言っています。善管注意義務の中に入っていますと，取締役の忠実義務については議論しています。

にもかかわらず，今の会社法でも取締役の忠実義務は出てきます。会社法に限らず，他の法律でも忠実義務という言葉は出てきますが，私法に置き換えると，それは善管注意義務の一態様ですという議論になるわけです。

民法への導入の適否

民法へ導入すべきか否かについても，積極説と消極説があります[7]。消極説（通説）によれば，日本では，英米と異なり，民法において不法行為責任が包括的に規定されており，仮に契約関係を認めることができない場合であっても，多様な態様の権利侵害に柔軟に対応できることから，FD の概念を導入する意義は小さいというものです。

債権法改正時における議論

今般の債権法改正の審議の過程においても議論がありました[8]。民法に改めて忠実義務を規定すべきか否かという議論で，積極説は，善管注意義務とは異なる固有の意味があり，受任者の忠実義務として明記されるべきという議論でしたが，早々に消極説によって葬り去られました。忠実義務の適用は委任の趣

旨によって違い，委任契約すべてに適用されるわけではない，善管注意義務の解釈によって十分賄える，というのが消極説の理由です。

信託法の規定

　FD は受託者の義務の総体の意味で受託者責任と当初訳されましたが，では，信託法における受託者の義務にはどのようなものがあるかというと，受託者責任関連条文をみると，善管注意義務，忠実義務，利益相反行為制限，公平義務，分別管理義務などです。この中で，FD の中心概念は忠実義務です。では，忠実義務とは具体的に何を意味するかというと，信託法の整理では，忠実義務というのは利益相反行為の禁止です。

　また，忠実義務違反の効果として受託者の利益吐き出し責任という議論があります。英米では，受託者が FD に反したことによって得た利益は吐き出し，信託財産に帰属させなければいけないという法理です。

　では，日本の信託法は利益吐き出し責任をどう扱ったかというと，受託者が忠実義務に反して得た利益は受益者の損害と推定しますという推定規定が入りました。利益そのものは必ずしもすべて損害には結びつきませんが，推定規定が入ったことによって立証責任の転換がなされた一方，違反行為に対して損害賠償義務以上の懲罰的な規定を置くわけにはいかないという私法の体系に一応沿う形になりました。

金商法とフィデューシャリー・デューティー

　冒頭，FD は金融行政においてこれまで二度議論され，一度目は旧証券取引法時代でそれが金商法にも引き継がれたとお話ししました。この点をもう少し敷衍して説明しますと，FD を具体的義務に分解し，誠実公正義務はすべての金融商品取引業者の義務とされ，これに対して，善管注意義務と忠実義務に関しては，投資助言・運用業者について義務として定められました[9]。売買，仲介は証券会社の基本的な業務ですが，金商法では善管注意義務と忠実義務があるとはされていません。

　では，金融庁は今般，金商法との関係で FD をどのように整理したと考えたらよいのでしょうか。金商法の義務とは異なるという整理をしたのでしょうか。

第8章　「顧客本位の業務運営」原則（フィデューシャリー・デューティー）：公法と私法の接点　213

あるいは，あくまでプリンシプル＝原則であり，義務すなわちルールでないという整理でしょうか。この点，金融庁がFDと言い出した頃の議論として，すでに金商法上規定されているので，それ以上のことは必要ないし，議論されている内容は全部含まれているはずという批判がありました。

　なお，アメリカにおける議論は，売買に伴って言葉を添えるのは売買の延長線上の出来事であって，フィデューシャリーの役割としてアドバイスしているわけではないというものです。これに対して，日本での議論は，投資信託の販売会社にもFDの適用はあり，単に売買しているだけではない，必ずアドバイスし，顧客はそのアドバイスを信頼しているというものです[10]。

金融機関の組織再編への影響

　銀行グループの組織再編にも，実は「顧客本位の業務運営」原則が影響しています。信託銀行が自らも運用を担い自ら運用することは，果たして「顧客本位の業務運営」，FDの視点から適切か，また，信託銀行は年金等の運用者として企業と向き合わなければならないのに貸付業務を手がけることで企業に遠慮することはないか，という指摘です。銀行グループによっては，運用部門を切り離すという組織再編をし，また，別の銀行グループは，信託銀行の法人貸付け部門を銀行に集中させ，信託銀行は運用に特化するという組織再編をしました。組織がどうあることがふさわしいかという議論に，「顧客本位の業務運営」原則で利益相反を解消せよといわれたことが大きく反映されたわけであり，日本の金融機関はしっかりと応えていることがわかります。

KPIによるモニタリング

　原則ができた後の展開はKPI（Key Performance Indicator）によるモニタリングです。金融庁はまず，各社にKPIを掲げさせ，その後金融庁は各社のKPIをみて，共通で最も重要なKPIは何かということを検討し公表しました。**図表8－4**は，お客様がどれだけ利益を出しているのかを示したものです。運用損益やリターンの比較ですが，こういう動きもあって，投資信託の販売の流れは大きく変わりました。金融庁が舵を切り，「顧客本位の業務運営」という御旗を大きく振ったことによって，日本の投資信託の運用・販売に関する状況

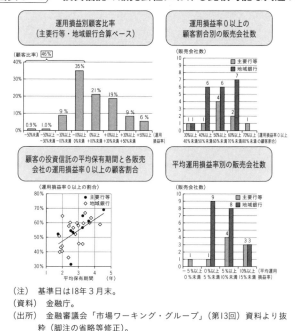

（注） 基準日は18年3月末。
（資料） 金融庁。
（出所） 金融審議会「市場ワーキング・グループ」（第13回）資料より抜粋（脚注の省略等修正）。

は大きく変わったということができます。

「顧客本位の業務運営」原則とコンプライアンスとの関係

　コンプライアンス＝法令遵守と，原則＝プリンシプルの関係ですが，この点，かつて金融庁はパブコメにおいて「顧客本位の業務運営に関する原則への対応状況に問題があることを理由として直ちに行政処分を行うことは想定されておりません」と述べました。しかし，近時，明確な法令違反ということではなく，同原則4の「金融事業者は，名目を問わず，顧客が負担する手数料その他の費用の詳細を，当該手数料等がどのようなサービスの対価に関するものかを含め，顧客が理解できるよう情報提供すべきである」に反する「銀行の融資に関連した不適切行為」として「顧客に対し「対価」の内容の説明ができない手数料があること」を問題として行政処分を下した事例があります。

　以上を踏まえ，金融機関は「コンプライアンス・リスク管理の観点に顧客本

位の観点を付加した上で，営業現場において何が行われているか，顧客本位の観点からみて不適切な営業となっていないかといった洗い出しを，「リスクの特定」の一環として，早急に実施する必要がある」との論評があります[11]。

5 おわりに

FD という英米法で歴史のある未だ議論が尽きない概念について，日本への導入にあたっては外国の議論や私法の議論に巻き込まれないようにと「顧客本位の業務運営」の7原則に置き換わり，行政の基本方針とされたこと，これを受けて各金融機関が方針を公表したこと，これと機を合わせて各金融機関がその浸透を図ることに舵を大きく切ったことをお話ししました。

日本におけるこれまでの制度や法律概念の導入の歴史と同様に，FD の日本への導入後，本来の FD とは異なる展開を見せていますが，これに対して，原理論に立って望ましくない，一種のガラパゴス化的な動きとみる見方もあるでしょうし，一方，日本的に展開を示し成果も出ている動きに対して積極的に評価する考え方もあるでしょう。また，金融当局の目線ではなく，金融機関，さらにはそこで日々働く金融マンの目線に立てば，金融庁が積極的に旗を振ったことを契機に，株主のために利益を出すことが是とされてきた ROE 重視のコーポレートガバナンス論に対して，顧客利益を最重視するいう原則が打ち出されたことに，我が意を得たりと感じている向きもあるのではないかとも思います。

ところで，最後に，学生の皆さんへのメッセージとして伝えたいことは，牛車から西洋のように馬車ではなく駕籠かきになった発想，道路の整備という選択ではなく，駕籠を担ぐという選択をするような易き方向の選択をされないよう，皆さんの法律家としての今後のキャリアにおいて是非肝に銘じていただきたいということです。翻って本日のテーマである FD の日本への導入の議論でも，議論のそれぞれの過程における判断において，易きに流れていないか，果たして異なる判断はなかったのかという視点を持って考えていただきたいということです。

こうした姿勢は FD の議論にとどまらず他の法律の議論でも同様で，当然の

こととして語られる多くの論点に対しても，単純に受け入れるのではなく，また単なる賛成反対ではなく，深く洞察を試み，そうした通説的な考え方が現在の社会に合わなくなったと感じるときには，新たな議論の展開を模索する姿勢が必要だと思います。

本日はご清聴ありがとうございました。

● 質疑応答

「顧客本位の業務運営に関する原則」に対して，メガバンクはともかく，今，低金利に苦しんでいる地域金融機関は対応できているのでしょうか。

A 一番問題になっている投信の販売方法は，お客様に投信を売り，利益が出ると，それを解約して，別の投信を買いましょうといって手数料収入を稼ぐ手法です。お客様も合意しているわけだから，法的には問題ないのですが，そういう回転売買は，手数料が高いので結果的にお客様が損することも多く，地銀はそうやって手数料収入を得てきた部分もあるかもしれませんが，FDの議論でそうして得た利益は本当に適切なのかということが指摘されたわけです。お客様がこうした実態を知ってしまうと，投信から，手を引いてしまうことにもなりかねないので，長い目で見ると，結局，その金融機関にとっていいことではなかったのではないかという点もあります。その意味では「顧客本位の業務運営」原則は地域金融機関の適正な利益という方向で役立っているといえます。

一方で，FDは包括的概念ですから，結果責任を問われ何に対してもFD違反といわれやすい面があります。ある意味では行き過ぎという状態も生じるかもしれません。そうすると，この原則が必要以上にブレーキとなって地域金融機関の経営に影響することもあるかもしれません。

ですから，「顧客本位の業務運営」原則をそれぞれの地域金融機関が自分なりに咀嚼しルール化して，その中で運用していくことによって，何がよくて，何がいけないかということが明確にすることができれば，かえって地域金融機関の経営に資することになるのではないかと思います。

Q2

「顧客本位の業務運営」原則があることで，金融機関に勤めている従業員は，金融機関の利益の最大化のために働く一方で，顧客の利益も最大化しなければいけないといったジレンマに陥るような気がしますが，この点に関する議論があるのでしょうか。

A 営業の現場では，そういうこともあると思います。年間の業務目標があって，目標に到達するためには利益を出さなければいけないときに，従前のビジネスモデルを使うことができなくなったからです。もっとも，投信販売における従前のビジネスモデルの中にはやはり問題があったわけですから，これを新しいビジネスモデルに転換することは必要であり，すでに金融機関による差はあっても変化の兆しはあると思います。また共通の KPI の中で順位が公表されますから，金融機関としても変わらざるを得ないところもあります。それぞれの金融機関が営業現場が困らないようにしっかりと「顧客本位の業務運営」原則を浸透させる姿勢を貫くことが重要だと思います。

Q3

金融機関には公的側面があるので特別なルールを課すことも考えられますが，今後，FinTech ベンチャーも参入してくる場合に，この「顧客本位の業務運営」原則が守られているかの監督が難しくなってくる気がしますが，いかがでしょうか。

A 仮に金融庁の監督下にない FinTech ベンチャーの場合，金融庁の目が届かないためこの原則の適用の状況がわからないという議論はあると思います。また何が原則に反し何が良いのか，新しい FinTech のビジネスモデルでは明確ではないということもあると思います。海外では，FD として，私法の世界で訴訟が行われて社会のバランスがとれていくと思います。日本だと，不法行為として，とんでもないことをすれば，それなりに法的に救済が求められますが，それがどこまで通用するか，監督という視点を考えると心許ないともいえます。もっとも，「顧客本位」というのは日本的ビジネスモデルに合致する考え方でもあり，英米法のようなコモンローの世界の FD とは違った形で日本では発展していくのではないかと期待しています。

Q4
専門性からみた顧客の best interest と顧客の希望が対立したときには，専門性の観点から説明をし尽くしたということでフィデューシャリー・デューティーは果たされたと考えてよろしいのでしょうか。

A 契約説と非契約説があると申し上げましたが，契約説であるならば十分説明を尽くしていれば顧客の希望どおりとすることで問題はないはずです。しかしそうすると，説明義務とあまり変わらないことにもなります。また，「顧客本位の業務運営」原則を私法的にみた場合，もはや契約説では説明できない状況があることはお話ししました。専門性のある方が，とことんおかしいと言うべきなのか，しっかり説明すればよいということなのか，悩ましい状況です。

そういう困った状況というのは，医者でいえば，インフォームド・コンセントをどこまで尽くすか，弁護士でいえば，弁護士の方針やアドバイスと依頼者の意向が異なるという状況にどう対応するかということです。私自身弁護士としてそういう状況に遭遇することがあります。会社の担当の方が依頼者を代表して弁護士と向かい合いますが，弁護士が会社のためと考える方針と担当の方との意見が合わないこともあります。弁護士の1つのビジネスモデルとして，担当の方から言われたとおり頑張る，多分そのほうが世間的な評価は高いのではないかと思うのですが，私自身はそういう姿勢は好きではなく，また正しいと思わないので，いかに説得するかに尽力します。一方，独善に陥らないよう，またベストとは必ずしも1つではないはずであり，十分話に耳を傾けることも大切です。

もう少し敷衍しますと，FDにせよ「顧客本位の業務運営」原則にせよ，それは自らの専門性に信頼した人に誠意を尽くしましょうという，ある意味当然の道徳的規範を私法レベル，あるいは公法レベルまで高めたものです。誠意を尽くすという趣旨がどこまでを意味するか，消費者，市民に限られるのか，その間における公平性はどうか，取引先，機関投資家はどうか，株式会社にあっては株主利益をも上回るものなのか，そもそも会社の社員の生活や職場環境との関係はどうかなど，まずFDありきといっても，現実はさまざまなステークホルダーが存在します。他にも守らなければならないステークホルダーが存在する状況において，sole interest は可能なのか，best interest といっても best

第8章　「顧客本位の業務運営」原則（フィデューシャリー・デューティー）：公法と私法の接点

の持つ意味合いは単純ではない，という状況が絶えず存在します。そのために
も，結果論に陥らないよう，現場に過度の負担や高度な判断を強いることがな
いよう，プリンシプルベースを，ソフトローや具体的行為規範も含む趣旨です
が，ルールベースに引き直し高度化する努力も必要かと思います。

　なお，FD は従前やや株主重視一辺倒であったコーポレートガバナンス論に
対して，FD の視点から多様なステークホルダーの利益の保護という重要な視
点を突きつけたものともいえるでしょう。さらに，ESG の観点から FD を見
た場合，次元の異なる議論とはいうものの，状況によっては時に FD より
ESG の視点がより重要になることもあるでしょう。いずれにしても単純な法
律論に終わらせられない難しさ，深さが FD には存在するといえます。

（2018年11月28日講義）

●注 ────────

1　樋口範雄・佐久間毅編『現代の代理法』弘文堂，2014年，樋口範雄・神作裕之編『現代
　　の信託法』弘文堂，2018年参照。

2　大阪高判平成17年 3 月30日（判時1901号48頁）。

3　「40 No. 7 Insurance Litigation Reporter NL 2 May 7, 2018, WESTLAW」参照。

4　松尾健治「米国フィデューシャリー・デューティーが二転三転！…」『投資信託情報』
　　13頁，2018年 6 月，上野まな美・鳥毛拓馬「米国，フィデューシャリー規則の動向」大和
　　総研，2018年 1 月26日，等を参照。

5　重田麻紀子「金融機関のフィデューシャリーをめぐる英法系諸国における判例法の展開」
　　『会計プロフェッション』2018年 3 月第13号253頁を参照。

6　最判昭和45年 6 月24日（民集24巻 6 号625頁）。「金融取引における受認者の義務と投資
　　家の権利」報告書（『金融研究』1998年 4 月）も参照。

7　「金融取引におけるフィデューシャリー」研究会報告書（『金融研究』2010年10月）を参
　　照。

8　法務省「民法の改正に関する中間的な論点整理の補足説明」平成23年 5 月。

9　松尾直彦『金融商品取引法』商事法務，2011年，359，364，365，366頁等参照。

10　今泉宣親「投資信託を中心とする個人向け投資商品を販売する金融機関のフィデュー
　　シャリー・デューティーについての検討」『ソフトロー研究』第26号（2016）74頁参照。

11　「スピンオフ顧客本位原則は行政処分の夢をみるか」『金融法務事情』2099号96頁参照。
　　引用部分は同論稿からのものです。

第9章
コーポレートガバナンス改革と
独立取締役の役割

●本講のねらい

アベノミクスが始まって以降，特にコーポレートガバナンス改革が叫ばれてきましたが，その主要な要素は独立取締役を強化するというものでした。本講では，コーポレートガバナンスの基礎理論に加えて，優れたコーポレートガバナンスとは何なのか，わが国のガバナンス改革の現状と課題について明らかにします。

●本講を通じて得られる示唆

優れたコーポレートガバナンスにはさまざまな考え方がありますが，長くトップアナリストとしてご活躍された藤田氏は，社会と調和して，長期的な利益成長をもたらす会社であることが必要で，よく指摘される独立取締役を増やすことや経営監視の仕組みを強化することも選択肢の1つではあるが，それ以上にベンチャーを企業育成し，新陳代謝を促進する仕組みをつくることが重要であると述べます。

●Navigator

藤田　勉（ふじた　つとむ）

一橋大学経営管理研究科特任教授。一橋大学大学院修了，博士（経営法）。シティグループ証券取締役副会長，慶應義塾大学講師，経済産業省企業価値研究会委員，内閣官房経済部市場動向研究会委員などを歴任し，2018年より現職。2006〜2010年日経アナリストランキング日本株ストラテジスト部門5年連続1位。一橋大学大学院フィンテック研究フォーラム代表，シティグループ証券顧問等も務める。

1 優れたコーポレートガバナンスの定義とは

　実は，今日，講義の機会をいただくのは大変うれしく思っています。特に最近は，カルロス・ゴーンさんの件をはじめとするコーポレートガバナンスの事件がいろいろな形で起きています。学生の皆さんがどのように考えているのか，ぜひ私も教えていただきたいと思います。最初に申し上げておきますと，私はずっと外資系にいましたので，日本の一般的なコーポレートガバナンスの見方とかなり違う見方をしているかもしれません。ただ，逆に言うと，グローバルな見方からすると，日本の常識が大きく乖離しているというのが私の見解です。

　今日のテーマはコーポレートガバナンスですが，良いコーポレートガバナンスの定義とはどのようなものでしょうか。どなたかいかがですか？

——社外取締役を入れていて，内部統制がしっかりしていて，外部からのチェック機能もしっかり働いているような会社だと思います。

——内部だけで完結するのではなく，外部の人たちの意見も聞いている，具体的には，社外取締役が多い会社です。

——企業の短期的な利益だけでなくて，長期的な利益を常に念頭に置いている会社です。

——中長期的に利益を出し続けられるような基盤が存在する会社です。

——ステークホルダーに対して適切に配慮できるような会社です。

　では，具体的にはどういう会社が考えられますか？

——会社として利益をたくさん出しているのが重要だと思うので，日本なら時価総額が一番大きなトヨタ自動車かなと思います。

　先ほど，社外取締役がいたら良いガバナンスだという話もありましたが，それとはどういう関係にあると思いますか？

――私は，社外取締役がいれば必ずしも良いコーポレートガバナンスであると
　　は限らないと思うので，抽象的ですが，企業として中長期的に利益を出せ
　　るという定義が最初にあるべきかと思いました。

　ありがとうございました。だいたい，皆さんがどのように考えているかイ
メージがつかめました。では，グローバルな比較で，いろいろな整理をしなが
ら，私の意見をお話しします。

優れたコーポレートガバナンスの条件
　私は，優れたコーポレートガバナンスとは何かというと，まず1つの条件は，
社会と調和するということで，社会からリスペクトされ，社会とうまくやって
いく，かつ，長期的な利益成長と株価の上昇を実現している会社です。これが
私の言う，優れたコーポレートガバナンスの定義です。
　「社会と調和しながら」ですので，当たり前ですが，犯罪行為は当然しない。
犯罪でなくても，社会から非難されるような行為もしないことが大事だと思い
ます。小さな会社なら許されるが，大きな会社だと許されないことが世の中に
たくさんあるわけで，この意味で，一定の規模に応じた品格・風格，私は会社
には社格があると言っているのですが，私は，「社会と調和しながら」という
のを非常に重視しています。
　今，世界で一番利益が出ているのはアップルですので，私の定義でいくと，
アップルが世界で一番，優れたコーポレートガバナンスの会社になります。社
会とも調和しています。iPhone は2007年にスティーブ・ジョブズが開発した
ものですが，このスマホによって世の中のいろいろな生活パターンが変わり，
非常に便利になりました。したがって，アップルは，十分，われわれの社会を
より便利にし，かつ，利益を伸ばして株価も大きく上がっています。
　私は証券会社にいたので，どうしても企業の価値を，株価つまり時価総額で
見る傾向があるのですが，必ずしも理論的に間違っていません。例えば，
M&A ではいろいろな基準がありますが，上場会社の場合は，普通は株価（時
価総額）が企業価値の算定基準になります。そして，時価総額の大体2割か3
割のプレミアムを乗せて買うのが，一般的なパターンです。

普通，利益が大きいと株式の時価総額が高いのですが，利益は少なくても，株価は高く，時価総額が大きい場合があります。アマゾンが一番いい例で，アマゾンの時価総額は最近少し減って90兆円（2018年11月時点）ぐらいですが，純利益は2017年度で3,000億円ぐらいとたいしたことはない。トヨタのほうがはるかに大きいですが，時価総額はトヨタのほうがはるかに小さい。ですから，利益も大事ですが，株価のほうがより大事という場合もあります。

　では，株価はどう決まるかですが，いろいろ理論があるのですが，基本的な教科書では，将来の利益を現在価値に割り引いてすべて合計したものが株価であるという理屈です。そうでない場合もあるのですが，これが一番基本的な形です。つまり，株価は，アマゾンの将来利益はトヨタをはるかに上回ると予想しており，それによってアマゾンの企業価値が決まり，現在のアマゾンの時価総額はトヨタの4倍近い大きさを持っています。現在の利益は圧倒的にトヨタのほうが大きくて，約2兆円の純利益があるので，トヨタのほうが7倍ぐらい大きいのですが，時価総額はアップルのほうが圧倒的に大きい。

日本企業のコーポレートガバナンスは良いのか，悪いのか

　では，この優れたコーポレートガバナンスの定義からいくと，日本企業のコーポレートガバナンスは良いのか，悪いのか。私は，日本企業のコーポレートガバナンスは世界と比べて著しく悪いと考えています。1つの理由は，何といっても日本企業は，低成長・低収益率であるということです。日本企業のガバナンスは良くなったという人がいますが，日本だけ見たらそう言えるのかもしれませんが，多分グローバルな視野を持つと私と全く同じ見解になると思います。2つ目に，不祥事が多発しています。別に日産自動車が突然不祥事を起こしたのではなくて，検査データ不正事件，大手建設会社の談合事件，最近も毎月のように日本企業の不祥事が出てきています。そうすると，社会と調和する，そして利益や株価が上がるという2つの条件で世界と比較すると，著しく劣るというのが私の結論です。この点について，理論とデータをみながら説明していきたいと思います。

2　コーポレートガバナンスの基礎理論

信託の基本概念

　まず，話は十字軍になります。1096年，ローマ教皇が，西ヨーロッパからイスラエルのエルサレムを奪回するために十字軍を派遣しました。そのときにイギリスでできたのが土地信託でして，日本にも信託銀行がありますが，これは十字軍からスタートしています。当時，イギリスでは国王が全部の土地を所有していることになっていましたが，騎士が十字軍でエルサレムへ行くと，途中で死ぬかもしれないので，その場合，残った荘園を誰が預かるのかということになります。それで，善意の第三者に預ける，そのときの善意の第三者とは何かというと，一番代表的なのは教会だったわけです。教会に寄託し，万が一死んだら，その分を信託して経営してくれるということで十字軍に行ったのです。ここから信託が始まりました。

経営者支配論の発達

　時は流れ，アメリカで「経営者支配論」が発達しました。これはバーリーとミーンズという人が考えました。昔はアメリカでもロックフェラー，モルガン，カーネギーなど，いろいろな財閥がありましたが，だんだん株式を増資したり，もしくは財閥の持ち主が株式を売ったりで株式が分散します。大株主であれば，自分の会社は大事なので，一生懸命会社を経営するわけですが，株主が分散して小さな株主だったりすると，会社も小さな株主もどうでもいいと思うわけで，経営監視の動機が低下して，結果的に経営者をしっかりとガバナンスできない状況がありました。これが経営者支配論ということで，有名な話です。

会社は「契約の束」

　その後，「契約の束」という考え方が提唱されます。この「契約の束」というのは大事なポイントで，会社はすべて契約の束で，従業員とは当然労働契約を交わし，取締役とも経営者としての契約を交わし，取引先とも当然契約を交わしているということで，いろいろなものが契約で全部成り立っており，これ

を全部集めたものが会社であるというのが「契約の束」という概念です。

エージェンシー理論

　ジェンセン，メッケリングという人が提唱した非常に大事な概念に，エージェンシーコストという概念があります。信託理論から来ていて，例えば，私が100％株主で，1人だけ経営者がいて，藤田カンパニーをつくりました。私が唯一の株主で，唯一の経営者であれば，エージェンシーコストは一般的に低い。つまり，藤田カンパニーは自分の会社で，自分が唯一の経営者で，唯一の株主であれば，好きに会社を経営できます。しかし，だんだん大きくなり，株主が増え，取締役が増えた場合に，必ずしも私の思うとおりに藤田カンパニーは動きません。そのうち，会社の名前は藤田カンパニーからABCカンパニーに変わるかもしれないとなると，プリンシパル（第一責任者）である私と会社の間にエージェンシーコストが発生します。要するに，会社が思うとおり動かないという概念をエージェンシーコストとご理解ください。

　プリンシパル（多くは株主）が，業務執行をエージェント（取締役）に委任しますが，多くの場合，取締役は自分の利益を追求することがあって，自分の給料をたくさんもらう。会社にジェット機を買わせたり，住宅を買わせたりといった絵に描いたようなエージェンシーコストが発生しています。

エージェンシーコストの定義

　私が1980年代にアメリカにいたときのエージェンシーコストは，プリンシパル（株主）とエージェント（取締役）の利益相反のだけのことを指していました。要するに，経営と所有が分離してしまうと会社が自分の思うとおり動かないというのが，エージェンシーコストで，非常に単純でわかりやすい。

　ところが，21世紀に入りこれが多様化し，支配株主と少数株主の利害相反という概念も出てきました。ヨーロッパで発達した概念で，特に大陸ヨーロッパや日本では，親子上場やオーナー経営があります。もちろん，アメリカにもあります。アマゾンでいえば，ジェフ・ベゾスという人が15％ぐらい株式を持っていて，もちろんオーナー経営なのですが，大陸ヨーロッパと日本ではオーナー経営がたくさんあり，支配株主と少数株主の利害相反が起こります。例え

ば，ソフトバンクグループは孫正義さんが最大株主ですが，一般の個人投資家もたくさん持っていますので，支配株主の孫さんのやりたいことと少数株主の利益が必ずしも一致しないことがあります。これもエージェンシーコストです。

　もう1つは，特にCSRに関わってくるのですが，株主・経営者対従業員・地域社会といったようなエージェンシーコストもあります。例えば，儲からない工場があって，工場を閉鎖すると，当然のことながら，株主はコストが減ったら利益が増え，配当が増えて，儲かります。経営者も経営状態が良くなり，自分のボーナスが増えます。一方で，従業員はクビになり，地域社会は工場が潰れ，税収・人口減という問題があり，対立が生まれます。この3つのエージェンシーコストがあるので，私のコーポレートガバナンスの定義は，この3つに代表されるようなエージェンシーコストをできるだけ最小化することだと考えています。

会社は誰のものか？

　さて，次に，会社は誰のものか，いろいろな意見があります。会社は①株主のもの，②従業員のもの，③お客様のもの，だという人がいますが，どれが正しいでしょうか。いろいろな意見があります。この3つのうち，どれが相対的に一番大事か，手を挙げていただきたいのですが，どうでしょうか。

　　　　　（それぞれに挙手した結果，①が最多）

　①の株主という意見が多かったですが，株主以外の意見の人はいますか？例えば，ジョンソン・エンド・ジョンソンというアメリカの薬品会社は，株主は一番最後だと公言し，お客様第一だといっています。ジョンソン・エンド・ジョンソンはおかしいですか？

――顧客がいないと企業経営は成り立たないと思うので，③のお客様が一番重要だと思いました。
――よくよく考えてみると，お客さんがいない会社も世の中に普通にあるなと思うので，誰のものかと考えると，従業員のものというのも説明がつかないし，やはり株主のものと考えないと，およそ会社について誰のものかという問いには答えられないので，1つ答えを出すなら株主のものなのかな

第9章　コーポレートガバナンス改革と独立取締役の役割　227

という感じがします。

――誰のために意思決定するかという意味では従業員という答えもあり得ると思いますが，基本的に会社の大きな方針決定は株主がすると思うので，そういう意味で会社は株主が動かせる株主のものというイメージがあります。

　いろいろ意見があってしかるべきで，私は，どうしても株主第一と言ってしまうのです。よく従業員・お客様が一番大事で，会社は従業員，お客様のものだという方がいて，「そう思うのなら明日から従業員の給料を１割上げてください」「それでは明日から販売価格を１割下げてください」と言うのですが，実行する人はいません。そう考えると，そう言っている人たちも，やはり株主のためにしていて，ジョンソン・エンド・ジョンソンも，株主第一で経営しているから，立派な会社になったと私は考えています。ただ，対外的に，株主第一というのはあり得ないので，そのように言っているのかなと私は思います。

　法と経済学の考え方で，会社は株主のものだという人がどういう理屈で言っているのかというと，先ほどの「契約の束」では，契約が完全に履行されると，株主だけが残余請求権を持ちます。残余請求権とは，株主が最終的な利益および清算時の残余財産を無制限に得る権利で，したがって，株主のみがリスクを負っているということです。

　株主以外は確定請求権者といい，株主以外の契約者はリスクを負いません。契約がしっかりと履行されるのなら，債権も給料も全部保証されるわけで，リスクがない。株主はハイリスク・ハイリターンだから，会社の利益を極大化したいと思う。債権を持つ人は，会社が破綻しない限り，会社が儲かっても損をしても利益は変わりません。だから，当然のことながら，株主が一番利益を求めます。それから，株主のみが議決権を持つというのが会社法ですので，これが株主主権論の根拠だと言われているわけです。

不完備契約理論と CSR 理論

　しかしながら，反論として不完備契約理論があります。2016年に契約理論に関する功績でノーベル経済学賞を獲ったオリバー・ハート米ハーバード大学教授が言っていて，株主のみが残余請求権者ということはなく，実際に完全契約

があったとしても，それが全部実行されることは基本的にないというものです。つまり，債権，従業員の報酬や年金，買掛金などの返済は不確定であるというものです。

例えば，2010年に日本航空が経営破綻したときに，すでに受給権が確定した退職者の年金を減額しています。ですから，会社が破綻すると後から年金減額されるので，契約が履行されるとは必ずしも限らないということです。

そうすると，契約が不完備だったら，契約の束モデルから導出された株主主権論は当然成り立たないですし，会社法105条1項には，株主は①配当を受け取る権利，②残余財産を受け取る権利，③議決権，の3つの権利しかないと言っていて，会社は株主のものとはどこにも書いていません。

ただし，会社がいろいろなステークホルダーに支えられていることは間違いない。取引先も大事で，従業員もとても大事で，オール・オア・ナッシングはあり得ないので，私は，基本的に会社は株主を中心とする多くのステークホルダーのものだと言っております。当然，従業員も取引先も大事に決まっていて，どれが大事ということはないが，基本的に会社は株主が大事ということです。

株主は何で満足するかというと，基本的に株式の時価総額が大きく増えた場合に満足します。会社の利益が増えれば，普通，給料が増えます。普通は設備投資をするし，雇用を増やし，いろいろな形で社会に還元するので，多くのステークホルダーは当然潤う。取引先も当然潤います。そういった意味からいきますと，会社は，長期的に社会と調和しながら利益と株式の時価総額を増やせば，必ずと言っていいぐらいステークホルダーの満足度が高まり，特に株主の満足度が高まります。この状況が私は良いコーポレートガバナンスだと考える次第です。したがって，私の定義としては，冒頭に申し上げた2つの条件を満たすことが一番大事なのだと説明をしています。

3 コーポレートガバナンス制度の国際比較

次に，実際のデータでコーポレートガバナンスの現状を比較検討したいと思います。

独立取締役構成比の国際比較

図表 9-1 の上側は独立取締役構成比の国際比較ですが，日本が一番低くて，アメリカが一番高い。ちなみに，ドイツには独立取締役は存在せず，法律上そもそも独立取締役という制度がなくて，100％社内取締役です。会社法がいろ

図表 9-1　独立取締役の国際比較

独立取締役構成比の国際比較（2017年）

	平均取締役人数	平均独立取締役人数	構成比
米国	10.8	9.2	85％
スイス	10.6	8.9	84％
オランダ	8.3	6.9	84％
フランス	13.9	8.5	69％
英国	10.2	6.2	61％
ドイツ	16.3	－	60％
イタリア	11.5	5.9	51％
スペイン	11.0	4.8	44％
日本	11.0	3.2	29％

（注）　独立取締役人数について，英国は，取締役議長除く。ドイツの構成比は，株主代表のみ。
（出所）　スペンサー・スチュアート，ブルームバーグ。

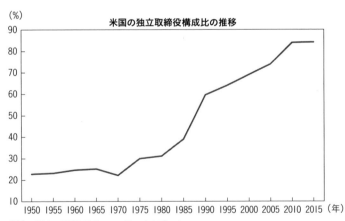

（注）　2010，2015年は Spencer Stuart のデータ。
（出所）　Jeffrey N. Gordon, "The rise of independent directors in the United States, 1950-2005 : Of Shareholder Value and Stock Market Prices", *Stanford Law Review* Volume 59, Issue 6, April 2007, Spencer Stuart.

いろ違うので，例えばスイスでいきますと，ノバルティスという薬品会社があり，世界でトップ3に入る大きな薬品会社ですが，全部社外取締役です。日本だと会社法上は代表取締役が必ず1人必要ですから，全部社外取締役にはできません。つまり，同じように並べていますが，各国法律が違うので，一概にはいえません。非常に多様なガバナンスの仕組みがあるので，グローバルスタンダードというものも特にありません。

　図表9-1の下側は，アメリカの独立取締役構成比の推移を示していて，1960年代～1970年代の初めぐらいまでは2～3割でしたが，1980年代～1990年代に大きく上がって，21世紀に入って以降はあまり変化ありません。アメリカの場合には，2001年に，上場規則で独立取締役が過半数以上と決まりました。その時点では平均して7割だったので，現状を追認したという形です。

なぜアメリカで独立取締役が増えたのか？

　なぜアメリカで独立取締役が増えたのでしょうか。敵対的買収がとても増えたというのが一番大きな理由です。1980年代にブーン・ピケンズ，カール・アイカーンといった敵対的買収をする人が増え，結果として独立取締役を増やさざるを得なかったのです。なぜかというと，敵対的買収で，今の株価よりもはるかに高い値段でカール・アイカーンが会社の株を買うという話があった場合，株主にとってはいい話ですが，経営者・CEOが反対する場合があります。CEOが反対する理由は，自分が上場会社のCEOという仕事を失うのが嫌で反対しているのか，それとも株主のために反対しているのか，のどちらかですが，当然，自分の利益を優先すると，アメリカでは即裁判になり会社法違反に問われます。

経営判断原則

　そこで経営判断原則というのがあり，結果は一切問わないが，裁判所はプロセスを重視して，プロセスが適切であれば，会社に損害が生じたり，相手に損害を与えたりしても取締役は免責という話です。例えば，敵対的買収があって，高い値段で買いますといったときに，ポイズンピルを発動すると，株価が下がるリスクもしくは相手が損をするリスクがありますが，相手に損をさせたときも，プロセスが適切なら，基本的に取締役は免責になるというものです。

第9章　コーポレートガバナンス改革と独立取締役の役割　**231**

では，プロセスが適切とは何かというと，利害関係者を外した独立者だけで決議した場合，これはプロセスが適切だと判断されます。このため，社外取締役をたくさん入れて，決議してもらってポイズンピル[1]を発動すれば，そのCEO は免責になります。これが1980年代に独立取締役の比率が上がってきた一番大きな背景です。

このため，そもそも独立取締役とは何かというと，経営者を監視するためではなくて，経営者を守る道具だったということです。もちろん，独立取締役と形だけ言っても，自分のお友達を雇う場合もあり，これではとても監視が効かないので，2001年のエンロン事件などいろいろな不祥事が起きました。

独立取締役がいれば良いガバナンスになるのか

では，独立取締役がいたら良いガバナンスになるのでしょうか。これは結構議論があるところで，コーポレートガバナンス・コードはすばらしいと言っている人に限って，だいたい独立取締役がいると良いガバナンスになると言っています。ただ，独立取締役は有効な場合もあるし，有効でない場合もあるし，学術的には，はっきりした答えは出ていません[2]。また，独立取締役規制強化では，不祥事も防げないといわれています[3]。例えば，2008年にアメリカの大手証券会社リーマン・ブラザーズが経営破綻して世界が不況になりましたが，リーマン・ブラザーズのCEO は，9年間で何と620億円報酬をもらい，世界を危機に引きずり込み，会社は破綻しました。ですが，リーマン・ブラザーズでは，当時，リチャード・ファルドがCEO として社内取締役であった以外は全員社外取締役でした。名立たる経歴を持った社外取締役がリーマン・ブラザーズのCEO の高額報酬を決め，経営も破綻したのです。

独立取締役の効用

では，独立取締役は役に立たないのかというと，そうでもなくて，業績の悪い会社のCEO を解任するには非常に効果があるとされています[4]。

例えば，1993年にIBM は当時のCEO，ジョン・エイカーズを解任し，ルイス・ガースナー（当時，RJR ナビスコ会長）をCEO に選任しました。2010年には，イギリスのエネルギー会社のブリティッシュ・ペトロリアムが事故を起

こし，株価は大きく下がって，エクソンモービルが TOB をかけるという話になったので，取締役会は CEO を交代させました。

なぜこのような効果があるかというと，独立取締役は大体世の中の名士ですので，ダメな会社の取締役をやっていると自分のレピュテーションに傷がつくと思うわけです。このため，ダメな会社の CEO をクビにするときには，独立取締役に強い動機が働いているという考え方です。

ただし，独立取締役が本当に独立していたら，平時に厳しい監視をするのでしょうか。本当に独立していたら，何の動機でそんなに厳しい監視をするのでしょうか。独立取締役といっても，報酬をもらい，かつ，人事権は CEO が握っているわけで，基本的に独立取締役といっても独立していない。アメリカだと年平均3,500万円の報酬をもらっていますが，人事権は CEO が握っていて，報酬決定権も CEO が握っていて，その CEO を平時にクビにできるのか，もしくは CEO に厳しいことを言えるのか，あなたの報酬は多過ぎると言えるのか。独立しているのにそんな動機があるのか，つまり，独立取締役が独立すればするほど会社に対して介入をしない，といった理論も実証研究も実はあったりします[5]。

イギリスの失敗から学ぶ

よくいわれているコーポレートガバナンス・コードを最初に作ったのはイギリスで1992年でした。いわゆるソフトローですが，上場規則のような強制権が非常に強いソフトローではなく，強制もなく，罰則もなく，Comply or Explain と言って非常に強制力が弱い形です。例えば，独立取締役を半数以上にしましょうというものです。

2010年にはスチュワードシップ・コードができました。これは株主による上場企業に対する対話の基準です。つまり，スチュワードシップ・コードのほうは株主に対して，コーポレートガバナンス・コードは上場企業に対して，といった違いがあります。

では，イギリスでこれらの効果があったのでしょうか。イギリスのコーポレートガバナンス・コードには良いガバナンスの定義がしっかりと書いてあり，要は企業を社会と調和させながら成長させる，これがコーポレートガバナン

ス・コードの目的だということです。

　しかしながら，イギリスの時価総額上位10社をみると，一番大きな特徴は古い会社が多いということです（**図表9-2**）。1位はロイヤル・ダッチ・シェルですが1907年設立です。では，イギリスでIT企業はあるでしょうか。イギリスのIT企業の名前を知らないと思いますが，これはほぼないからです。イギリスの自動車会社には，ローバーやジャガーがあるというかもしれませんが，両社は，昔はイギリスのブランドでしたが，今，インドのタタが買収し，イギリスには自動車会社はありません。このように，イギリスからはIT企業や自動車企業はなくなりました。

　もう1つ，最近，カルロス・ゴーンさんの話があったこともあり，報酬委員会をつくり，独立取締役を入れてしっかり監視をすれば，不適切な報酬問題は起き得ないと言う人がいます。**図表9-3**は，イギリスの過去5年間の赤字企業で，赤字が大きい順に並べてあり，一番右側はCEOの報酬ですが，この中のチャンピオンはBPです。円換算で8,000億円近い赤字ですが，CEO報酬は23億円でした。3番目のボーダフォンも8,000億円以上の赤字ですが，CEOは2017年に9億円報酬をもらいました。

　こんな報酬を一体誰が決めたのかというと，BPでは取締役の8割が独立取

図表9-2／イギリス企業の時価総額上位10社

	銘柄	セクター	時価総額（兆円）	設立年
1	ロイヤル・ダッチ・シェル	エネルギー	29.4	1907
2	HSBCホールディングス	金融	18.0	1865
3	ユニリーバ	生活必需品	17.0	1872
4	BP	エネルギー	16.0	1909
5	ブリティッシュ・アメリカン・タバコ	生活必需品	10.9	1902
6	アストラゼネカ	ヘルスケア	10.6	1913
7	グラクソ・スミスクライン	ヘルスケア	10.5	1715
8	リオ・ティント	素材	9.3	1873
9	ディアジオ	生活必需品	9.3	1749
10	レキット・ベンキーザー・グループ	生活必需品	6.3	1823

（注）　2018年10月末時点。1ドル110円換算。
（出所）　ブルームバーグ，各社資料。

| 図表 9 - 3 | イギリス赤字企業の CEO 報酬（過去 5 年間赤字額上位10社） |

		期日	純損失（百万円）	CEO 報酬（百万円）
1	RBS	2013年12月	−1,461,490	274
2	テスコ	2015年2月	−1,033,380	283
3	ボーダフォン・グループ	2017年3月	−818,610	903
4	RBS	2016年12月	−788,700	524
5	BP	2015年12月	−777,840	2,325
6	BHP ビリトン	2016年6月	−766,200	269
7	ボーダフォン・グループ	2016年3月	−702,650	784
8	アングロ・アメリカン	2015年12月	−674,880	623
9	ロールス・ロイス・ホールディングス	2016年12月	−604,800	313
10	RBS	2014年12月	−526,490	345

（出所）　ブルームバーグ，各社資料。

締役で，かつ BP の報酬委員会は全員独立取締役です。だから，私は，報酬問題は独立取締役を増やせば解決すると言う人がいたら，どうしてこんなことになるのか説明してくださいと言っています。

　要は，独立取締役がどういった動機で厳しく監視するのかということで，自分が何千万円ももらっているのに，CEO をクビにし，CEO が代わったら独立取締役の全員交代にもなりかねないので，強い牽制をするという動機は，倒産や極端な赤字が出ない限り，なかなか難しいというのを過去のデータが示しています。ただし，繰り返しになりますが，私は独立取締役が全く役に立たないと言っているわけではありません。

4　日本のガバナンス改革

取締役優位モデルのアメリカと株主優位モデルの日本

　最後に日本のガバナンス改革の話をします。まず，取締役優位モデルというガバナンスのモデルがあり，アメリカのスタンダートなものですが，株主総会と取締役会がある場合には，原則は取締役会に権限が移譲されるというものです。例外はたくさんありますが，原則として取締役会が配当を決め，株主総会

第9章　コーポレートガバナンス改革と独立取締役の役割　235

に配当を決定する権限はありません。

　一方，日本では，普通，株主総会が配当を決めます（取締役会に授権することも可能）。日本は株主優位モデルで，世界でも株主が一番強い権限を持っているモデルになっています。

　この話をする大きな理由は，コーポレートガバナンス・コードには取締役はどうすべきか，とたくさん書いてあります。アメリカの場合は取締役会優位なので，取締役会が非常に大事で，株主総会は基本的に権限が非常に制限されています。通常，株主総会の招集権は，株主になく，取締役が持っていますが，日本は株主に請求権があります。

　ところが，日本では，株主総会権限のほうが圧倒的に大きいにもかかわらず，株主総会の改革が進んでいません。例えば，6月後半に株主総会が集中し，議決権行使や株主の活動等々が制限されるといった株主総会集中日の問題があり，日本も株主総会時期を分散させるよう変えられるのですが，現状を変えることに抵抗が強くて変えていません。

　私の言わんとすることは，コーポレートガバナンス・コード等々は，株主総会の権限が強いにもかかわらず，株主総会改革をあまり行っていない。私は，株主総会の改革をしっかり力を入れて行うべきだが，置き去りになって，取締役会の決定権限のほうが小さいにもかかわらず，一生懸命改革しているのが日本のガバナンス改革の問題点だと考えています。

経営と監視の法制度（日本の場合）

　日本の場合に，指名委員会等設置会社だけが経営の監視と執行を分離できます（**図表9-4**）。普通の会社は原則できません。監査役会設置会社は，取締役は監視と業務執行を両方行うわけです。取締役の責任として，例えば重要な人事や重要な支店だとか借財を全部決定する権限があります。つまり，取締役が自分の人事を必ず取締役会で判断し，同時に監視をする仕組みになっているので，監視と業務執行を分けるということはできません。

　よく日本もモニタリングボードを導入すべきだという人がいますが，指名委員会等設置会社になればできますし，監査等委員会設置会社で定款変更すればできます。また，日本では，取締役会の大きな機能は経営を監視することだと

図表 9 - 4／監査役会設置会社,指名委員会等設置会社,監査等委員会設置会社の比較

	監査役会設置会社 (東証上場会社3,607社* 中2,631社, 73%) *2018年11月16日時点。	監査等委員会設置会社 (905社, 25%)	指名委員会等設置会社 (71社, 2%)
監視監督機関	取締役会	監査等委員会	取締役会
業務執行機関	代表取締役, 業務担当取締役	代表取締役, 業務担当取締役	執行役
取締役の選解任	株主総会	株主総会, 監査等委員会の取締役とそれ以外を区別	株主総会, 各委員は取締役会で選定
監査機関	監査役会	監査等委員会	監査委員会
構成員（監査機関）	監査役3名以上	取締役3名以上（監査等委員会）	取締役3名以上（監査委員会）
常勤者（監査機関）	必要	不要	不要
任期	監査役4年, 取締役2年	2年（監査等委員以外の取締役は1年）	1年

(出所)　会社法。

いう人がいたりするのですが，それは会社法違反なので，できないのが実際です。

コーポレートガバナンス・コード導入

　日本は，イギリスとは導入順序は逆ですが，2015年にスチュワードシップ・コード，その翌年2016年にコーポレートガバナンス・コードを導入しました。

　コーポレートガバナンス・コードには独立取締役をたくさん入れましょうとありますので，一気に独立取締役や社外取締役が増えました。それでも，まだ世界の水準からいくと，かなり人数は少ないです（**図表 9 - 5**）。

　私は，独立取締役が増えること自体を否定していません。独立取締役は増えたほうがいいが，ただし，うまく使い回してほしいと思っています。そして，これでコーポレートガバナンスが良くなるというのは勘違いだと思います。その証拠は，先ほどのイギリスの例が明らかに示しているわけで，表面を整えただけで良いガバナンスになるかというと全く違います。

　このほかに，コーポレートガバナンス・コードは，持ち合いをするのなら説明するように書いてあります。一般には，株式持ち合いは批判されがちです。ただ，日本企業の株式の持ち合いチャンピオンはどこかというと，トヨタ自動

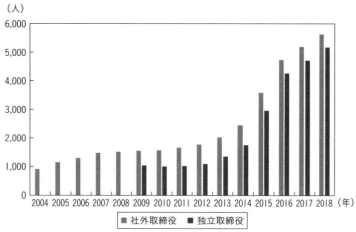

図表9-5　独立取締役, 社外取締役の推移 (東証1部)

(出所) 日本取締役協会。

車です。トヨタ自動車, デンソー, アイシン精機などトヨタグループ各社がさまざまな形で株式を持ち合い, 親子上場と株式持ち合いをもって巨大なトヨタグループをつくっています。でも, 私の定義からすると, 日本でコーポレートガバナンスが一番良い会社はトヨタ自動車ですので, 株式の持ち合いが好ましいこともあります。

短期志向が心配

　コーポレートガバナンス・コードやスチュワードシップ・コードの導入で, 私が一番心配しているのは, 機関投資家の影響が強まるということです。ファンドマネジャーというのは, 3年先そもそも自分がいるかどうかわからないので, 普通1年は長期, 中期が3カ月ぐらいです。他方, 経営者にとっては, 3年が中期か短期であることが多いわけで, 1年はあきらかに短期です。ですから, 機関投資家が圧力をかけると何が起こるかというと, 非常に短期志向の会社経営になりかねないということです。その最たる例が東芝です。東芝は経営破綻しそうになったので, ヘッジファンドやアクティビストファンドなど外資系会社に増資を引き受けてもらい, 株価の安いときに株式を発行しましたが, 最近, 巨額の自社株買いを実施しました。つまり, 安く株を放出して, 高く買

い戻したということです。短期志向の投資家にとっては，とてもハッピーでしたが，長期的な視点からベストであるかは疑問を持つ人がいます。この意味で，機関投資家の圧力を受けるようなコーポレートガバナンス・コードやスチュワードシップ・コードが日本で力を持つということは問題ではないかと心配をしています。

日本の ROE は最低水準

図表 9-6 の左側は，自己資本利益率（ROE）の国際比較ですが，コーポレートガバナンス・コードのないアメリカが圧倒的に高い。当然，株価上昇率もアメリカが一番大きく，株式の時価総額をみてもアメリカは非常に大きいということになります。

この例をみても，私は，コーポレートガバナンスに関して，表面的な要件を整えることだけでは不適切な事象が起こると考えています。ROE が低くて不祥事がいっぱい起きますということで，私の定義からすると，世界の中で日本のコーポレートガバナンスは非常に悪い。昔と比べたら進歩しているのは，間違いないですが，世界はもっと進歩しているので，世界と比べると著しく劣っ

図表 9-6　世界各国の ROE 比較と株価騰落率

	国	ROE	時価総額構成比	2009年安値からの株価騰落率
1	米国	18.7%	40.1%	300.8%
2	スイス	13.6%	2.1%	109.4%
3	オーストラリア	12.6%	1.7%	84.8%
4	スウェーデン	12.0%	1.0%	102.2%
5	カナダ	12.0%	2.8%	131.7%
6	ドイツ	11.4%	2.9%	149.9%
7	英国	10.7%	4.5%	210.1%
8	フランス	10.2%	3.2%	98.6%
9	スペイン	9.1%	0.9%	30.5%
10	日本	7.6%	7.9%	101.2%

（注）　2018年10月末時点。ROE は，今期ブルームバーグ予想。
（出所）　ブルームバーグ。

ているというのが私のポイントです。

世界の新陳代謝は激しい

　では，世界と日本がどう違うのでしょうか。**図表 9 - 7** は，世界の時価総額
上位10社を2007年と2017年で比較したものですが，2007年はアメリカ，中国，
ロシアなどの新興国が多く，エネルギー企業が多い。右側の2017年は IT 企業
が多く，上位はほとんどがアメリカです。また，若い企業が多くて，フェイス
ブックは2004年ですから14歳，アマゾンは1994年創業ですから24歳，テンセン
ト，アリババは，20歳ぐらいで若い。この言わんとするところは，過去10年間
に，マイクロソフト以外，10社中 9 社は入れ替わっています。世界ではすごい
淘汰が行われています。

　一方，日本をみると，**図表 9 - 8** の左側は2007年，右側は2017年ですが，10
社中 7 社が同じで，3 社しか入れ替わっていません。おまけに日本の会社はイ
ギリスと同じで古い。例えばトヨタは，19世紀末にできた会社です。ソフトバ
ンクグループがありますが，ここは1871年，工部省鉄道寮がルーツです。意外

図表 9 - 7　世界の時価総額上位10社（オーナー系企業太字）

	2007年末	国名	セクター	時価総額 （兆円）	2017年末	国名	セクター	時価総額 （兆円）	創業年
1	ペトロチャイナ	中国	エネルギー	80	アップル	米国	IT	95	1977
2	エクソンモービル	米国	エネルギー	56	アルファベット	米国	通信サービス	80	1998
3	GE	米国	資本財・サービス	41	マイクロソフト	米国	IT	73	1975
4	チャイナ・モバイル	中国	通信サービス	39	アマゾン・ドット・コム	米国	一般消費財・サービス	62	1994
5	中国工商銀行	中国	金融	37	フェイスブック	米国	通信サービス	57	2004
6	ガスプロム	ロシア	エネルギー	37	テンセント HD	中国	通信サービス	54	1998
7	マイクロソフト	米国	IT	37	バークシャー・ハサウェイ	米国	金融	54	1956
8	AT&T	米国	通信サービス	28	アリババ GH	中国	一般消費財・サービス	49	1999
9	シノペック	中国	エネルギー	27	ジョンソン・エンド・ジョンソン	米国	ヘルスケア	41	1886
10	BP	英国	エネルギー	25	JP モルガン・チェース	米国	金融	41	1799

（注）　2017年末時点。1ドル110円で換算。
（出所）　ブルームバーグ。

| 図表 9 - 8 | 日本の時価総額上位10社のルーツと前身の設立年（オーナー系企業太字） |

	2007年末	時価総額 (10億円)	2017年末	時価総額 (10億円)	設立年	ルーツ	ルーツの 設立年
1	トヨタ自動車	21,804	トヨタ自動車	23,536	1937年	豊田商店	1895年
2	MUFG	11,372	MUFG	11,592	2005年	鴻池両替商	1656年
3	任天堂	9,478	NTT	11,113	1985年	通信省	1885年
4	NTT	8,799	NTT ドコモ	10,377	1991年	通信省	1885年
5	NTT ドコモ	8,534	ソフトバンクグループ	9,818	1981年	工部省鉄道寮	1871年
6	キヤノン	6,935	キーエンス	7,676	1974年		
7	ホンダ	6,881	JT	7,262	1985年	日本専売局	1898年
8	JT	6,680	KDDI	7,256	2000年	通信省	1885年
9	SMFG	6,473	ホンダ	6,996	1948年		
10	ソニー	6,224	SMFG	6,886	2002年	泉屋両替店	1670年

（注）　2017年末時点。ルーツは，設立年が最も古いものを採用。
（出所）　ブルームバーグ，各社資料。

に思うかもしれませんが，ソフトバンクは携帯電話をやっていますが，1986年に国鉄が分割民営化されたときに，同時に昔の鉄道電話ということで日本テレコムという通信会社ができ，最終的にソフトバンクが買収しました。ソフトバンクグループは孫正義さんがつくり，1981年創業の37歳ですが，一番利益が出ているソフトバンク株式会社は，もともとは国鉄だったのです。

　私は，古い会社がいつまでたっても談合を繰り返したり，不正を繰り返したりしているのは，新陳代謝がないのが1つの要因かなと思っています。

ベンチャー企業を育成し，新陳代謝促進が必要

　では，日本でガバナンスはどうやったらよくなるのか。私は，独立取締役を増やすこと自体は別に反対しません。コーポレートガバナンス・コードも，必ずしも役に立たないと思いますが，別にあってもいい。それよりもベンチャー企業をしっかりと育成し，新陳代謝を促進することが必要です。これによって，会社が大きな不祥事を起こしたら，あっという間に淘汰されることになります。ですから，私は，やはりベンチャー企業をしっかり育成していくというのが非常に大事だと考えています。一番言いたいポイントは，形式ではなくて中身が

第9章　コーポレートガバナンス改革と独立取締役の役割　241

第一で，本質的なガバナンス改革を重視することを進めていくのが日本の経営の改善，そして成長力の高まりに不可欠であるというのが本日の結論です。

●質疑応答

 株主総会改革が必要とのことでしたが，具体的に，どのように株主総会の改革をするべきだというお考えなのでしょうか。

A まず結論から言いますと，株主総会改革は必要だと思いますが，それで解決するかというと，多分解決しません。それよりもベンチャー企業育成のほうがはるかに効果は高いと考えています。

株主総会改革は取締役改革よりも効果があるとは思いますが，株主も非常に多様で，機関投資家が偏った判断をするという場合が結構あったりするので，その言うことばかりを聞いてしまうと，やはり良くない例があります。先ほどは東芝の増資の例をあげました。ですから，一番良いのは，今の経営者に対して株主提案があったりして，今の経営者と株主に健全な議論があるということだと思います。

例えば，武田薬品工業がシャイアーというアイルランドの大きな薬品会社を買収する話がありました。武田薬品工業の時価総額は3兆円で，シャイアーは7兆円ですから，小が大を食う感じですが，見方によっては非常に無理をした買収だという人がいて，武田家一族が反対をしたということです。

私は，これはすごく良いことだと思います。強く反対する人と，ぜひ実行したいという経営者が健全な議論をして，その結果，株主総会で答えが出るというのは非常に健全なプロセスで，こういった意味で株主総会の活性化は取締役会の活性化よりも非常に大事です。

Q2 社外取締役の複数兼務が多いと経営チェックができないという指摘があると思いますが，私は，複数兼務を認めたほうが保身に走りづらくなるのではないかと思います。この点は独立社外取締役を経営チームの一員として捉えたときにどう思いますか。

A アメリカの例でいくと，ISS という議決権行使アドバイザーがいるのですが，5社以上の兼務には，機関投資家が議決権行使をするときに反対することを勧めています。ですから，一般論としては3，4社ぐらいまでが許容範囲と言われています。日米の違いは，日本は毎月取締役会を開催する場合が多いですが，アメリカは年8回ぐらいなので，日米を同じに議論するのは少し無理があるかもしれないというのが1つのポイントになります。

それから，アメリカの場合は小委員会が結構充実していて，上場規則で指名委員会，報酬委員会，監査委員会は全部独立取締役がやることになっていて，この権限は非常に強くて重いので，必ず独立取締役はどれかに最低1つは入っているということになります。日本はこの規制がないので，この点ではアメリカのほうが重いということになります。

ですから，日本で5社，6社の社外取締役を兼務する人がいて，社外取締役を職業にしている人もいるわけで，弊害を心配しています。だいたい年収1,000万円ぐらいもらうので，役に立たない人がいるとすると結構無駄です。日本の上場企業は3,500社ぐらいあるので，仮に全社で平均3人独立取締役を雇ったら全部で1万人ですので，1万人で1,000万円払うということになってきますと，社会全体として大きなコストです。ただ，多くの場合は他社も導入しているから入れている場合が多いと思いますので，そういった意味からいくと，制限をかけてもかけなくてもほとんど影響はないので，あまりそこに関心はないというのが答えであります。

Q3 日本では，コーポレートガバナンスが良くない企業も淘汰されず残ってしまうのが問題だと思いますが，世界の企業価値を大きく伸ばしている新興企業と比べて，具体的にどのコーポレートガバナンスに問題があるのでしょうか。一番の問題点はどこでしょうか。

A 問題は山のようにあるのですが，日本のガバナンスに関係するという意味で取り巻く大きな問題は日本的経営だと思います。抜本的に変えるように政府なりが指導しないと，なかなか変わらないと思います。

例えば，年功序列がありますが，日中戦争を遂行するためにできた制度で，

第9章　コーポレートガバナンス改革と独立取締役の役割　243

長期の戦争で人手不足で賃金がどんどん上がっていったという問題があったので，賃金統制令を出し，今の年功序列型の賃金統制を1939年と1940年につくったのが始まりといわれています。そして，21世紀に入っても年功序列が色濃く残っています。年をとっていれば給料が高い，若くていくら優秀でも給料が低いとなったら，新陳代謝が進まないでしょう。また，若い企業をつくったって優秀な人材がそこに行かないということになります。

　だから，日本型経営がベンチャー企業の育成を阻害している弊害が大きいと考えます。そこを変えていかない限り，日本のコーポレートガバナンスの変化はないと考えています。

Q4 経営の監視役としても経営チームのアドバイザーとしても，経営ノウハウを持っている元経営者が独立取締役になることは非常に有用だと思うのですが，一方で，優れた経営者ほど顧問や相談役といった形で会社に残り続けるという慣行が日本には存在していると思います。こういう顧問や相談役といった制度が独立取締役やコーポレートガバナンスに与える影響についてはどのようにお考えでしょうか。

A また日本型経営に戻るのですが，日本には経団連やら業界団体があって，そこの会長や役員には，基本的に会社の相談役や会長がなるというパターンなので必要とされているのかと思います。ですから，相談役，顧問，会長など，いろいろありますが，基本的にいなくていいと思います。

　アメリカですと，普通の会社は，CEO が 1 人で独立取締役が十何人です。その CEO が辞めたらどうなるかというと，1 年間ボード（取締役会）に残り，その後は辞めていきます。取締役会には前 CEO など前の経営者が全く残らないようにします。その会社の顧問などの形で残ることは，普通ありません。

　ただ，日本のことを考えると報酬の問題もあります。普通アメリカの一流企業の CEO だったら20〜30億円報酬をもらうわけで，それを何年かやっていると100億円単位の資産ができるわけで，そもそも会社にしがみつく必要はないので，ボランティア活動をやろうかとなるのが一般的なパターンです。他方，日本は，最近でこそ報酬が上がってきていますが，アメリカほどでもない。結

244

果としてやはり会社にしがみつかざるを得ない。簡単にはなくならないと考えます。

Q5 アメリカでは独立取締役の割合が非常に高いですが，弊害はあるのでしょうか。例えば，スタートアップや若い企業では，内部人材のほうがストックオプションなどで，その会社の業績を上げるかなり強いインセンティブを持っているので，それに比べて社外取締役は少し劣るのかなとも思います。

A 一般的には，取締役会とは別に，日本で言うところの執行役員会のようなものがあり，会社の実務はそのメンバーで決めます。経営がわからない人を入れて経営会議をやっても始まらないので，基本的に経営会議はそういったパターンで決め，それは当然 CEO が責任者です。決めた経営方針等々を監視する役割が年8回ぐらいある取締役会になります。だから，独立取締役は，監視が中心で，経営を直接に担うことは基本的にありません。

独立取締役中心の取締役会制度は，エンロン事件などでつくらざるを得なくなったというのも1つあるし，陪審員制度があるアメリカ社会では非常にマッチする話で，社会に根づいた制度ともいえます。ですから，アメリカでは，独立取締役が増えること自体が社会的にも非常に許容されていて，かつ，金を稼いで早く引退して，社会貢献のために独立取締役でもやるかという人も実際たくさんいるのです。

Q6 破綻したリーマン・ブラザーズの経営者報酬が高すぎたのではないかということでしたが，こうしたケースで，うまく機能しなかったのは独立取締役の監視機能が機能不全だというお考えなのでしょうか。

A ご説明したとおり，独立取締役は意味があるという研究がある一方，あまり意味がないという研究もあるので，明確な答えはありません。ただ，普通に考えたら，完全に独立して，三千万円近くもらって，それで自分を選んでくれた CEO を厳しくチェックする動機があるのか疑問です。

もっとも，独立取締役が全部使えないということは当然ないので，独立取締

第9章　コーポレートガバナンス改革と独立取締役の役割　245

役をせっかく雇うのなら，もっと有効に使うべきだと思います。私も経営者にいろいろなアドバイスをする立場にあって，「独立取締役は増やしたほうがいい」「半分は入れたらどうですか」と言っています。それは役に立たせるようにしたらどうかという趣旨でもあって，5人いれば，例えば，コンプライアンスの専門家，会計の専門家，会社法の専門家，経営コンサルタント，海外の視点を与えてくれる人が，社長にいいアドバイスができます。社長をチェックするのではなくて，社長の足りない部分を補ってあげることができます。

　半分も入れたら想定外の発言をする人が出てきて，取締役会がうまくコントロールできなくなると心配をする経営者がいるので，「そういう取締役は辞めていただければいい」と言っています。実際，人事権は社長が握っているので，日本では基本的に会社が出した議案がそのまま通ります。不必要な人には辞めてもらえばいいので，社長のチームメンバーとして信頼できる人だけ置いてくださいと言っています。同じ1人1,000万円使うのだったら，役に立つ人をいいアドバイザーとして使ったらいいですねと申し上げております。

（2018年12月5日講義）

●注

1　アメリカにおける代表的な企業買収防衛策の手法の1つであり，自社の既存株主に事前に新株予約権を発行しておき，会社にとって好ましくない敵対的買収者に会社を買収されるリスクが生じた場合，新株を発行して防ぐ方法をいいます。

2　例えば，以下の Stein *et al.*（2011）は過去の32研究，Romano（2004）は16研究を分析したが，独立取締役の有効性は実証的に確認できなかったとのことです。
　　Stein, Guido, and Salvador Plaza, "The Role of the Independent Director in CEO Supervision and Turnover", *IESE Business School Working Paper* No. 133, January, 2011, pp.18-20.
　　Romano, Roberta, "The Sarbanes-Oxley Act and the Making of Quack Corporate Governance", NYU, *Law and Econ Research Paper* 04-032, September 25, 2004, p.1533.

3　Roberta S. Karmel, "Is the Independent Director Model Broken?", *Seattle University Law Review*, 2013 ; Brooklyn Law School, Legal Studies Paper No. 348., July 29, 2013, p.31.

4　Laux, Volker "Board Independence and CEO Turnover", available at SSRN, January 2005, p.16.

5　Ronald W. Masulis and Shawn Mobbs, "Independent Director Incentives : Where Do Talented Directors Spend Their Limited Time and Energy?", *Journal of Financial Economics*, November 14, 2013.

第10章
ベンチャーファイナンス，イノベーション促進に関する論点と課題

●本講のねらい

わが国の将来を担うベンチャー企業育成は重要な課題であり，資本市場にも，そのためのファイナンスやイノベーション促進に関する役割があります。本講では，政府内でベンチャー政策を長く担当された政策担当者の立場から，わが国におけるベンチャー企業振興政策の現状とファイナンスに係る課題等について明らかにします。

●本講を通じて得られる示唆

わが国でもベンチャー企業が育っており，その中のいくつかには東大発ベンチャーも含まれます。また，ベンチャー投資に活用されるエクイティファイナンスには，銀行融資とは違った特徴があり，その特徴を生かしたファイナンスの仕組みづくりなどを通じて，ベンチャー企業育成のエコシステムを構築していくことが望ましいと考えられます。

●Navigator

石井 芳明（いしい　よしあき）

内閣府科学技術イノベーション担当企画官，前経済産業省新規産業調整官。早稲田大学大学院修了，博士（商学）。青山学院大学大学院修了，国際経営学修士。1987年，通商産業省（現・経済産業省）入省後，中小企業・ベンチャー企業政策，産業技術政策，地域振興政策等を中心に取り組む。2012年から経済産業省経済産業政策局新規産業調整官，2018年から内閣府に出向し現職。

1　はじめに

　私は，もともと中小企業政策がやりたくて通商産業省（現経済産業省）へ入りました。生まれ育ちが中小企業で，100年ぐらい続いている商家でしたが，だんだん人通りが少なくなってシャッター通りになってしまった。その背景に何があるかというと，生まれ育った街は繊維工業の街でしたが，途中でその繊維工場は海外に移転してしまった。もう1つは，大規模小売店舗立地法（いわゆる大店法）が規制緩和されて，近くに大規模小売店ができて，商店街はますます人が来ない状況になってしまった。商売の努力とは違うところで，経済構造や政策が大きく影響すると思って，何らかの形で中小企業の応援をしたいと思いました。入省してからは，中小企業政策をずっとやっていたのですが，途中，カリフォルニア大学に留学する機会があって，シリコンバレーに近いということもあって，新しい技術を取り入れて，伸びるベンチャービジネスが世の中を変えていくのを目の当たりにしました。このベンチャーとの出会いをきっかけに，中小企業政策とベンチャー企業政策を両方やるようになり，今はベンチャー政策に取り組んでいます。

　今日は，なぜ政府はベンチャーを応援しているのか，ベンチャーの経営は今どうなっているのか，それから，ベンチャーを語る上で重要なのがエクイティファイナンスやファンドの話をできればと思います。

2　ベンチャー・チャレンジ2020の概要

なぜ今，ベンチャーなのか

　政府のほうで2020年に向けてベンチャーを応援しようということで取りまとめた報告書「ベンチャー・チャレンジ2020」があります[1]。この前書きに，なぜベンチャーを応援するかが書いてあります。世界では，アマゾンのような会社が出てきて社会の仕組みが変わる，フェイスブックで社会の仕組みが変わる，といったことが起こっています。ベンチャーはイノベーションの担い手，新しい技術の担い手です。新しい技術，イノベーションは産業構造や社会構造を変

えるドライバーになっていきます。また，行政が政策を行う1つの大きな柱は雇用と経済の活性化ですが，ベンチャーは，新たな産業と雇用を生み出し，「わが国の経済成長の起爆剤」となります。新しい価値をつくって経済効果を生み出すことを推進するために，特に今の安倍内閣から，成長戦略の中でベンチャーを位置づけたところです。

わが国ベンチャーをめぐる課題と今後の対応の方向性

考えてみれば，今の日本経済を引っ張っている企業，例えばソニー，ホンダ，ソフトバンクといった企業も元はベンチャーでした。今，少し問題になっているのは，楽天やソフトバンクが出てきて以降，それに近いような企業があまり出てきていないということです。アメリカですと，フェイスブックやグーグルが出てきて，中国だとBAT，すなわち，バイドゥ，アリババ，テンセント，それから最近また新しい企業がどんどん出てきています。日本では，あまり出てきていないのではないか，だからこそ，政策で応援をしなければいけない。

例えば，日本では，新しい事業をやろうとする人の比率，開業率が諸外国の

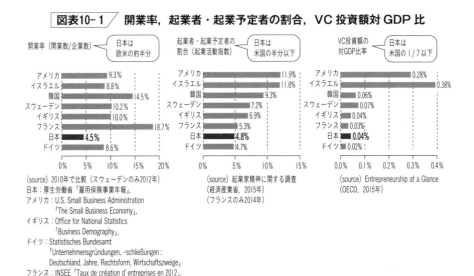

図表10-1　開業率，起業者・起業予定者の割合，VC投資額対GDP比

(出所) 日本経済再生本部決定「ベンチャー・チャレンジ2020」（2016年4月）より抜粋。

第10章　ベンチャーファイナンス，イノベーション促進に関する論点と課題

半分以下です（**図表10-1**）。フランスは非常に高いし，アメリカ，イギリス，諸外国は高いのですが，日本は非常に低い。身近に起業した人を知らない，起業の知識がない，といった理由で低いと思います。

ベンチャーの状況をみるときのもう1つのメルクマールはベンチャーにどれくらい資金が投入されているか，ベンチャーキャピタルの投資額ですが，その対GDP比率をみても，アメリカ，イスラエルと比べるとかなり低い。ベンチャーは大事という政策的な位置づけをしている一方で，なかなかベンチャーが育っていない，育ちづらいという現状があります。

新事業を創出したベンチャー企業

そうはいっても，最近は状況は少し改善しています。例えば，東京大学発のベンチャーで，今，活躍中のユーグレナやペプチドリームといったテクノロジー系のベンチャーが出始めたところです[2]。ユーグレナは，ここ東京大学農学部出身の出雲充氏が興した会社で，ミドリムシの人工大量培養によって，機能性食品をつくっていますが，将来はジェット燃料をつくって飛行機を飛ばそうとしています。ペプチドリームは，実はすごい会社で，創業から10年で時価総額が4,000億円ぐらいあります。日本の上場企業の中ぐらいに位置するのですが，創業から10年でそんな規模になりました。東京大学の菅裕明教授の開発した技術を使って，創薬のプラットフォームを提供していて，ファイザー，メルク，アムジェンなど世界の名立たる製薬企業と対等に契約を結んでいます。小さな企業の場合，大抵，委託・請負などの上下関係になるのですが，対等に契約を結べる会社になっています。なぜかというと，菅教授が持っている東大発の技術，創薬の世界で鍵となる独自の技術を持っていて，窪田規一氏という百戦錬磨の経営者がそれを事業化して伸ばしているからです。日本のベンチャーはまだまだ少ないですが，こういういい芽は出ているところです。これを加速するため，今後，まだまだ支援を強化しなければいけません。

政府でも1990年代中盤から経済産業省を中心にベンチャー政策をやっているのですが，特に安倍政権になってから各省庁で，さらにいろいろな政策を打つようになってきています。これをしっかりと継続し，起業がもっとしやすくなるような環境整備，事業が大きくなるときの資金支援，つながりの支援，グ

ローバル展開の応援，といったところでベンチャーを応援しています。

3 スタートアップ・エコシステム育成

ベンチャー投資金額の現状

　次に，ベンチャーの現状についてお話しします。ベンチャーの活動の重要な
ところはベンチャー投資で測ることができるのですが，2010年から2012年にか
けてがボトムで，1,000億円を切る投資金額でした。それが最近は4,000億円近
くに伸びていて，非常に良い状況になっています（**図表10-2**：上図）。ただ，
グローバルにみると，アメリカは7～9兆円の間ぐらいで動いていて，統計に
よって全然違うのですが，桁が違います。中国は3～4兆円ぐらいです。日本
も伸びてきていますが，アメリカはもともと多く，中国がものすごい勢いで伸
びています。

　それから，1件当たりの投資金額は，平均で3億円近くになってきていて，
中央値でみると1億円程度です（**図表10-2**：下図）。ちなみに，ベンチャーの
統計をみるときに注意したほうがいいのは，ボラティリティがとても大きいの
で，多分，中央値のほうが相場感に合う数字が出てきます。

大規模資金調達

　5～10年前は大きな資金調達はなかったのですが，最近，大規模調達も実現
するようになってきました（**図表10-3**）。左上の1位のJapan Taxiは，日本
交通の子会社なので例外的かもしれないですが，トヨタが資金を入れて100億
円を超えるファイナンスです。2位のCLOUDIANはクラウドのサービス，あ
との大型ファイナンスはFinTech系が多い。2段目のSpiberは蜘蛛糸の人工
合成が専門で，素材系，テクノロジー系という，なかなかお金が集まらなかっ
たところにもお金が集まるようになってきています。

　ちなみに，Spiberという会社は，慶應義塾大学の学生だった関山和秀氏が
恩師の富田勝氏（同大学環境情報学部教授）と一緒に起業しました。名前のと
おり，蜘蛛糸を人工合成する会社。実は蜘蛛は，自分の体を支えるぐらいの糸
を常に出して動いているのですが，この糸は1本だと細いですが，束ねて繊維

第10章　ベンチャーファイナンス，イノベーション促進に関する論点と課題　251

| 図表10-2 | 日本のベンチャー投資金額（上：合計，下：1件当たり） |

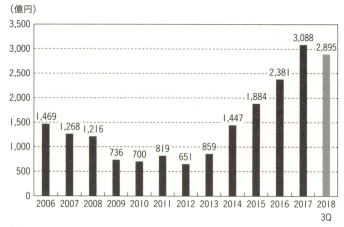

（注） CVCによる投資および大企業による直接投資も含む。

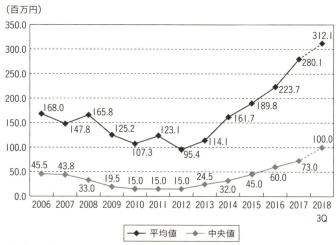

（出所） 日本ベンチャーキャピタル協会。

にすると強靱な糸になり，鋼鉄の200倍以上の強さを持ちます。だから，蜘蛛糸で1センチのワイヤをつくって，それを蜘蛛のネットにして掲げると，ジャンボジェットがひっかかっても落ちないくらいになるという，少し不思議なものです。この素材をどうつくるかというと，もちろん蜘蛛の糸を引っ張ってつくるではなく，バイオの培養をして特定の微生物からつくるのです。石油に依

図表10-3　大規模資金調達の事例

（出所）日本ベンチャーキャピタル協会.

存しないタンパク質由来の材料でプラスチックを置き換え，石油依存から脱却できる，そんな企業が今，日本にあるわけです。アメリカなど諸外国でも同じような技術を持っている企業があるので，技術をさらに磨き，コストをどんどん下げていくことによって，この企業は，今，国際的に勝負をかけています。

FinTech企業の資金調達

分野ごとで言うと，今，FinTech分野が大きなお金を集めて伸びています（**図表10-4**）。FOLIO，お金のデザイン，WealthNaviなどがありますが，資産管理を中心にいろいろデータを集めています。あと，Origamiが今伸びている決済サービスです。これは既存のバンキングセクターを変えていくということを目指しています。すぐには変わらないですが，既存の仕組みをどんどん変えていく勢いが注目です。ただ，中国と比べると，出遅れているかもしれません。なぜなら，中国は銀行口座ではなくて，いきなりスマホ決済をする人たちがものすごい勢いで伸びているので。日本のFinTechもどんどん伸びていってほしいと注目しているところです。

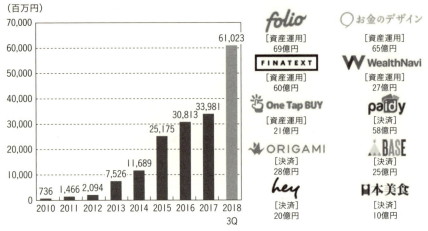

図表10-4　FinTech企業の資金調達金額の推移

(出所) 日本ベンチャーキャピタル協会。

IoT/Roboticsの資金調達

　それから，今はIoT/Roboticsも注目分野です。アマゾン，フェイスブック，グーグルにプラットフォームをとられているというのは共通の認識ですが，次の戦いはインターネットの上の覇権争いだけではなくて，リアルとインターネットがつながった世界だと思います。リアルの世界の例えばロボットやセンサーと，インターネット，コンピューティングパワーを背景とするAIの世界がつながったところで覇権争いが起こってくるのではないかと思います。

　ですから，グーグル，アマゾン，フェイスブックに持っていかれたところはあるのですが，リアルなものとのつながりで，もう１回戦いは起こるのではないか。そのコアとなる技術や，コアとなるプラットフォームを押さえることによって，まだまだ日本企業の勝ち筋はあるのではないかと政府の中で議論しています。実際に2012～2013年ぐらい，IoTの話が出始めてから，海外から問い合わせが増えています。日本のロボットやAI――日本のAIは，AIを製造技術に社会実装するところが強いのですが，注目が集まっているし，そこに１つの活路があると考えています。

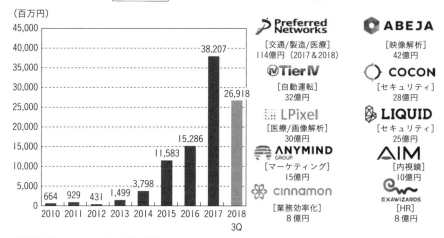

図表10-5　AI 関連ベンチャーの資金調達

（出所）日本ベンチャーキャピタル協会。

AI 関連の資金調達

　AIでは，東京大学発がすごく多くて，Preferred Networks はじめ，東京大学松尾豊准教授の研究室からいろいろな技術が出てきています。PKSHA もそうです。AI は，ややバズワードになっていますが，AI の社会実装，例えば，お客とのサービスで AI を使う，つまり何回も何回もいろいろな難しい質問が来るところを AI が答えて前さばきをする，ロボットが動くときに最適な動き方をする，ゆうパックなど物流の場面で配達の最短経路をつくる，といったところは AI でやるという形で，社会実装とつながったところが注目されて，それに期待してお金がどんどん集まるようになってきています（**図表10-5**）。

　あと，今まで出なかったような分野でお金が集まってきているのが宇宙です。ispace とかアクセルスペースとか——アクセルスペースも東大発ですよね。小型人工衛星を打ち上げるというものですが，そういったところにお金が集まってきていますし，環境は次第によくなってきていると思います。

わが国のベンチャー育成にかかる課題

　海外では全体で数兆円規模の投資額で，数千億円のファンドができて，ワンショット数十億から数百億も投資が進んでいますが，日本の場合は，伸びてき

てはいるのですが，全体で4,000億円で，ファンド規模は400億円で，ワンショットが数億，多いので数十億で，桁が１つ違います。これが，わが国のベンチャー投資に関する大きな問題だと思います。例えばAIでは，いかに優秀な研究者を世界からかき集めるかが勝負で，結構お金に物を言わせるところがあるので，もう一段頑張らなければ，良い研究者を集めることができないという認識をわれわれとして持っています。

　もう１つ大きな課題が，サイロです。縦割り，タコツボ化です。政府の中もまだまだタコツボで，文部科学省・経済産業省・総務省などいろいろ取り組んでいるのですが，連携が足りません。大学もそれぞれ頑張っているのですが，例えば学部同士であまり連携していなかったり，大学をまたぐと連携ができていなかったりしています。産業界も，固まるところは固まっていて，業種や分野をまたいでもう少し合理的に動けばいいのではないかというところができていない。

　もう１つは，人材が偏在していることです。やはり大企業に人材が集まる傾向にあります。ベンチャー・セクターにもっと人材が流れ込んで，成長する経営を応援しなければいけない。こういうことも補正しなければいけないところです。

　政府の各支援プログラムは本当に縦割りになっていて，それを連携させるというのが大事で，たくさんプロジェクト（短冊）のスキームや担当をつなぐことが重要になっています。また，大学については，研究と経営をつなげる，それから大学自体の経営を見直していくことをもっとやっていかなければいけない。そうすることによって新しいベンチャーの芽が出てくると思います。

J-Startup と日本ベンチャー大賞

　成功例をつくることによってベンチャーを目指す人が増えるという仮説をわれわれは持っていて，J-Startup というブランディングをして，グローバルに，例えばslush，CES，サウスバイなどの世界の大きなイベントに日本代表で連れていって，世界のマーケットをとるという応援をしています。

　さらに，日本ベンチャー大賞，あるいは日本オープンイノベーション大賞というのを始めたのですが，ベンチャーだけでなくて，大企業がオープンイノ

ベーションで変わっていくことが大事ということで始めています。日本ベンチャー大賞は，総理大臣がベンチャーを表彰する制度で，第1回がユーグレナで，第2回がペプチドリーム，第3回がサイバーダイン，第4回はメルカリでした。メルカリは基本的にみんな知っていると思います。メルカリを選ぶ際にはいろいろ議論があったのですが，審査会の中で議論が出たのは，フェイスブックに一番近い会社はどこなのかというところを考えると，やっぱりメルカリであったということでした。グローバル展開しているし，データも集めてプラットフォームをとりにいっている。そういう意味で，非常に重要で伸びているので，ロールモデルとして表彰されています。

4 エクイティファイナンスとは何か

今，話題になっている株式会社産業革新投資機構について，皆さんはどう思っているのか少し意見を聞きたいと思います[3]。経済産業省から12月13日にプレスリリースがありました。「株式会社産業革新投資機構から申請のあった『平成30事業年度産業革新投資機構予算変更の認可について（申請)』に関して認可しない決定をすることについて」というものです。認定しましたというプレスリリースは普通するのですが，認定しませんでしたというプレスリリースはしないのが通常ですので，すごいことになっているなあと思いました。報道も過熱していますが，これを聞いて，東大生の皆さんはどう思っているのかをお聞きしたい。いかがですか？

――従来から投資ファンドを官民でやるときは，官が民主的正当性をとるために形式的な手続を重視する一方，民の人がスピードと結果を重視するので，構造的にかみ合わないと言われていたのを思い出しました。責任のありどころで，官が形式的な手続を結構重視する側面があるので，従来からあった議論が顕在化したのかなと思いました。

――率直な感想としては，多分これは国からの資金を運用しているファンドだと思うので，その点で一般のファンドよりリスクをあまり負っていないので，リスクを負っていないのに高額報酬を要求する正当性は確かに認めら

第10章　ベンチャーファイナンス，イノベーション促進に関する論点と課題　257

れないのではないかなと思いました。

——いろいろ言うのは心苦しいのですが，本当に経済産業省はひどいなと思いました。今回，辞めた役員の方々の経歴も見てみても[4]，日本の投資の最強プロフェッショナルみたいな人たちで，まずそういう人たちの水準を下げようとする動き自体が，日本の嫌な部分が出ていると思います。1回承認した報酬を覆すというのは，自分たちは経産省だから言うことを聞けという感じですごい憤りを感じます。

——孫ファンドに，国の資金が入っているから透明性が必要であることで揉めたという報道でしたが，透明性確保の手段をもう少し議論すべきだったのではないかなと思いました。

——もともと経済産業省のほうが報酬のオファーを出すときに，最終決裁権者である大臣に，これは金額も含めて問題になり得るということを経産省の側で大臣も含めて理解した上で，相手に説明すべきだったと思います。

　有難うございました。あとで，いただいた意見に関する見方について，ベンチャー界隈でどう議論されているかも紹介していきたいと思います。

　まず，意見の中にあったリスクを負うか負わないかという話は，ファンドの根幹に関わるところで，リスクを負う人がリターンを得るということです。その根源にあるのは，エイクティファイナンスの原則で，先ほど申し上げたように，ベンチャーが成長するときのガソリンが資金であり，そのためのリスクマネーを提供する，エクイティファイナンスについて少しお話ししたいと思います。

エイクティファイナンスとは何か

　まず株式とは何かというと，法律的に正確ではないかもしれないですが，イメージから言うと，株式会社の所有権のようなものです。株式の語源は何かというと，木の株です。その株を持っていたら，木が大きく育てば大きなものになるし，小さくなったら小さくなる。この所有権に付いているのが意思決定の権限です。だから，株式をたくさん持っている人は会社に対して物を言えて，会社をコントロールできるわけです。そして，その裏側にあるのが責任です。

その株式会社が何か問題を起こしたときは，物を言った人に責任がかかってくるということです。

　もう1つが利益の分配です。その株式会社が儲かったときに，利益を受け取る権利があります。この利益は，配当で受け取るケースが通常ですが，株式を売って受け取るという方法（キャピタルゲイン）もあります。

　株式というのは英語でエイクティですので，エイクティファイナンスというのは株式を提供するかわりに資金を得るファイナンスです。投資家側からみて，その目的は配当かキャピタルゲインです。キャピタルゲインは，例えば，1株が1億円で投資したものが，10億円になるとキャピタルゲインが生じます。1億円分の持ち分について配当が何百万円か出てくるのがインカムゲインという形ですが，通常，エクイティファイナンスでは，投資家は1億円が10億円になるキャピタルゲインを狙っています。

ベンチャー投資の成功確率

　では，先ほど説明したようなベンチャー企業への投資はどのように行っているのかお話ししたいと思います。例えば，便宜的に5億円のお金があり，5つの投資先に1億円ずつ投資します。われわれがよく議論するのは，ベンチャー投資はどれくらい成功するのかという話です。例えば，これで5つ投資したベンチャー投資は何件ぐらい成功すると思いますか。ベンチャー投資の成功確率はどのくらいだと思いますか？

　われわれがかつてファンド税制をつくったときに徹底的に調べたのですが，ベンチャー投資の成功確率は10分の1です。10件投資したうちの1件がホームランで，残りの2件から3件ぐらいがヒットという形です。そういうパターンが通常です。国内のファンド，海外のベンチャーファンドも調べてみたのですが，その確率はだいたい同じでした。

　ちなみに，ファンド税制では，ファンドをつくってファンドに投資すると損金計上ができるというものです。ファンドへの投資なのだけど，税金が安くなるという制度をつくったのです。とにかく霞が関のプロセスの中で何が一番大変かというと，税制要求ほど大変なものはありません。なぜならば，財務省主税局という税のプロ集団がやっているので，とにかく説得には力が必要です。

第10章　ベンチャーファイナンス，イノベーション促進に関する論点と課題　**259**

だから，徹底的にデータを積み上げて，徹底的に説明しなければいけない。そのとき，われわれはとにかくファンド税制をつくりたかったので，各ファンドに数字を聞きました。国内のファンドにはヒアリングして，海外のファンドのオープンになっているデータを調べてみました。この結果，リターンが高いファンドでもリターンが低いファンドでも，成功確率は10%前後であるというのがわかりました。それをもとにして財務省を説得に行ったのですが，皆さん不思議に思うでしょう。リターンが何十倍にもなるようなファンドと，元の資金を毀損して投資家を困らせるファンドと，なぜ成功確率は同じなのか。これがエクイティファイナンスの肝の部分で，いいファンドはホームランの飛距離が遠いのです。リターンの倍率が圧倒的に高くて，成功したものが数百倍になっているのです。他方，成績の悪いファンドは成功したもののリターンが数倍になる程度で，そこが大きな差です。

　だから，先ほどの話で言うと，5つの投資先のうち，3つはゼロ，1つが2で，1つだけがIPOで20になれば，5億のファンドが22億になります。これが成績の良いファンドです。

　ところが，成績の悪いファンドは，5つのうち2つがゼロ，2つが1，あと1つが1.5で合計3.5といった形になり，5からマイナスになるわけです。スーパーファンドだと，一発当たって100になれば，5億円投資したのが100億円になります。ファンドの世界はそういうゲームで，失敗する案件も多いがホームラン案件を狙う，これが肝のところです。

どのように良い投資先を見つけるのか

　もう1つ言うと，成功したファンドの人も失敗したファンドの人もそうですが，特に成功したファンドの人に，どうしたら良い投資先を見つけることができるのかと聞いて歩きました。多分皆さんも興味があるでしょう。ただ，共通して言っていたのは，皆，どの案件が成功するかは，わからないということです。わからないけれど，ここからここの範囲で投資をして支援すれば，どれかは当たるだろう。どれが当たるかはわからないけど，どれかが当たるだろうということでした。とにかく自分の投資範囲，経営者，業種，技術の成長度合い，などを見極めて，一定の範囲で一定のレベルの企業に投資するのだそうです。

一方，良いキャピタリストは，失敗するパターンはわかるらしい。今はもうないかもしれないですが，典型的な失敗のパターンは，会社が必要以上に綺麗なオフィスで，必要でなさそうなところにお金をかける会社は割と失敗するパターン。コアとなる経営者以外の人が口を挟み過ぎるというのも失敗パターンで，そのようなところも含めて，失敗パターンを避けながら投資していくことによって，どれかが成功する，というゲームをするのがエクイティファイナンスの世界です。

デットファイナンスとの違い

では，デットファイナンス，つまり融資の世界はどういう世界なのでしょうか。融資はどういうふうにしてビジネスが回っているかというと，利子または利息で稼ぐわけです。この利息が今どういう状況かをみたら，日本政策金融公庫が出している融資の基本金利が，無担保，つまり担保なしの融資は少し金利が高く2.06から2.65％で，担保ありが1.16から2.35％でした。

先ほどのエクイティファイナンスと同じケースを利息が2％というゲームで考えると，5投資して，単純に約定のとおりに返ってきて1.02，1.02，1.02，1.02，1.02，それで5.1で，これで回すのが融資のモデルです。何が言いたいかというと，融資の世界では，1個でも×が出るとアウトです。だから，銀行員の場合，100件のうち1件でも×が出たらアウトになるゲームをしているわけです。だから，絶対〇でなくてはならない。×が出そうな場合でも，×を回収するように担保を取り，これを△に持っていくことが重要です。1.02はとれなくても1.0にしよう，こういうゲームなのです。

だから，1つ覚えておかなければいけないのは，デットファイナンスとエクイティファイナンスは，プレイヤーやゲームが全然違うということです。だから，銀行員の人がエクイティの世界に入って成功する例は非常に稀で，そのようなところは基本情報として知っておく必要があるということです。

官民ファンドへのインプリケーション

先ほど聞いた意見の中で1つ気になったのは，今回の産業革新投資機構の件で投資の最強プロフェッショナルを連れてきたという意見があったところです。

これは今回，多くのメディアも同様でした。ところが，ベンチャーファンドやベンチャー投資を行っている人たちの界隈では，本当にそうなのかという話もあります。違うゲームをしている人がプロフェッショナルとして配置されたのではないか，という見方で，デットファイナンスとエクイティファイナンスの違いを越えての人材配置自体が問題ではという見方です。そのような見方もあります。

ちなみに，もう１つ言うと，ベンチャー投資の中でもいろいろな種類があり，例えば，バイオ投資は特殊な投資で，先ほどの IoT，FinTech，IT のサービスの投資とは違います。バイオ投資は，フライするまでに15年ぐらいかかり，しかも，がっちりチームを組んで伸ばさなければいけないから，普通のベンチャー育成の手法とされるリーンスタートアップのモデルが全然通用しないのです。

もちろん，今回の産業革新投資機構の件では，プロセス自体の問題もあるのですが，もしかしたらそもそもミスキャストだったかもしれないという話も聞かれるところです。同じような話は他の官民ファンドでもあります。こういうところは少し注意が必要で，私もすごくひっかかっていたところでした。

5　ファンドについて

ファンドとは何か

次に，ファンドの話をしたいと思います。ファンドというのは投資のための資金のプール，資金を集めたものがファンドです。なぜ資金を集めるのでしょうか。会社の人が１つのところに投資すれば，投資してリターンが得られる仕組みがあるのですが，何が問題かというと，先ほど言ったとおりで成功確率が低いのです。10個のうち１個しか成功しないから，できるだけたくさんのところに投資しないと成功のリターンは得られない。だから，１対１の関係よりも，むしろ投資家からお金を集めてプールを大きくして，たくさん投資するほうがいいというものです。

ベンチャーファンドに関して言うと，一番古いのが1946年の ARD（アメリカン・リサーチ・アンド・デベロップメント）という会社で，ハーバード大学

のドリオ教授が声かけをして，投資家を集めてハーバード大学やMITの技術系のところに投資するファンドをつくりました。これがファンドの始まりで，株式会社のような形で，そこに資金をプールしたということです。

二重課税の問題

　ところが，最初は，会社形態で行っていたのですが，大きな問題が生じました。二重課税の問題です。実際に投資家たちが望んでいるのは何かというと，リターンです。例えば，3人から資金を集めたファンドで10の儲けが出たとします。その利益は1回この会社に帰属した後に，各投資家に3.3ずつ3等分に分配するのが通常のファンドのパターンですが，そのときに何が起こるかというと，税金が生じるわけです。税金で一定額が取られるので，実際は3.3ずつ配れない。また，これを3人の投資家に分配すると，もう1回，投資家は分配金を受け取ったということで税金が取られます。だから，二重課税となって，リターンがうまく分配されないという状況になります。

組合形式のファンド

　そこで考えられたのが組合形式のファンドです。組合とは何かというと，パートナーシップですが，個人の契約の束を組合と呼びます。個々の人が個々の人の契約で結びついて，組合をつくり，そのエンティティを通じて投資します。だから，組合は法人のように見えるのですが，実際には導管になります。ここで出た利益は，組合を通り抜けて，投資家にそのまま分配されていくのが，ファンドです。アメリカで始まったのですが，もともとパートナーシップが盛んな国だったので，会社でないファンドの形態で行ったのです。

　日本で組合形式のファンドが最初にできたのが1982年，JAFCO1号というものでした。そして，日本の法制度でつくったファンドは，民法上の任意組合でつくったのです。

投資事業有限責任組合

　ただ，日本の民法上の任意組合という形でも，問題がありました。何が問題かというと，責任の問題です。先ほどの株式会社の株は何かというと，意思決

第10章　ベンチャーファイナンス，イノベーション促進に関する論点と課題　263

定の権限と，その裏腹に責任があると説明したのですが，例えば，投資先の中にバイオの会社があって，ものすごく巨大なバイオハザードを起こしてしまい，巨額の損害賠償請求をされたというときに，これは直接，投資家にまで責任がかかります。利益も直接帰属するけれど，責任も直接帰属します。5億投資したはずなのに，100億の損害賠償請求をされると直接，投資家に行ってしまうことになるわけです。

　ちなみに，会社には法人格があり，法人格があるから課税されるのですが，逆に責任が生じたときにも法人格でブロックされます。もちろん，取締役の責任はあるかもしれないのですが，一義的には，この会社が消えてなくなり，倒産すれば，責任も消えます。別の社会的責任や，不法行為責任みたいなものがあるかもしれませんが，民法上の任意組合の場合は，全部かかってくるわけです。それがすごく大きな問題で，日本でも JAFCO 1 号はできたのですが，リスクを許容する投資家でないと参加できない。

　このため，次にできたのが投資事業有限責任組合（LPS：リミテッド・パートナーシップ）というものです。リミテッドパートナー（LP）とジェネラルパートナー（GP）を分けて，リミテッドパートナーのリスクのブロックをするわけです。通常はジェネラルパートナーに VC（ベンチャーキャピタル）などがなるのですが，ファンドの全権の責任を負う投資会社と出資者との関係をつくるわけです。

　この投資事業有限責任組合の肝は何かというと，全責任を負う人（ジェネラルパートナー）とそうでない有限責任の人（LP：リミテッドパートナー）に分けるということ。そして，有限責任の人がいるということは，他の投資家の影響もあるから，一定の投資家保護をしなければいけないということで，登記をしなければいけない，開示のルール，内部のガバナンスのルールを決める，というものです。

　ちなみに，この投資事業有限責任組合法は，現在，東京大学エッジキャピタルの社長をしている郷治友孝氏が，1998年に当時通商産業省にいたときに担当しました。実は私も一緒に担当していたのですが，とにかくこういうファンド制度をつくらなければ日本でファンド投資が進まないということで，この法律をつくり，今度は自分でそれを運営したいということで，経済産業省を辞めて，

東京大学エッジキャピタルを創設して今大活躍中です。

ファンドの責任とキャリードインタレスト

　先ほど，産業革新投資機構に関する意見を聞いた際に，リスクをとっている人がリターンを得るべきという意見が出たと思いますが，この話にもつながります。もともと成功報酬として，今回，議論になっているキャリードインタレストというのは，アメリカのファンドの場合，通常，ジェネラルパートナーには個人がなるものです。個人が自分の名前で，あるいは個人が集まってLLP（有限責任組合）をつくるような形，あるいはLLC（合同会社）をつくるような形でなり，リスクをとっているわけです。下手をしたら自分が訴えられる可能性もある形です。それでリスクをとっているから，キャリード，一定のところで投資家にお金を分配したら，そこから上の通常20％は自分のものになっていいという約束をするという話です。それを考えると，今回の産業革新投資機構の件では，役員はどういうリスクをとっているのだろうかとなります。

　もう1つあるのは，通常，GP，LPで投資事業有限責任組合をつくるときには，GPの側がファンドにお金を出資します。個人としてお金を入れ，しかも責任を負うみたいな形になっています。実は，そこがファンドの仕組みとして根源的なところです。通常のアメリカのファンドの考え方から言うと，自分でお金をつぎ込んで，しかも何かあったときの全権責任は負うという覚悟がある人に対して，キャリードインタレストや成功報酬の仕組みをつくります。

　他方，今回の産業革新投資機構のケースでは，会社があって，会社の役員としていますので，実はリスクは会社で遮断されていて，お金を出していないし，リスクも遮断されているわけです。会社の役員として，いわば雇われサラリーマン的な方に，本当にそんなにお金を払っていいのかという話が出てくるわけです。もちろん，能力はすごいのかもしれませんが，資金も入れずリスクも取らない人に本当にキャリードインタレストの仕組みを入れていいのだろうかと考えるわけで，ベンチャー界隈ではこの点が議論されていたところです。

　このキャリードインタレストの話は，産業革新投資機構に限らず，他の官民ファンドでも同様にあって，アメリカで導入しているのだから，日本でも導入しないといけない，そうでないといい人材が集まらない，ということで導入さ

れていると聞きます。メディアでも，優秀な人には高い金額でないと，という話が出ていますが，本当はどうあるべきなのでしょうか。

　大事なのは，メディアや有識者といわれる人が言ったことや，一般的な認識が必ずしも正しいわけではなくて，それを多角的に聞くことではないかと今回の一件で考えました。ファンドの話は現場の最前線に出て，本当に投資している人に聞く。私もベンチャーの人にも聞くし，ファンドマネジャーの人にも聞くし，いろいろな人に聞いて歩きました。産業革新投資機構の前身である産業革新機構（INCJ）が今までやってきたことは，一般論として批判を浴びるところもあるのですが，先ほど紹介した伸びているベンチャーは，産業革新投資機構から数億，数十億投資してもらって伸び始めたのです。そういう功績もあるのに，官民ファンドは一概にダメという論調になってしまうのは少し問題があると思っています。ぜひ皆さんもいろいろと聞いてまわり，考え，発信し，行動する，そういうことをしていただきたいと思います。

◉質疑応答

Q1 ファンドの報酬の成果連動は，プリンシパル・エージェンシー問題を解決するという面もあると思います。また，官民ファンドをつくるので，優秀な人材を連れてくる際には，ある程度報酬を出さないときてくれないのではないかという不安があって，公益のためだからという理由で，普通よりも安い報酬で本当に人材を確保することは可能なのでしょうか。

A エージェンシー問題を解決する1つの方法は，同じ船に乗ってもらうということで，GPがファンドに投資するということで，自分のお金も出して，同じ船に乗ってもらうという方法があるのですが，今回の産業革新投資機構のケースではそういう方法をとっていません。いい人材を連れてくるにはいくら必要なのかというのはもう1回議論してみる必要はあると思います。そのときに，もし本当に1億積まなければいい人が来ないというのであれば積んだほうがいいと思いますし，他方で，1億積まなくてもいい人材が来るのではないかという議論もあります。

　今回の話とは別のケースとして，役所でできることは限られていますので，

官民連携で，民間のパワーでどんどん変えていこう，民間の力を前面に出してベンチャーを応援していこうという施策で，今回のような方法はとらずに人材を集めたことがあります。もうすでに成功している人や様子の違うアメリカのファンドで成功した人を連れてくるよりも，個人的には，これから成功を手に入れようとしているギラギラした若手を引っ張ってきたほうが，成果が出ると思っています。

　私は大田区役所の産業振興課長として出向したことがあります。それで，大田区の町工場を応援する，社長の右腕となるコンサルタントの人を会社につけて，いろいろな経営のアドバイスをしてもらうという事業を行ったのですが，その際，中小企業診断士にコンサルタントを頼むことにしました。中小企業診断協会という中小企業診断士の団体にお願いしてリストを出してもらって，その診断士を使って中小企業のコンサルを行う予定でした。そして，協会から出てきたコンサルタントのリストを見た瞬間に，私は気が付いて，そのリストの順番とは反対の下の方から仕事をお願いしていきました。なぜかというと，上に並んでいる人は，すごく権威があって，自分はこの方法で成功したから，という人が並んでいたのです。下の方は，これからプロのコンサルタントとして生きよう，成果を上げようという人が並んでいるというのが，わかりました。だから，順番を逆にしてやればいいのではないか。実際に，そういうことをやって町工場の受注や収益が上がり，事業としての成果が出たわけです。

　それから，成功して引退している人をつかまえるよりも，これから成功を目指す人をつかまえたほうが，その人のキャリアアップにもなるし，政策の面でもいい働きをしてくれると思うようになりました。経歴を見ると，これはすごい，この人たちが言うことは間違いないと思うかもしれないけれども，その人に頼んでうまくいくかどうかは，疑ってかかるべきです。これから同じようにゲームが動くかどうかわからないので，そういうことも含めて人選し，報酬を考えることが大事だと思っています。

Q2 日本のベンチャー企業育成に関する課題として，分野が独立し過ぎていてサイロ化しているという指摘がありましたが，確かにベンチャーはいろいろな新しい分野の組み合わせで伸びる要素があると思うのですが，現状として大学の学部はバラバラで，企業経営を学ぶ学部も独立しています。この現状をどう乗り越えていったらいいのでしょうか。

A T型人材，つまり深く勉強するところと横に広がるところが両方ないといけないと思っていて，例えば，早稲田大学の入山章栄教授が著書でチャラ男くんが非常に大事だと指摘しています[5]。縦割りの学部や，会社の部署間をチャラチャラ歩いて情報を集めるチャラ男くんと根回しおじさんが，1つの縦の組織の中で組織を動かす人が組み合わさったときにイノベーションは起きるという話です。

　今，大学の学部の縦割りをいきなり合わせるのは難しいですが，オープンイノベーションのきっかけをつくり，動く人材を大事にする仕組みにすることが大事と思います。会社組織や行政でも，同じ。いろいろなところに顔を出してつながりをつくってみるといいと思います。

Q3 素朴な疑問ですが，ベンチャー企業は今すごく増えているとのことですが，周りで起業している友達を見ても，結局はアイデア勝負だなという感じがします。なぜ増えているのでしょうか。

A 確かにアイデア勝負の人が増えているのかもしれません。ブームになっているから，アイデアで起業できると思って起業する人が増えている。だから若干過熱ぎみと言われています。一方で，テクノロジーなどしっかりしたものを持っている人が起業するケースも増えています。それは良い傾向なのですが，ノリで起業して失敗する人が増えると，テクノロジー系も含めてまたブームが冷える可能性もあるので注意が必要です。

　もう1つ，学生さんから今起業したほうがいいかという質問をよく受けるのですが，今ここでないといけないと思うのであれば起業すればいいし，迷っているのなら，いろいろな世界に出て，その世界を深く知るということがいいか

もしれない，とアドバイスしています。学生起業が増えているから，今，自分は起業しなければいけないと思う必要はありません。

　ユーグレナの出雲氏，Spiber の関山氏をはじめ多くの起業家は，ここでないといけない，今でないといけないというタイミングに迷わず起業しています。それまではいろいろな世界を見て回るのも大事で，自分はここで勝てるという深みがあるかどうかを探っていくというのも大事だと思います。

Q4 ベンチャー企業を促進するために環境・資金面の整備を進めているとのお話でしたが，アメリカなどに比べるとまだ少ない，学生でもあまり起業しようと思う人がいないと思いますが，そういう意識面の問題に対しても何か取り組みはなさっているのでしょうか。

A 起業家教育をどんどん導入しようとしています。自転車と同じで，子どものときに自転車に乗れるようになると，大人になっても乗れます。でも，大人になって自転車に乗ろうと思うと大変ですよね。だから，小さいときに模擬的に起業体験する，あるいは身近で起業した人に触れてみる，といった機会を小学校から増やすように文部科学省にお願いしています。そうすると，裾野が広がってくるのかなと思います。

Q5 （関連質問）実際には，まだそういった施策はあまり実現されていないというのが現状でしょうか。

A これから，増やさなければと思います。サッカーでも，日本代表が今はなぜ強くなってきたかというと，少年サッカーがすごく盛んになったからで，小学生がなりたいスポーツ選手のナンバーワンはサッカー選手です。だから，良い人材が集まり，成功するサッカー選手が出て，日本代表も強くなる。起業しようと思う人が少ないから，あえて小学校から起業教育をして，少しでも裾野を広げる。ブームに乗って起業する人が増えるのはいかがなものかと思いますが，裾野自体は広げて，自分で本当にやりたい，やるべきだと思ったときに起業する人を増やすというのは大事かと思います。

第10章　ベンチャーファイナンス，イノベーション促進に関する論点と課題

Q6 先日，電子決済の分野でソフトバンクとヤフーが PayPay を始める など，信用や資金がある大企業が，今までベンチャーが努力してきた 分野に参入してきた場合に，政府として，今までその分野で努力してきたベン チャーに対して何か支援することが望ましいのでしょうか。

A 大企業との競争で戦えるように応援はします。支援の方法としては，基 本的に資金を供給するほか，人材のマッチング，それから大企業との マッチングも今，行っています。ただし，公正な競争を担保するならば，特段 にベンチャーを保護するということはありません。

また，これから強化しなければいけないのは，規制のあり方をもう少し考え ること。アメリカでは，結局，やって何か問題があったら後で規制が入ってき て止める形ですが，日本は，実施する前から何か問題があるのではないか，規 制が必要ではないか，という形で，実際にいろいろな規制があってできないと いうところがあるので，今，グレーゾーン解消制度やレギュラトリーサンド ボックスで（より自由度の高い実験場）ベンチャーが活躍しやすい制度基盤づ くりをしています。

（2018年12月12日講義）

◉注 ─────
1　日本経済再生本部決定「ベンチャー・チャレンジ2020」（2016年 4 月）。
2　いずれの企業も「ベンチャー・チャレンジ2020」で紹介されています。
3　2018年 9 月の産業競争力強化法改正に伴い，旧産業革新機構が株式会社産業革新投資機 構として新たな活動を開始しました。なお，別途，新たに産業革新機構が，同月，既存の 官民ファンドであった産業革新機構から新設分割する形で新たに発足しています。
4　2018年12月10日，産業革新投資機構（JIC）で田中正明社長のほか民間出身 9 人が辞任 を表明しました。
5　入山章栄『ビジネススクールで学べない世界最先端の経営学』日経 BP 社，2015年。

第11章

ESG 投資の現状と課題：
パフォーマンス評価を中心に

●本講のねらい

わが国の資産運用の世界では，近年，ESG 投資が潮流になりつつあります。ESG 投資は，これまでの CSR（企業の社会的責任）概念のみならず，そのパフォーマンスも下げないことも受託者責任の観点からは重要です。本講では，その ESG 投資のパフォーマンス評価の現状と課題について明らかにします。

●本講を通じて得られる示唆

ESG 投資パフォーマンスについては，既存学術研究をサーベイする限り，ポジティブとする研究が多いものの，一方で無相関もしくはネガティブとして相反する結果を示す例もみられ，その見方に統一的な見解を見出せていません。ESG 投資は，より長期的な成果を目指したものであり，中長期的に経済的価値と両立する投資となっているかを検証していくことが必要であろうと考えます。

●Navigator

湯山 智教（ゆやま　とものり）

東京大学公共政策大学院特任教授。早稲田大学大学院修了，博士（商学）。慶應義塾大学大学院修了，修士（政策・メディア）。株式会社三菱総合研究所研究員等を経て2001年金融庁入庁。監督局，証券取引等監視委員会事務局，日本銀行金融市場局，財務省理財局（財政投融資），米国 OCC 等を経て2017年より現職。

1 ESG投資とは何か

　わが国の資産運用の分野では，近年，ESG投資というキーワードが潮流となりつつあります。ESGというのは，環境（Environment）・社会（Society）・ガバナンス（Governance）の3つの頭文字をとったもので，ESGはそれぞれ具体的にどのようなものかというと，例えば，Eは地球温暖化対策，Sは働きやすさ，女性従業員の活躍，Gは取締役構成などを示すのですが，ESG要素を考慮した投資を「ESG投資」といいます。ESG投資は，2006年に国際連合の責任投資原則（PRI：Principles for Responsible Investment，**図表11-1**）の中で提唱された後，特に注目を集めてきた投資手法になります。

2 ESG投資への関心が高まった背景

　最近，ESG投資への関心が急速に高まった背景としては，概ね3つの要因が考えられるかと思います。

コーポレートガバナンスの重視とスチュワードシップ・コードへの明記

　まず第1に，安倍政権のアベノミクスの下，コーポレートガバナンスを重視した政策が実施されて，これが海外投資家の評価を得たこともあって，コーポレートガバナンスをめぐる気運が大きく高まったことがあげられます。言うま

図表11-1　国際連合の責任投資原則（PRI）の6つの原則

1．私たちは**投資分析と意思決定のプロセスにESG課題を組み込み**ます。
2．私たちは活動的な所有者となり，<u>所有方針と所有習慣にESG問題を組入れ</u>ます。
3．私たちは，投資対象の企業に対して<u>ESG課題についての適切な開示</u>を求めます。
4．私たちは，資産運用業界において本原則が受け入れられ，実行に移されるよう働きかけを行います。
5．私たちは，本原則を実行する際の効果を高めるために，協働します。
6．私たちは，本原則の実行に関する活動状況や進捗状況に関して報告します。

（注）　太字，下線は筆者。
（出所）　国際連合「責任投資原則」より抜粋。

でもなく，ESG の G はガバナンスを意味しますので，従来の SRI（社会的責任投資：Social Responsible Investment）とは異なり，ガバナンスも含まれる ESG 投資が注目されるきっかけともなったのだと思います。また，2015年には，金融庁・東京証券取引所が「コーポレートガバナンス・コード」を策定しましたし，さらに2017年には「「責任ある機関投資家」の諸原則（日本版スチュワードシップ・コード）」の改訂版において，明示的に ESG（環境・社会・ガバナンス）要素について言及しました。具体的には，スチュワードシップ・コードの見直しを検討した「スチュワードシップ・コード及びコーポレートガバナンス・コードのフォローアップ会議」で，その委員の方から「ESG（環境・社会・ガバナンス）要素のうち，投資先企業の状況を踏まえ，重要と考えられるものは，事業におけるリスク・収益機会の両面で，中長期的な企業価値に影響を及ぼすのではないか」との指摘を受けて，投資家は ESG 要素を含む非財務情報を把握すべきとして，ESG という用語が明記されました。

　また，これとほぼ同時期に，環境省や経済産業省でも ESG に関する検討会が開催され，関連する報告書等がまとめられていますので，政府全体として ESG を盛り上げていく一助となったのだと思います[1]。

GPIF による ESG 指数の採用

　第2に，最大の要因として考えられるのが，わが国で最大の年金基金である GPIF（年金積立金管理運用独立行政法人）の動きだと思います。2015年に GPIF が PRI に署名し，あわせて多くの機関投資家・運用会社も PRI に署名しました。さらに GPIF が，その運用に際して「ESG 指数」を採用すると宣言して，このために2017年10月には投資運用原則を改正し，すべての資産で ESG の要素を考慮した投資を進めることを表明しました。これらは大きな注目を集めましたので，多くの投資家がこの指数に含まれることを念頭に ESG 投資に取り組んだ可能性がうかがわれます。

SDGs への積極的な取り組み

　第3に，SDGs（Sustainable Development Goals：持続可能な開発目標）の動きがあげられます。2015年9月に国連加盟193カ国すべてが SDGs に合意・

図表11-2　ESG投資とSDGsの関係に関するGPIFの説明

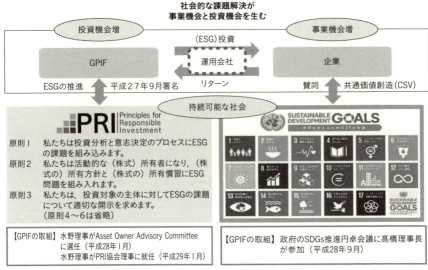

(原出所)　国連等よりGPIF作成。
(出所)　GPIFウェブサイトより抜粋。

採択し，SDGsでは貧困撲滅，格差是正，気候変動対策など17の目標を掲げています。わが国でも，安倍内閣のもとで，2019年のG20開催を念頭にSDGsへの積極的な取り組みが行われ，「SDGsアクションプラン2018」を策定しました。これは，2017年12月，2018年6月に拡大版プログラムも策定されるなど取り組みが深化しています。なお，SDGsとESGの関係についてですが，企業がSDGsに取り組み，ESG投資によって企業に投資することで，それぞれ表裏一体にあるものと考えられています（**図表11-2**）。

3　ESG投資における投資パフォーマンスの重要性

CSRやSRIとの違い

　ESG投資と似たものとして，企業の社会的責任（CSR：Corporate Social Responsibility）を考慮した社会的責任投資（SRI：Socially Responsible Investment）というものがあります。特に，SRIは1990年代から流行ったもの

ですが，次第に注目が薄れてしまったような感じもあります。ESG 投資との関係については，ESG 投資は，SRI の一手法としてほぼ同一であるとの見方もあったのですが，近年はその相違も指摘されています。

　具体的には，SRI は，より倫理的な側面を重視していて，例えば軍需・たばこ・ギャンブル・人種差別などに関連する企業を投資先から除くなどのスクリーニングを通じて投資先を絞って，社会的価値への貢献を企業に対して求めていくのに対して，ESG 投資は，ESG 要素は全企業における課題なので，全企業が投資対象になり，長期的にみた場合のリターン改善の効果も期待できるものという考え方です。環境省の ESG 検討会などでは，ESG 投資では，「財務情報としては直接的に現れ難いさまざまな情報が，時間の経過とともに売上や利益などの財務数値に転嫁する「企業の成長力の源泉」として考慮の対象」とも指摘されています[2]。ただ，SRI のうちで，ESG 要素を重視した投資が ESG 投資であるという意味では両者には重複する要素も多いかもしれません。

CSV（Creating Share Value）という概念

　CSR や SRI と ESG 投資を区分した上で，さらに，新たにハーバード大学の経営学者であるマイケル・ポーター教授らが唱えた CSV（Creating Share Value）概念も概ね同様のものとの見方もあります[3]。CSV というのは，その本業で，社会価値（社会貢献）と経済価値（利益）の創出を同時に達成することといわれています。SRI ファンドは社会貢献している会社に投資するファンドですが，運用利回りははかばかしくなく，時間の経過とともに消滅してしまったのですが，2000年代に流行した SRI 投資や SRI ファンドと ESG 投資や CSV 投資はやや違うとして，ESG 投資（CSV 投資）は，ESG に注力している企業に投資するものの，あくまでも投資リターンも同時に追求するということを基本とすべきだという指摘があります[4]。そして，単なる CSR の実施だけではなく，CSV を実現して，企業の経済的価値向上にも取り組んでいる企業の具体例として，オリエンタルランドやトヨタ自動車を例にあげていて，例えばオリエンタルランドは，その運営するディズニーランドが顧客に幸せを届けているし，トヨタ自動車はプリウスで環境と経済価値の両立を実現していると言っています。CSR などの社会貢献活動に注力している「いい会社」である

第11章　ESG 投資の現状と課題：パフォーマンス評価を中心に　275

ことだけをもって，企業価値が向上し，その会社への投資リターンが高くなる論理的根拠がないためだと考えられます。

フィデューシャリー・デューティーとの関係

また，以前に小野傑先生の講義で習ったフィデューシャリー・デューティー（受託者責任，顧客本位の業務運営）との関係でいえば，年金基金などの受託者責任（フィデューシャリー・デューティー）を有する投資家にとってみれば，あくまでも投資効果が得られることがESG投資の大前提とならざるを得ません。

このため，例えば，GPIFが2017年にESG指数を公募した際には，「ESGの効果により，中長期的にリスク低減効果や超過収益の獲得が期待される指数であり，かつ過去のパフォーマンスやバックテストの結果が概ねそれを裏付けるものであること」がその採用する指数の必要要件とされました[5]。

海外でも，アメリカでは，2015年10月に米国労働省がERISA法（従業員退職所得保障法）の解釈通達を改訂して，ESG要素は年金運用上の経済的価値と直接に関係を持ち得るものだとして，ERISA法は，運用の際にESG要素を考慮することを禁止してはいないということを明確化しました。それ以前は，やはりフィデューシャリー・デューティーの観点から，ESG投資はコストもかかるし投資パフォーマンスが悪化する可能性があるとして，ERISA法に反するという見方もあったのですが，この見方を明示的に否定したのです[6]。ただ，トランプ政権後の2018年に入り，アメリカ労働省はこの見解を一部修正して，過度にESG要素を重視し，経済的リターンを犠牲にすることには慎重になるようになってはいます[7]。

いずれにせよ，ESG投資は，「少なくとも投資期間における財務パフォーマンスを下げないのであれば，ESG要素を踏まえた中長期的な視点を持った資産運用は受託者責任に矛盾しないとの認識が共通化しつつある」というのが一般的な見方となりつつあります[8]。そこで問題となるのが，ではESG投資は，通常の株式投資と比べて投資パフォーマンスにどのような影響を与えるのだろうかということです。以下でこれについて考えてみたいと思います。

4 ESG投資に対する考え方の整理

ESG投資の投資手法

まず，前提として，具体的にどのような方法でESG要素を考慮した投資を実施しているのかについてみてみたいと思います。ESG投資の手法として，一般的には**図表11-3**にあるような7つの方法があげられていて，グローバルベースでみるとネガティブ・スクリーニングによる方法が多く，日本では議決権行使・エンゲージメントによる手法が多い状況です。ただ，最近の傾向としては，グローバルでも日本でも2位につけているESGインテグレーションによる投資が最も普及しつつあります。

ESGインテグレーションとは何かというと，財務分析などの従来の投資分析方法に加えて，ESGなどの非財務情報を含めて分析する投資手法で，年金基金などの長期投資家が将来のリスクを考慮して積極的に非財務情報を活用していく投資手法になります。エンゲージメント・議決権行使による投資も概ね似ているものですが，株主として積極的にESGへの考慮を投資先に働きかける投資手法であり，ESGに関するアクティビスト型の投資家もこれに含まれ

図表11-3／運用投資手法ごとの運用残高

投資手法	グローバル (US $Billion)	日本 (10億円)
ネガティブ・スクリーニング	15,023	14,309
ESGインテグレーション	10,369	42,960
エンゲージメント・議決権行使	8,365	143,045
規範に基づくスクリーニング	6,210	23,908
ポジティブ（Best in Class）・スクリーニング	1,030	6,693
サステナビリティ・テーマ型投資	331	1,384
インパクト・コミュニティ投資	248	372
合計投資額（全体に占める割合）	22,890（26.3%）	136.6兆円（35%）

(注) グローバルについては2016年，日本については第3回調査（2017年9月調査，2017年3月末）。重複もあるため，合計は一致しない。

(出所) グローバルについてはGSIA「Global Sustainable Investment Review 2016」，日本については日本サステナブル投資フォーラム「日本サステナブル投資白書2017」より筆者作成。

第11章　ESG投資の現状と課題：パフォーマンス評価を中心に　277

図表11-4	資産クラスごとのサステナブル投資（ESG 投資）残高

投資対象	2017年3月末（10億円）
日本株	59,523
外国株	31,842
債券	18,301
プライベート・エクイティ（PE）	190
不動産	2,666
ローン	2,504
その他	4,759

（出所）　日本サステナブル投資フォーラム「日本サステナブル投資白書2017」より筆者作成。

ると考えられます。

ESG 投資の対象

　ESG 投資の対象としては，従来から株式投資が最も一般的でしたが，最近では，債券や不動産なども投資対象として増加しつつあります。**図表11-4 は**日本の例について示したものですが，やはり株式が圧倒的に多くて，債券投資も増加しており，割合は小さいが不動産投資も増加しています。

ESG 投資のパフォーマンスが生じる背景

　ESG 投資も投資である以上は，リターンがプラスであったりマイナスであったりするわけですが，このように投資パフォーマンスが，ポジティブまたはネガティブ（もしくは無相関）となる背景には，以下のような理論的背景があるとする説明がみられます。

　まず，ESG 投資のパフォーマンスがポジティブとなる結果に対する考え方には大きく3つあって，①スクリーニングの過程で CSR に積極的に関与する企業が選別されるので，結果的に高いマネジメント能力を持つ会社のスクリーニングにつながり，高い投資パフォーマンスにつながる，②ESG を考慮した企業への投資は，将来の収益向上をもたらし，長期的な企業価値を高めることにつながり，それが高い投資パフォーマンスにつながる，③この過程では，投資先企業の抱えるリスクが低下するため，リスクプレミアムが低下し，資本コ

ストも低下することによって，一般的な株価理論価格算定に用いられる，将来
キャッシュフローを割引率（資本コスト）で割り引いて企業価値を評価する
DCF 法で評価する際の割引率も低下することから，企業価値が向上し，もっ
て投資リターンも向上する，とするものです。

資本コストと企業価値

　これを企業価値を V，来期キャッシュフローを C_1，キャッシュフローの成
長率を g，資本コスト（割引率）を r として，一般的な DCF 法の算出式を示
すと，以下のとおりとなります。上記②は成長率 g を高め，③は資本コスト（割
引率）r を低下させ，いずれも分母の低下となるので，企業価値 V の向上につ
ながることになるわけです。

$$V = \frac{c_1}{(1+r)} + \frac{c_1(1+g)}{(1+r)^2} + \frac{c_1(1+g)^2}{(1+r)^3} + \frac{c_1(1+g)^3}{(1+r)^4} + \cdots + \frac{c_1(1+g)^{N-1}}{(1+r)^N}$$

$$= \frac{c_1}{(r-g)}$$

ダイベストメントとネガティブ・パフォーマンス

　また，ESG 投資のパフォーマンスがネガティブであるとする結果に対する
考え方は，①スクリーニングの過程で投資対象に制約が加えられるため（いわ
ゆるダイベストメント（投資撤退）等のため）に現代ポートフォリオ理論の観
点から十分に分散投資ができない，②加えてスクリーニングの際の銘柄選択等
のためのコスト負担も低いパフォーマンスにつながる，とするものです。

　こうした観点から，GPIF も，ESG 投資に当たってはダイベストメントの考
え方はとらないとしていますし，環境指数選定に際する評価ポイントにも，「石
炭採掘企業や電力会社などの環境負荷の大きい企業について，形式的に銘柄除
外を行う指数（ダイベストメント）は，「ユニバーサルオーナー」を志向する
GPIF の方針と合致せず，ポジティブスクリーニングによる指数，業種内での
相対評価を行う指数が望ましい」と明記しています[9]。また，最近ではアメリ
カの年金基金カルパースでも，それまでのダイベストメントの方針により運用

パフォーマンスが悪化したとして,幹部が交代することとなったといわれています[10]。

現代ポートフォリオ理論からの視点

　図表11-5は,現代ポートフォリオ理論の観点から考えてみて,スクリーニングを行うことによる十分な分散効果が得られない結果,リスク低減効果も十分に得られなくなることを示したもので,コーポレートファイナンス関係の教科書ではよく出てくる図です。つまり,スクリーニングによってマーケットポートフォリオ全体よりも銘柄数が絞られることになるので,固有リスク(非システマティック・リスク)が十分には低減しないことが示されています。ちなみに,この分散効果に基づく現代ポートフォリオ理論に関する功績等により,ハリー・マーコヴィッツ氏は1990年にノーベル経済学賞を受賞しました。

　そして,ESG投資によりポジティブな投資効果が得られるということは,現代ポートフォリオ理論における基本的な考え方である,市場が十分に効率的である場合には,マーケット(市場平均)に対して超過収益を継続的に得ることはできない,つまり継続的にα(超過収益)を得ることはできないという考え方には反するものです。

　ただ,逆に言えば,市場が効率的でない場合には超過収益を得られるのであって,多くの投資運用機関やファンドマネジャーが超過収益を得ることを目的として日々の資産運用を行っているのは,市場が必ずしも常に効率的ではないと信じているからともいえます。ESG投資によるアクティブ運用がプラス

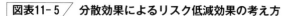

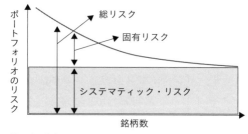

図表11-5　分散効果によるリスク低減効果の考え方

(出所)　筆者作成。

の超過収益を生むと信じている人々も，この類に属すると考えらます。

　ただし，ESG投資の参加者が増え，その参加者がESG投資に伴う超過リターンを競い合えば合うほど，市場は効率化することから，超過収益を得ることは困難になると考えられるのだと思います。

国連PRIが現代ポートフォリオ理論の限界を示す研究テーマ募集

　この点で，国連PRI（責任投資原則）が，2017年11月に，ESG投資促進のため現代ポートフォリオ理論の限界を示す研究テーマを募集したことはおもしろい点で，この研究募集のために，1万ポンドの賞金を提示しています[11]。PRIはノーベル賞経済学者が唱えた説など恐れないわけです。PRIがいうのは，ESG投資などの責任投資（Responsible Investment）が，超過収益を生むということは，当然のことながら従来の現代ポートフォリオ理論とは相容れないものです。だから，PRIは，現代ポートフォリオ理論は1950年代にできたものでありもう古く，現実の世界と投資家との間のギャップを埋めるために，現代ポートフォリオ理論の限界について実証的にも理論的にも示すことにより，新たな投資理論を打ち立てて，責任投資につなげたいと考えているというわけです。ただ，結果がどうなったかはまだ公表されていないと思うのでわかりません。

「ベータの向上」という考え方

　これまでの説明は，アルファ（α）を得ることにより市場平均を上回るリターンを得ようとする投資に対する考え方です。これに対して，「ベータの向上」という観点からの，リターンの源泉に関する考え方もあります[12]。「ベータの向上」は最近の造語とのことですが，通常，投資理論におけるベータ（β）とはCAPM（資本資産価格モデル）でいうマーケットポートフォリオに対する係数，つまりマーケットポートフォリオ（例えばTOPIX）が1％変化したときに，個別株式のリターンが何％変化するかを表す係数を示していて，個別株式の相対的なリスクを表すものです。ただ，ここでいう「ベータの向上」でいうベータというのは少し意味が違っていて，市場全体のリターンを意味します。つまり「ベータの向上」というのは，市場全体（あるいは市場平均）のリター

ンの底上げを意味し，TOPIX というマーケットポートフォリオのリターンを向上させることにあるわけです。市場全体に対する，ESG に対するエンゲージメント（対話，働きかけ）を通じて，TOPIX 自体のリターンの向上を目指すものであるといえます。

わが国の例でいえば，アベノミクスによってコーポレートガバナンスに対する注目が高まって，日本全体での企業のガバナンスが向上し，結果として日本企業の価値の向上に伴いマーケットポートフォリオである TOPIX も大幅に上昇しましたが，これが「ベータの向上」といえるわけです。「ベータの向上」を目的として，ESG に対するエンゲージメントを行っていくことは，特に，GPIF のように，日本の上場企業すべてが投資対象となるようなユニバーサルオーナー投資家にとっては理にかなった方法であるといえるのだと思います。

いずれにせよ，投資パフォーマンスについては，ポジティブもしくはネガティブ（もしくは無相関）のどちらの見方も十分に成立しうるものなので，どちらがより説得力を持つかについては，実証研究のさらなる蓄積を経る必要があるのだと思います。

5 投資パフォーマンスの計測手法

CAPM・Fama-French ファクターモデルの利用

では，投資パフォーマンスをどのように計測することが考えられるのかをみてみたいと思います。学術論文等で一般的に用いられている手法は，CAPM や Fama-French の 3 ファクター・5 ファクターモデルを用いて，ESG 開示スコアの区分別の投資パフォーマンスの検証を行う方法です。ちなみに，同モデルの共同開発者である Eugene F. Fama 氏（シカゴ大学ビジネススクール教授）も，2013年にノーベル経済学賞を受賞しました。

特に，Fama-French ファクターモデルを用いる方法は，海外市場におけるESG 投資パフォーマンスを計測する際に一般的で，わが国においても，いくつかの例がみられます。これについては後ほど紹介します。

具体的には，Fama-French モデルを推計し，その推計された α の値について，プラスの値が得られているか，マイナスか，あるいは有意ではないか，を検証

する方法になります。3ファクターモデルは(1)式で示すとおりでして，株式の対リスクフリーレートに対する超過収益率を，市場ファクター（MKT_t），規模ファクター（SMB_t），スタイルファクター（HML_t）の3つのファクターで説明する回帰モデルを推計して，αの有無を検証するものです。また，5ファクターモデルは，3ファクターに加えて，収益性ファクター（RMW_t），投資ファクター（CMA_t）を加えた(2)式で示されます。なお，この他に，モメンタム要因を加えた4ファクターモデルを用いる例もあります。いずれにせよ，効率的市場仮説や現代ポートフォリオ理論からすれば，一時的なアノマリーを除けば，継続的にはプラスのαを得ることはできず，αは統計的に有意なプラスの値を得られないはずとなるわけです。

$$R_{i,t} - R_{f,t} = \alpha_{3,i} + \beta_{3,i} MKT_t + S_{3,i} SMB_t + h_{3,i} HML_t + u_{i,t} \tag{1}$$

$$R_{i,t} - R_{f,t} = \alpha_{5,i} + \beta_{5,i} MKT_t + S_{5,i} SMB_t + h_{5,i} HML_t + m_{5,i} RMW_t$$
$$+ c_{5,i} CMA_t + u_{i,t} \tag{2}$$

$R_{i,t}$ ：i企業株式のt期間における株式収益率（株式投資リターン）
$R_{f,t}$ ：リスクフリーレート
MKT_t：市場ファクター（t期間における市場ポートフォリオリターンとリスクフリーレート（$R_{f,t}$）の差）
SMB_t ：規模ファクター（t期間における大型株ポートフォリオと小型株ポートフォリオのリターンの差）
HML_t ：スタイルファクター（t期間におけるバリュー株ポートフォリオとグロース株ポートフォリオのリターンの差）
RMW_t ：収益性ファクター（t期間における高収益性株ポートフォリオと低収益性株ポートフォリオのリターンの差）
CMA_t ：投資ファクター（t期間における保守的な投資株ポートフォリオとアグレッシブな投資株ポートフォリオのリターンの差）
$u_{i,t}$ ：誤差項

この他の方法として，被説明変数に株式投資リターンをとり，説明変数にESGへの取り組みを示す変数（ESG情報評価機関のESG格付け等）に加えて，ROEなどの利益指標やレバレッジ，自己資本比率などの財務指標を調整ファクターとして，統計的に分析する方法もみられます。株式投資リターンのかわりに，企業価値（PBR）やROEなどを使うこともあります。

この方法の最大の課題は，統計手法的な問題として，内生性の問題・同時性

第11章　ESG投資の現状と課題：パフォーマンス評価を中心に　283

バイアスへの対処，つまり，説明変数と誤差項の間の相関などが要因となって，推計されたパラメーターが一致性を有していないので，因果関係を特定するにはなかなか難しいことです。これは，どの実証分析でも当てはまる問題なのですが，あとで説明します。

ESG 情報評価機関

投資家がESG投資を行うにあたって，投資先の企業がどのようにESGに取り組んでいるのかを示す情報として，社債などの投資格付けと同じような形で，ESGに対する取り組みを示す情報を，スコアとして提供する機関があります（**図表11-6**）。投資家は，いちいち個別の企業のESGに対する取り組みを評価することは難しいので，これらのESG情報評価機関の評価スコアを使って，ESG投資の際の参考にするわけです。

この中には，各企業のESGへの取り組みを質的な面でも評価しているとされる機関や，ESG情報ディスクロージャーに着目して，開示の度合いのスコアを提供している機関があり，それぞれで特色があり，手法が異なります。この結果，同じ企業であっても，ESGスコアが異なることもあるわけで，これに伴う問題もあとで説明します。

ESG スコアが付与される企業の特徴

次に，ESGスコアはどのような特徴のある企業に付与されているかをみてみたいと思います。**図表11-7**は，一例として，BloombergのEGS開示スコア，環境情報開示スコア，社会情報開示スコア，ガバナンス情報開示スコアの値を左から順に時価総額の大きい順にプロットしたものですが，時価総額が大きいほど，すなわち企業規模が大きいほど高い傾向にあることがわかります。

また，環境情報や社会情報の開示スコアについては，時価総額が小さい企業ほどその欠損値も多くなっていますし，ガバナンス情報開示スコアについては，欠損値は多くないですが，他のスコアと比べるとスコアの散らばり幅が小さいといえます。ガバナンス情報開示スコアは，会社法改正や金融商品取引法制定等に伴うガバナンス情報の開示がある程度定められているので，上場企業間ではそれほど大きな差がないのかと思いますが，あくまでもこれはディスクロー

図表11-6 主な ESG 情報評価（機関）の概要

	概要	対象企業数
Bloomberg ESG 開示スコア	・ESG 開示情報を点数化した開示スコアであり，いわば開示の積極性を示す指標。定性的スコアではない。 ・Bloomberg が収集する全データポイント（＝データ開示項目）のうち，スコアは最低限の ESG 情報開示を示す0.1から，全項目開を示す100までの値をとる。 ・各データポイントは，データの重要度に応じて加重される（ウェイトは非公表）。	東証 I 部上場企業のうち，2016年で1,900社程度
FTSE ESG Rating	・公開情報に基づいた評価プロセス。 ・環境，社会，ガバナンスに関する個別テーマについて，以下の2つの視点から点数付与。 　①潜在的な ESG リスクなどを測定するテーマ・エクスポージャーとして I〜3の評価が付与。 　②リスクに対する取り組みを評価するテーマ・スコアとして0〜5の評価が付与。例えば，水使用についての事例では，開示がないと0，課題特定で I，使用量削減または改善へのコミットで2などと評価する。 ・ピラー・スコア（Pillar Score）はテーマ・エクスポージャーによって重みづけられたテーマ・スコアのエクスポージャーの加重平均により算出。 ・業種内相対評価が行われ，10分位（I〜10）の評点が付与。	日本企業は約780社が対象（2018年6月末時点）
MSCI ESG Research（旧 KLD）	・企業の開示情報をもとに評価。専門アナリストが，37の重要な課題（ESG キーイシュー）をもとに評価。 ・各キーイシューのスコアとウェイトに基づいて最終的に各企業の ESG スコアが決定。スコアは産業内の同業他社比較に際して標準化され，標準化されたスコアを用いて ESG 格付けが決定企業。 ・ESG レーティングはインダストリー内容相対評価で AAA〜CCC に評価される。	MSCI ACWI 指数採用銘柄をカバーし，小型株の一部もカバー（日本株は2017年6月時点で550銘柄）
トムソン・ロイター ESG スコア	・企業の開示情報をもとに評価。 ・400以上の ESG 指標を収集し評価し，10カテゴリーにわけて，ESG スコアを算出。 ※従来，トムソン・ロイターは Asset 4 を扱っていたが，2018年より新たにトムソン・ロイターESG スコアを開発。	日本企業は460社程度。
東洋経済 CSR 評価	・「人材活用」「環境」「企業統治」「社会性」の4分野別の評価。評価項目はすべてアンケート調査結果による。それぞれ「AAA，AA，A，B，C」の5段階評価の格付けと100点満点の得点。 ・全項目加点方式で，ネガティブなデータを回答したことによる減点はない。逆に情報開示という観点から，一部の項目では数値の優劣にかかわらず，有効回答があったことに対し加点。	2019年で1,501社（全上場企業対象に調査票を送付し，回答企業を中心に集計）

（出所）Bloomberg，東洋経済「CSR 企業総覧」，MSCI「MSCI ESG リサーチ〜ESG Rating メソドロジーサマリー〜(2017年7月)」，トムソン・ロイター「Thomson Reuters ESG スコア」等より筆者作成。

第11章　ESG 投資の現状と課題：パフォーマンス評価を中心に

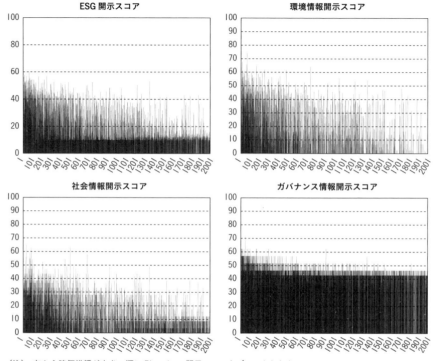

図表11-7 ESG開示スコアのプロット（左から時価総額順）

（注）　左から時価総額が大きい順にBloomberg開示スコアをプロットしたもの。
（出所）　Bloombergより筆者作成。

ジャースコアであって，ESGの取り組みの質を評価したものではないことには注意する必要があります。

6 ESG投資パフォーマンスに関する既存研究のレビュー

　これまでの説明で，ESG投資においては同時に経済的価値を得ること，すなわちパフォーマンスが重要であることは指摘しましたが，それでは，ESG投資のパフォーマンスに対する既存の実証研究として，これまで，どのような研究の蓄積がなされているのでしょうか。ESG投資のパフォーマンスに関しては，かなり多くの先行研究が見られるのですが，どちらかといえば，ポジ

ティブと評価する結果が多いかもしれません。しかしながら，総じていえば，ポジティブとネガティブ（もしくは無相関）の２つの相反する結果が示されていて，その見方に統一的な見解を見出せていないように思われます。まず既存研究について包括的にレビューした論文について概観した後に，いくつかの既存研究の結果をみてみたいと思います。

既存研究の包括的なレビュー

　Friede *et al.* (2015)[13]は，この分野では，非常によく引用される論文ですが，1970年以降の ESG 評価と CFP（Corporate Financial Performance），つまり企業の財務効果・投資効果（この定義は，財務的なもの，株式投資効果，成長指標，リスク指標を含めさまざまなもの）の関係に関する既存研究2,200以上をレビューしたものです。このうち，ポジティブ・ニュートラル・ネガティブなどの件数をカウントする研究と，複数の計量経済的分析の成果を集約するメタ・アナリシスの２手法を用いて集計した結果として，概ね９割以上の研究において ESG と CFP の関係はノンネガティブ，つまり，マイナス効果ではなく，無相関かプラス効果であり，このうち５～６割程度はポジティブな効果があったことを示しています。なお，この論文が対象としたのは，ほとんどが株式投資なのですが，債券に関する研究も36と極めて少ないのですがありました。そのうち63.9%がポジティブな結果となっていた一方，13の研究が中立的もしくは相反する結果を示した（36.1%）とされています。

　また，Renneboog *et al.* (2008)[14]も，やや古いものですが SRI 投資の研究の包括的なレビューを行っていて，企業レベルでみた場合には，SRI 関連企業は，通常のインデックスと比べても高いパフォーマンスをあげているとする研究が多いが，その理由は謎（パズル）であり，理論的な観点も含めて明らかにすべき点が多く残されており，さらなる研究が必要であるといっています。

わが国を対象とした研究

　わが国の金融市場を対象とした既存研究は，海外市場で2,000以上あったのに比べると，実はそれほど多くない上に，最近の研究事例は特に限られています。総じていえば，やはりポジティブな関係が存在するとの研究結果が多いよ

うに見受けられるのですが，無相関もしくはマイナスとする研究成果もあって，期間・分析手法・対象の範囲などにより区々であり，いまだ評価は定まっていないので，さらなる研究の蓄積が望まれます[15]。

　このうち，宮井・菊池・白須（2014）[16]や日本証券アナリスト協会（2010）[17]で，株式投資リターンについてはプラスの効果が得られているのですが，逆に，企業価値への影響で相反してマイナスの影響を生じているという結果が得られたとしている点はやや興味深いことかもしれません。この背景として，①企業のCSR活動が収益性（ROA）や労働生産性，企業価値の向上に結びついておらず，むしろコスト要因となって財務パフォーマンスを引き下げている可能性（宮井・菊池・白須，2014）や，②真の企業価値には，すでに利益に現れているESGへの投資の効果と，将来利益（あるいは利益の変動性）に影響するESGへの投資の効果の双方が反映されているのですが，実際の企業価値には前者しか反映されないため，この両者のギャップ（ミスプライス）により，ESGへの投資は高い超過収益率が得られる可能性がある，すなわち，現時点の利益，株価などにESGへの投資効果が現れていないことは，むしろ今後のESGへの投資が有望な可能性を示唆しているといっています（日本証券アナリスト協会，2010）。

　また，最近の研究成果としては，湯山・白須・森平（2018）[18]があげられます。自分の研究なので恐縮ではありますが，BloombergのESG開示スコアを用いて，2017年12月末時点のTOPIX構成銘柄2,035社に対する株式投資リターンとの関係について分析しています。その主な結果は，最近のわが国におけるESG情報開示に積極的な企業に対する投資パフォーマンスを見る限り，必ずしも有意にポジティブな関係ともいえないが，マイナスでもないとするものであり，やはり明確なことはいえていないとするものです。ただし，2017年は，複数の推計手法でみて，ESG開示スコアが高いほうが，株式超過収益率が有意にプラスであることが示唆されたことは興味深いかもしれません。この背景としては，今後のさらなる検証を要するのですが，同年のGPIFによるESG指数の採用などのイベントを受けて，ESG銘柄に注目が集まったことが影響している可能性について指摘しています。

株価急落リスクや資本コストへの影響など

　株式投資リターンのうち，特に危機時における株価急落リスクやリスク耐性に注目した研究もみられます。ESG に積極的に取り組む企業は，ガバナンスや環境などの面でのリスクにも強いのではないかという観点から，金融危機時におけるリスク耐性に注目したものであり，その分析結果は，概ね高 ESG 企業はリスク耐性が高いというものでした。例えば，Lins *et al.* (2017)[19]は，この分野で最有力の学術誌 *Journal of Finance* に最近掲載されたことから非常に注目を集めたもので，金融危機時において CSR で計測される高い社会資本（Social Capital）を有する企業が，低い CSR の企業よりも高いリターンをあげていることを示しました。

　また，資本コストが企業価値に影響を与えることはすでに説明しましたが，ESG 投資が資本コストに影響を与えるという観点から，企業価値への影響をみた研究も多くみられます。例えば，El Ghoul *et al.* (2011)[20]は，資本コストへの影響を検証した論文として非常によく引用されるものですが，KLD 社のESG スコア（現 MSCI スコア）を用いて，アメリカ企業を対象として CSR スコアと事後的な資本コストの関係性について検証を行った結果，CSR が高い企業のほうが，資本コストが相対的に低く，このため，CSR が高い企業のほうが企業価値も高いと指摘しています。

7　ESG 投資のパフォーマンス評価における課題

　このように，ESG 投資の投資パフォーマンスについては，内外含めて非常に多くの事例があるのですが，ポジティブとネガティブもしくは無相関というもので区々であって，明確なことはいえません。この理由としては，対象としている期間，評価手法，地域，対象商品などが区々であるということがあると思いますが，その他にもいくつか問題があるので，最後に，ESG 投資のパフォーマンス評価をめぐる課題についていくつか述べたいと思います。

ESG 指標間の評価の違いをどうみるか

　最初にあげられるのが，ESG 指標間の評価の違いをどうみるかということ

第11章　ESG 投資の現状と課題：パフォーマンス評価を中心に　289

です。実はGPIFが，ESG情報評価機関の付与するスコアについて，非常に興味深い点を指摘しています[21]。GPIFが2017年にESGインデックスとして採用した2つの指数の構成銘柄（FTSEとMSCI）のESGスコアをプロットしたところ，ほとんど無相関であり，すなわち，一方で高いESGスコアを得た銘柄が，もう一方の指数では必ずしも高評価ではないと言っているのです（図表11-8）。ESG関連の投資パフォーマンスに関する研究では，ESGに対する取り組みの指標として，ESG評価会社の提供する格付け等を用いるケースが多いので，結果として，その分析結果もESGスコアの評価方法に大きく依存します。ある評価会社のESGスコアを用いた分析と，他社のESGスコアを用いた場合には，同じ期間で同じ企業を対象としても，結果として別の結果となる可能性があるわけです。だから，多くの既存研究の間において，投資パフォーマンスへの影響に関する分析結果が区々であるのは，ESG指標の選択自体に起因する可能性も考えられるわけです。

また，ESGスコアの問題点として，それが正しいのか否かについて，客観的に検証することが難しいことがあげられます。信用格付けの場合には，デ

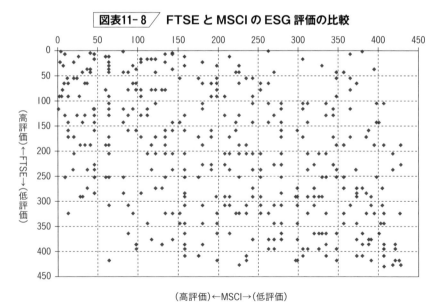

図表11-8　FTSEとMSCIのESG評価の比較

（出所）　GPIFプレスリリース（2017年7月3日「ESG指数を選定しました」）より抜粋。

フォルト率の実績などから，その格付会社の提供する格付けに対する信用性等について事後的に検証できると思うのですが，ESG格付けでは，その検証が難しい。長期的な評価を待つ必要がある上に，より透明性を高めたスコアとしていくことは必要なのかもしれません。

ESG評価の質的な評価はどう行うべきか

ESG評価に際しては，そもそもESGの各要素について，どういった状態であれば優れているのかの定義も難しいといえます。環境（E）については，例えばCO_2排出量や有害物質排出量の削減で示せれば比較的わかりやすいかもしれませんが，ガバナンス（G）や社会面（S）について，優れたガバナンスや社会面での取り組みの定義は難しいといわざるを得ないと思います。

例えば，以前に藤田先生の講義でもあったように，どのようなガバナンスが優れているのかについては多くの議論があるところです。より具体的にいえば，コーポレートガバナンス・コードでは，「独立社外取締役を少なくとも2名以上選任すべきである」としていますが，では実際に独立社外取締役が多いと良いガバナンスといえるのかというと大いに議論のあるところです。コーポレートガバナンスに対する取り組みにおいて，形式よりも実質が重要であると指摘されているのも，こうしたことを反映しているのだと思います。この点で，ダイバーシティや働き方改革などの社会面（S）の評価についても同じようなことがいえるかと思います。

パフォーマンスの要因追求，因果関係の特定の難しさ

投資効果がポジティブとする研究においても，その理由は理論的にも実証的にも謎（パズル）であり，さらなる研究の余地が多いとの指摘があります。そして，パフォーマンスの要因追求もまた非常に難しい。これに加えて，投資効果の要因のうち，ESG要因に関する因果関係を特定する統計分析技術的な問題があります。これは，ESG投資パフォーマンスの計測に限る問題ではなく，コーポレートガバナンスなどの効果検証など，広く社会科学における分析一般に当てはまることではあるのですが，因果関係の特定はとにかく難しいわけです。

例えば，株式投資リターンに影響を与える要素としての，ESG 要因の抽出
は実は極めて難しい。株式投資リターンには，企業収益ももちろん影響を与え
るし，その他のマーケット全体要因も影響を与える。回帰モデル等によって因
果関係を求めようとしても，これらの説明変数間に内生性の問題や同時性バイ
アスが生じている場合には，推計されたパラメーターが統計的な意味で一致性
を有せず，仮に有意であったとしても，みせかけの因果関係が生じている可能
性もあります。すなわち，ESG 取り組みが優れているから，株式パフォーマ
ンスが良いのか，業績が好調で株式パフォーマンスが良いから ESG への取り
組みが優れているのか，の識別が難しいわけです。または，ESG スコアは，
時価総額が大きい銘柄が高い傾向にあるのは指摘したと思いますが，このため，
仮に株式投資リターンが高い場合にはそれは ESG スコアが高いからではなく，
時価総額が大きい銘柄が多く買われたためである可能性もあるわけです。

　実際，実証分析では ESG 要因と株式リターンにはポジティブな関係を指摘
する研究がどちらかというと多かったと思いますが，それも本当に ESG 要因
を抽出できていたか，みせかけの相関ではないのか，と疑問が残るものも散見
されます[22]。この問題は，常に付きまとう問題であるため，実証分析を検証す
る際には注意してみていく必要があるかと思います[23]。

本来は長期的なパフォーマンスが重要

　そして，ESG 投資は，本来的には長期的な効果を目指したものですが，既
存の研究はやはり過去の数年のパフォーマンスをみたものが多いのはある程度
仕方ありません。投資パフォーマンスの検証に際しても，長期的に経済的価値
と両立する ESG 投資となっているかを検証していくことが課題であると言え
ます。ただ，1 つ言えることは，明確にポジティブではないにしても，有意に
マイナスとも言えないことから，ESG 投資に意義は見出せると考えられると
思います。特に，「ベータの向上」として，エンゲージメント（対話，働きかけ）
を通じて，α ではなく市場全体のリターンを向上させることは，上場企業すべ
てが投資対象となるユニバーサルオーナーにとっては有効な方法であり，社会
的にも意義があるのかと思います。

●質疑応答

Q₁ ESG情報評価機関は，信用格付会社のようなものかと思いますが，もし評価される側である企業が依頼して報酬を支払っているとすれば，サブプライムローンと同様の問題が懸念されます。ESG情報評価機関への調査コストは，評価される企業側と投資家側のいずれが負担しているのでしょうか。

A ESG格付けについては，信用格付けとは違って，そのESG評価を活用する側である投資家が，評価機関に対価を払って購入することになっている例が多いと思います。この点は，格付けを付与してもらう側の企業がお金を支払う信用格付けとは異なります。ご指摘のとおり，サブプライムローンの時には，企業側が格付会社に料金を支払う仕組みのために，格付会社側には，お客さんである企業に低い評価は行いにくいという問題が指摘されました。

ESG格付けには，Bloombergなどの情報端末と契約していれば，無料で公開しているケースもありますが，一般的には金融機関などの機関投資家がかなり高額のフィーを支払って入手しているものなので，現状では，一般投資家がそれを手にするのは少し難しいということがあるかと思います。もちろん，ESG評価機関も何かで対価を得ないといけないわけですから，今はそれを活用する投資家にコストを課しているのですが，アメリカなどでは無料で公開している例もあるので，今後は日本でもそういう動きが広まっていくかもしれません。

Q₂ ESGに取り組んだ結果として，株価が上昇した企業であっても，短期的にはコスト要因で企業収益には悪影響を与えているとの分析結果もあったと思うが，そうなると企業にとってはどういうインセンティブが生じることになるのでしょうか。

A ESGの取り組みと企業収益との関係では，検証はできていないのですが，Jカーブ効果のようなもの，つまり最初はコストが発生するが，長期的にみると効果が出てきて収益も向上するような動きも考えられます。つまり，株価は長期的な観点から評価していて，毎年の企業業績は短期的なものですが，

第11章　ESG投資の現状と課題：パフォーマンス評価を中心に　**293**

長期的には企業業績も上昇するだろうということで，こういう動きが生じるのですが，いずれにしても企業としては CSV（共通価値の創造）的な観点で，経済的価値と ESG の価値の両方があることが，ESG に取り組むインセンティブになると思いますし，投資家にとってもそれは同じだと思います。長期的にでも CSV が成立していれば，企業にとっては ESG に取り組むインセンティブは生じるのだと思います。

Q₃ ESG 情報の開示が良いコーポレートガバナンスについてのシグナリングになる可能性があるとも考えられますが，その実現には何が障害になっているのでしょうか。

A ESG 格付けが良いガバナンスなどのシグナリングになる可能性はあると思いますし，だから企業側も今は一生懸命 ESG に取り組んで，その開示にも努めているのかもしれません。ただ，やはり良いガバナンスとは何か，などについて明確に定義することが難しいことを考えると，その評価情報が必ずしも正しいガバナンス評価をしていない可能性もあり得るので，そうなるとシグナリングとしての効果にも疑問が生まれてきます。ESG 評価機関の問題として，今後，考えていかなくてはいけない問題なのだろうと思います。

（2018年12月19日講義）

●注
1　経済産業省では，「価値協創のための統合的開示・対話ガイダンス—ESG・非財務情報と無形資産投資—（価値協創ガイダンス）」（2017年5月29日）を策定し，環境省でも ESG 検討会（2017）や ESG 金融懇談会（2018）における提言等を行いました。
2　環境省 ESG 検討会「持続可能性を巡る課題を考慮した投資に関する検討会（ESG 検討会）報告書」の P.7より抜粋。
3　Porter, Michael E., and Mark R. Kramer. "The Big Idea : Creating Shared Value. How to reinvent capitalism—and unleash a wave of innovation and growth." *Harvard Business Review* 89.1-2（2011）.
4　伊藤友則「ESG 投資と企業価値：CSR to CSV の観点から」『証券アナリストジャーナル』56(1)：18-29，2018年，日本証券アナリスト協会。
5　2016年7月22日 GPIF プレスリリース「国内株式を対象とした環境・社会・ガバナンス

指数の公募」参照。

6   ESG 検討会（2017）P.10より。具体的な通達は，U.S. Department of Labor（2015）"Interpretive Bulletin Relating to the Fiduciary Standard Under ERISA in Considering Economically Targeted Investments" October 26, 2015。なお，翌2016年にも同様の見解を示しています。U.S. Department of Labor（2016）"Interpretive Bulletin Relating to the Exercise of Shareholder Rights and Written Statements of Investment Policy, Including Proxy Voting Policies or Guidelines" December 28, 2016.

7   U.S. Department of Labor, Field Assistance Bulletin 2018-01, dated April 23, 2018を参照。

8   ESG 金融懇談会「ESG 金融懇談会提言～ESG 金融大国を目指して～」，2018年，環境省。

9   GPIF プレスリリース「グローバル環境株式指数を選定しました」（2018年 9 月25日）より抜粋。

10 2018年12月 3 日付日本経済新聞「ESG 投資，変調の兆し旗振り役の米年金幹部交代」を参照。

11 PRI press release "PRI announces plans to reimagine, look beyond modern portfolio theory," 14 November 2017.

12 加藤康之編著『ESG 投資の研究―理論と実践の最前線』一灯舎（2018年）を参照。

13 Friede, Gunnar, Timo Busch, and Alexander Bassen. "ESG and financial performance : aggregated evidence from more than 2000 empirical studies." *Journal of Sustainable Finance & Investment* 5.4（2015）: 210-233.

14 Renneboog, Luc, Jenke Ter Horst, and Chendi Zhang. "Socially responsible investments : Institutional aspects, performance, and investor behavior." *Journal of Banking & Finance* 32.9（2008）: 1723-1742.

15 ポジティブ（プラス）の影響が生じているとするものに白須（2011）などがあり，逆に無相関・マイナスとするものに，浅野・佐々木（2011），Renneboog *et al.*（2008）などがあります。

  • 白須洋子「SRI 関連株の中長期パフォーマンスの特徴について」『証券アナリストジャーナル』49(5)：19-28，2011年，日本証券アナリスト協会。
  • 浅野礼美子・佐々木隆文「社会的責任投資（SRI）ファンドのパフォーマンスに関する実証研究」『証券アナリストジャーナル』49(5)：29-38，2011年，日本証券アナリスト協会。
  • Renneboog, Luc, Jenke Ter Horst, and Chendi Zhang. "The price of ethics and stakeholder governance : The performance of socially responsible mutual funds." *Journal of Corporate Finance* 14.3（2008）: 302-322.

16 宮井博・菊池俊博・白須洋子「第 3 章わが国企業の社会的パフォーマンスと財務パフォーマンスの関係分析に基づく ESG 投資の検討」『サステイナブル投資と年金―持続可能な経済社会とこれからの年金運用―』内所収，2014年，年金シニアプラン総合研究機構。

17 日本証券アナリスト協会（企業価値分析における ESG 要因研究会）「企業価値分析における ESG 要因」2010年。

18 湯山智教・白須洋子・森平爽一郎「ESG 開示スコアと投資パフォーマンス」日本経営財務研究学会（2018年10月），日本金融学会（2018年10月），日本保険年金リスク学会（2018

年11月），日本リアルオプション学会（2018年12月）報告論文。

19 Lins, Karl V., Henri Servaes, and Ane Tamayo. "Social capital, trust, and firm performance : The value of corporate social responsibility during the financial crisis." *The Journal of Finance* 72.4（2017）: 1785-1824.

20 El Ghoul, Sadok, Omrane Guedhami, Chuck C.Y.Kwok, and Dev R.Mishra. "Does corporate social responsibility affect the cost of capital?." *Journal of Banking & Finance* 35.9（2011）: 2388-2406.

21 2017年7月3日 GPIF プレスリリース「ESG 指数を選定しました」参照。

22 統計手法的には，二段階最小二乗法，操作変数法や GMM 等の手法を用いて因果関係を計測することで対処することが多いです（中には，これすらも実施していない研究もみられます。），必ずしも明確に識別できるとは限りません。

23 同様の問題は，ESG 投資に限らず，コーポレートガバナンスと企業業績の間の関係の実証分析などでも，常に指摘され続けてきた問題です。

あとがき

　本書の作成，講義運営に際しては，多くの方にお世話になりました。

　各章をお読みいただくとすぐに気づかれると思いますが，この講義では，学生からたいへん熱心に質問が寄せられ，多いときは20名近くに及び，講義時間105分のうちの多くが質疑応答に充てられるほどでした。質問が尽きず，講義時間を超過してしまうことも少なくなく，講師の方々も驚かれるくらいでした。紙幅の関係などから，講義内容及び質疑応答のすべてを収録することはできませんでしたが，講師の方々のご尽力に加えて，本学学生の熱心な参加がこの講義を支えたことはいうまでもありません。最前線の実務家・専門家の方々との活発な質疑応答を含め，この講義が，履修した多くの学生にとっても実り多きものとなり，将来，印象に残る講義であったと記憶されれば幸いです。参加した学生の皆さんの今後の活躍を心より祈念します。

　また，講師の皆様には，この講義の意義や目的をご理解いただき，お忙しい中で，講義を引き受けていただきました。講義資料の作成にはじまり，実際の講義や質疑応答でのご対応，本書出版のための原稿校正を含め，多大な時間と労力を割いていただいたことを心より感謝申し上げます。

　本書の編集に際しては，神作裕之教授のご指導の下，湯山が編集案を作り，小野がそれを修正・確認していくという形をとりました。

　神作裕之教授には，講義・編集作業のみならず，寄付講座の運営をはじめ，教育・研究活動全般にわたりたいへん親切にご指導・激励いただき，厚く御礼申し上げます。

　講義の運営・準備や本書出版に際しては，みずほ証券株式会社市場情報戦略部産官学連携室の笹嶋佐知子氏，中島秀人氏，西村あさひ法律事務所の堀内亜希子氏，荻原いくみ氏（小野担当秘書），東京大学公共政策大学院の木村恵美氏，奥原純子氏（寄付講座担当），澤速記事務所の石井恭子氏（速記録作成），東京大学公共政策大学院大学院生の黒田雅道さん（ティーチングアシスタント）に

も多大なるご協力いただきました。厚く御礼申し上げます。

　本書の出版に際しては，中央経済社の浜田匡氏に，企画段階から多大なるご協力をいただきました。この場を借りて厚く御礼申し上げます。

　その他お名前を挙げることはできませんが，本書作成・講義運営にあたりご協力いただいた，すべての皆様に心より御礼申し上げます。

小野　　傑
湯山　智教

●執筆者紹介（執筆順）

神作　裕之（かんさく　ひろゆき）
東京大学大学院法学政治学研究科教授　　　　　　　　　　　〔編集，はしがき〕

小野　傑（おの　まさる）
東京大学客員教授・西村あさひ法律事務所代表パートナー〔編集，序章，第8章，おわりに〕

湯山　智教（ゆやま　とものり）
東京大学公共政策大学院特任教授　　　　　　　　〔編集，序章，第11章，おわりに〕

柏木　亮二（かしわぎ　りょうじ）
野村総合研究所金融ITイノベーション事業本部上級研究員　　　　　　〔第1章〕

神田　潤一（かんだ　じゅんいち）
株式会社マネーフォワード執行役員　　　　　　　　　　　　　　　〔第2章〕

岡田　大（おかだ　ひろし）
金融庁企画市場局信用制度参事官　　　　　　　　　　　　　　　　〔第3章〕

副島　豊（そえじま　ゆたか）
日本銀行決済機構局審議役FinTechセンター長　　　　　　　　　　〔第4章〕

小林　レミ（こばやし　れみ）
みずほ証券株式会社市場情報戦略部上級研究員　　　　　　　　　　〔第5章〕

有吉　尚哉（ありよし　なおや）
西村あさひ法律事務所パートナー弁護士　　　　　　　　　　　　　〔第6章〕

田村　俊夫（たむら　としお）
一橋大学大学院経営管理研究科教授，みずほ証券株式会社客員上級研究員　　〔第7章〕

藤田　勉（ふじた　つとむ）
一橋大学大学院経営管理研究科特任教授　　　　　　　　　　　　　〔第9章〕

石井　芳明（いしい　よしあき）
内閣府科学技術イノベーション担当企画官，前経済産業省新規産業調整官　〔第10章〕

●編著者紹介

神作　裕之（かんさく　ひろゆき）

東京大学大学院法学政治学研究科教授。東京大学法学部卒業。東京大学法学部助手，学習院大学法学部教授等を経て2004年より現職。専門は商法・資本市場法。金融法学会理事長，金融審議会　金融制度スタディ・グループメンバー，スチュワードシップ・コードに関する有識者検討会座長，法制審議会会社法制（企業統治等関係）部会委員等も務める。

小野　　傑（おの　まさる）

東京大学客員教授・西村あさひ法律事務所代表パートナー。東京大学法学部卒業。ミシガン大学ロースクール LL.M. 修了。1978年弁護士登録（30期），1983年ニューヨーク州弁護士資格取得。西村眞田（現西村あさひ）法律事務所パートナー等を経て2004年より現職。2007年より東京大学客員教授も兼務。金融法委員会委員，法制審議会信託法部会委員，金融機関社外取締役・社外監査役等も務める。

湯山　智教（ゆやま　とものり）

東京大学公共政策大学院特任教授。早稲田大学大学院修了，博士（商学）。慶應義塾大学大学院修了，修士（政策・メディア）。株式会社三菱総合研究所研究員等を経て2001年金融庁入庁。監督局，証券取引等監視委員会事務局，日本銀行金融市場局，財務省理財局（財政投融資），米国 OCC 等を経て2017年より現職。

金融資本市場のフロンティア
東京大学で学ぶ FinTech，金融規制，資本市場

2019年7月25日　第1版第1刷発行

	神	作	裕	之		
編著者	小	野		傑		
	湯	山	智	教		
発行者	山	本		継		

発行所　㈱中央経済社

発売元　㈱中央経済グループ
　　　　パブリッシング

〒101-0051　東京都千代田区神田神保町1-31-2
電話　03 (3293) 3371 (編集代表)
03 (3293) 3381 (営業代表)
http://www.chuokeizai.co.jp/
印刷／昭和情報プロセス㈱
製本／誠　製　本　㈱

©2019
Printed in Japan

＊頁の「欠落」や「順序違い」などがありましたらお取り替えいたしま
すので発売元までご送付ください。(送料小社負担)

ISBN978-4-502-30991-5　C2033

JCOPY 〈出版者著作権管理機構委託出版物〉本書を無断で複写複製 (コピー) す
ることは，著作権法上の例外を除き，禁じられています。本書をコピーされる場合
は事前に出版者著作権管理機構 (JCOPY) の許諾を受けてください。
JCOPY〈http://www.jcopy.or.jp　e メール：info@jcopy.or.jp〉

● 好評発売中 ●

詳解
バーゼルⅢによる
新国際金融規制［改訂版］

みずほ証券バーゼルⅢ研究会［編］

● A5判・368頁・ソフトカバー
● ISBN: 978-4-502-29351-1

最終的な合意が成立し、わが国への導入も進むバーゼルⅢ。2022年完全導入までの道筋から、新たな規制の課題、金融機関経営へのインパクトまで徹底解説。2019年3月末までの見直しをフォロー。

本書の構成

第1章	金融危機を受けた バーゼルⅢへの動き	第7章	SIFIs問題と 損失吸収力の向上，TLAC
第2章	バーゼルⅡの概要と 金融危機を受けた課題	第8章	リスクアセット等の見直し
第3章	自己資本の見直し	第9章	その他の主要な課題
第4章	カウンターパーティ・リスク 捕捉の強化	第10章	主要な各国規制
第5章	流動性規制	第11章	新たな金融規制の課題
第6章	レバレッジ比率		

中央経済社